Volkstümliches Spektakulum

Volkstümliches Spektakulum

Bauernmöbel, Spanschachteln, Hinterglasbilder, Brettspiele, Wirtshausschilder, Votivtafeln, Kabinettscheiben, Fliesen, Spielkarten, Schießscheiben

Mit Beiträgen von
Gertrud Benker, Walter Fuger, Liselotte Hansmann,
Matthias Holzapfel, Detlef Hoffmann,
Walter Lüden

Redaktion: Klaus Skarabela

CIP-Kurztitelaufnahme der Deutschen Bibliothek
Volkstümliches Spektakulum: Bauernmöbel, Spanschachteln,
Hinterglasbilder, Brettspiele, Wirtshausschilder,
Votivtafeln, Kabinettscheiben, Fliesen, Spielkarten,
Schießscheiben/MD-Papierfabriken, Heinrich Nikolaus GmbH, Dachau.
Mit Beitr. von Gertrud Benker . . .-München: Callwey, 1980
☐ ISBN 3-7667-0500-8
NE: Benker Gertrud [Mitarb.]; MD-Papierfabriken
Heinrich Nicolaus <Dachau>

ISBN 3 7667 0500 8

Printed in W.-Germany 1979

Vertrieb Callwey Verlag, München

Inhalt

Vorwort

Seit 10 Jahren entsteht bei den MD Papierfabriken in enger Zusammenarbeit mit dem Verlag Callwey ein Kalender, der an die Freunde des Hauses MD geht und als Buchhandelsausgabe ein Jahr später erscheint.

Aus den ersten Kalendern mit Bildern alter Spielkarten und bemalten Bauernmöbeln wurde eine Tradition. Jahr für Jahr wird ein neuer Kalender erwartet mit Ausgefallenem und vor allem Liebenswertem. Jahr für Jahr gewinnt der Kalender, der jeweils nach kurzer Zeit vergriffen ist, neue Freunde.

Das hier vorliegende Buch entstand aus der Idee heraus, alle bisher erschienenen Kalenderthemen noch einmal zusammenzufassen, sie durch weitere Bilder abzurunden und durch sachkundige Texte zu bereichern. Es kann und soll nicht mehr sein als ein Kaleidoskop, ein buntes Bilderbuch, das Freude macht, das aber vielleicht doch manchem die Welt der Volkskunst in ihrem Reichtum und in ihrer Vielfalt eröffnet.

Alte Spielkarten

Abb. Vorderseite: „Sächsische Schwerterkarte". Chromolithografie, Thüringen, 3. Viertel 19. Jahrhundert.

„Von allen Werken die liebsten sind mir die gebrauchten“ beginnt Bert Brecht ein Gedicht, das auch für die Spielkarten gelten könnte.
„Eingegangen in den Gebrauch der vielen
oftmals verändert, verbessern sie ihre Gestalt und werden köstlich weil oftmals gekostet.“
Die Beschreibung der Entwicklung des Spielinstruments Karte muß deswegen keine trockene Angelegenheit sein. „Oftmals verändert“ wurde auch die Spielkarte, und in ihrer heutigen Gestalt sind noch Elemente ihrer Entstehungszeit vorhanden.

1377 werden die Karten in Florenz zum ersten Mal erwähnt. Sie können damals noch nicht lange bekannt gewesen sein, denn nach 1377 werden sie in so dichter Folge erwähnt, meist in Verboten, daß ein Leben im Verborgenen schlecht vorstellbar ist.

Motiv aus einem indischen Kartenspiel. In Indien sind Spielkarten meistens rund. Handgemalt auf Karton, Anfang 19. Jahrhundert. (Abb. 1)

Die frühere „kartenlose Zeit“ ist jedoch an Spielverboten nicht ärmer: untersagt wird meist das Würfelspiel. Mit dem Spielinstrument Würfel können wir in graue Vorzeiten zurückwandern, in Zeiten wo Würfel und Lose wohl kaum zu unterscheiden waren. In geschichtlicher Zeit ist das Würfelspiel ausschließlich als Glücksspiel bekannt. Gewürfelt wird um Geld und Gut, die Germanen – so berichtet Tacitus – setzten sich selbst und gingen, war das Spiel verloren, in die Sklaverei.

Während Würfelspiel und Glücksspiel identisch sind, kann man dies für das Kartenspiel nicht behaupten. Das hat vor allem seine Ursache in den Spielkarten selber. Sie sind nach einem so komplexen System aufgebaut, daß neben dem Glück auch der Verstand eine Chance hat.

Ein Kartenspiel besteht im allgemeinen aus vier gleichen Serien, den Zahlen Eins bis Zehn, sowie einer Bildhierarchie, vom Pagen, dem Buben, zum König. Die vier Serien werden durch vier unterschiedliche Symbole unterschieden. In Italien sind Schwert, Stab, Münze und Becher diese Symbole; in Spanien ist der Stab durch eine Keule ersetzt. Als deutsche Farben – wie wir die Symbole nennen – kennen wir Eichel, Blatt, Herz und Schelle. Die Schweizer Farben sind den deutschen eng verwandt: neben Eicheln und Schellen treten Wappen und Blüten. Die französischen Farben schließlich sind sehr viel abstrakter, sie

Geographisches Lehrspiel mit deutschen Farben. Kupferstich, Deutschland. Ende 17. Jahrhundert. (Abb. 2)

sind nicht wie Eichel, Münze oder Schwert Gegenstände aus unserer Umwelt, es sind vielmehr abstrakte Zeichen: das blattförmige Pik und das kreuzförmige Treff sind einheitlich schwarz gefärbt, das Herz und das Karo sind von roter Farbe.

Unterschiedlich wie die Farbzeichen sind auch die Bilder, die an der Spitze der jeweiligen Serie stehen. Sie entstammen entweder dem höfischen oder dem militärischen Bereich: König, Königin, Reiter und Bube (italienisch Fante, Infanterist) stehen an der Spitze der italienischen Farben; die spanischen verzichten auf die Königin, die französischen auf den Reiter. In Deutschland ist die militärische Rangfolge deutlicher: dem König folgt Ober- und Untermann, seit dem Ende des 16. Jahrhunderts in der Kleidung der Landsknechte.

Die Verteilung der Karten gibt dem Zufall, dem Glück, eine Chance, doch was jemand aus den Karten macht, wie er die vielen Kombinationsmöglichkeiten nutzt, das unterliegt – je nach Spielregel – der Geschicklichkeit. Dem Kartenspiel, am deutlichsten zwischen Glück und Geschicklichkeit angesiedelt, stand – als es 1377 zum ersten Mal erwähnt wurde – eine große Zukunft bevor.

Soviel wir jedoch über die Zukunft des Kartenspiels wissen, so dunkel ist seine Vergangenheit. Wo es entstand, aus welchen Voraussetzungen, ist

Schellenkönig aus dem geographischen Lehrspiel. Ende 17. Jh.

ungelöst; die unterschiedlichen Meinungen sind Gegenstand wissenschaftlichen Streites. In den letzten Jahren sind manche Argumente dafür erbracht worden, daß das Kartenspiel aus dem Orient stammt, von den Arabern in den Westen vermittelt, wie so viele andere Spiele. Doch verglichen mit der Dichte der Zeugnisse in Europa nach 1377 sind die Zeugnisse vor und nach diesem Datum im Orient spärlich. Andererseits haben die Spielkarten anfangs in Europa einen arabischen Namen, eine Tatsache, die den suchenden Blick immer wieder in diesen Kulturkreis lenkt.

Würde man die These, daß die Spielkarten von Arabern nach Europa gebracht wurden, für richtig halten, würden die Fragen nicht abnehmen, denn auch die Vorstufen für die arabischen Spielkarten sind zu klären. Und tatsächlich, neben Europa ist Indien ein Kulturkreis, der eine Vielfalt von

Illustrierte Karten von H. Löschenkohl. Kupferstich, Wien, 1806. (Abb. 3)

Spielkarten kennt. Die ältesten schriftlichen Belege stammen in Indien jedoch erst aus dem 16. Jahrhundert. Indische Karten sind – vielleicht leiten sie sich aus Brettsteinen her – rund. Aufgebaut sind sie ähnlich wie die europäischen: die einzelnen Serien werden durch Farbzeichen – in Indien zudem auch noch durch Buntfarben – unterschieden. An die Spitze der Zahlenreihe Eins bis Zehn treten zwei Figuren aus der höfischen Hierarchie, bzw. aus den Heiligen Büchern. Die Anzahl der Farben und damit auch der Karten im Spiel ist weit größer als in Europa. Doch damit nicht genug der Schwierigkeiten: In China wird über Spielkarten schon in einem Text des 11. Jahrhunderts berichtet. Ein gewisser Yang Tan-ien soll danach im 7./8. Jahrhundert das Kartenspiel sehr geschätzt haben. Yang Tanien ist somit der bei weitem älteste Kartenspieler. Mit welchen Karten er gespielt hat ist unsicher. Sicher ist jedoch, daß in China das Kartenspiel eng mit Steinspielen verbunden ist. Domino und Majong kann man auch mit Karten spielen, desgleichen Schach; eine enge Verbindung besteht in China zwischen Knobelstäbchen und Karten. Die langen schmalen Papierstreifen aus China lassen sich jedoch mit den europäischen Karten kaum noch in Verbindung bringen, weder im Spielsystem noch in der Form. Die Herkunft der Spielkarten liegt also weitgehend im dunkeln; doch bei all den Nachforschungen wird immer wieder deutlich, daß Menschen sehr unterschiedlicher Kulturen seit vielen Jahrhunderten mit diesen Blättern spielen.

Doch kommen wir auf das Jahr 1377 – nach florentinischer Zeitrechnung 1376 – zurück. Am 23. Mai verbietet der Rat der Stadt Florenz ein Spiel, das „naibbe“ genannt wird. Dieses Spiel, so die Urkunde, sei erst vor kurzem eingeführt worden. Nachrichten über das Jahr 1379 besagen, daß in Viterbo Karten auftauchten, die im Sarazenischen „naib“ genannt würden. Auch diese Nachricht macht deutlich, daß Spielkarten damals neu waren.

In der Folgezeit verbreiten sich die Karten in Windeseile. Mit den Kaufleuten wandern sie die großen Handelsstraßen nach Nord-, West- und Osteuropa. Einige Jahre später sind die Karten auf dem ganzen Kontinent zu belegen. Die Stadtverwaltungen verbieten ein Spiel nach dem anderen.

Karo-König aus dem Spiel um H. Löschenkohl Wien, 1806

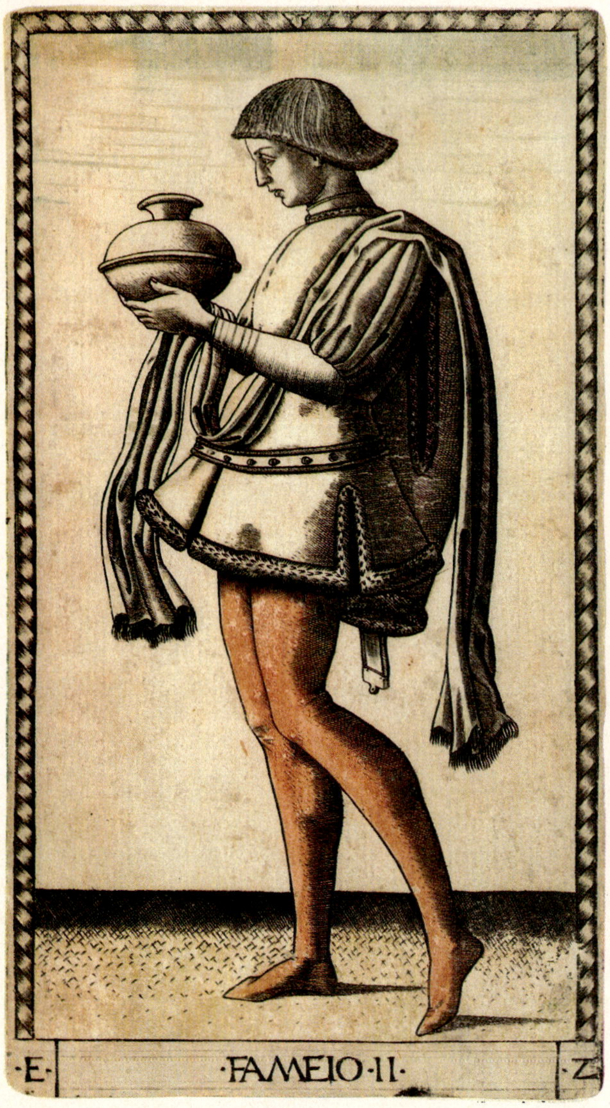

Fameio aus dem sog. „Mantegna-Tarocken". Kupferstich, Ferrara, um 1465. (Abb. 4)

Wie diese frühesten Spielkarten ausgesehen haben, können wir nur erraten; denn war ein Spiel unbrauchbar geworden, warf man es weg. Alte Karten – auch aus späterer Zeit – haben sich deswegen nur zufällig erhalten. Besser als über das Aussehen der Volksspielkarten sind wir über jene Karten unterrichtet, die fürstliche Auftraggeber in Malerwerkstätten anfertigen ließen. Diese Spiele gehören zu den Inkunabeln der Miniaturmalerei des 15. Jahrhunderts. Den Karten dieses gehobenen Geschmacks folgen auch die Kupferstecher des gleichen Jahrhunderts. Die Vielfalt in den Motiven und der Reichtum in den Details kommen jedoch mit der Spielbarkeit in Konflikt.

Ein solches „Kupferstichspiel" ist auch das sog. „Mantegna-Tarocchi" (Abb. 4). Diese Karten haben – darüber besteht heute Einigkeit – nichts mit dem Künstler Andrea Mantegna und wenig mit Spielkarten zu tun. „Tarocchi" ist der Name einer eigentümlichen Kartengruppe: zu den vier Farben tritt eine fünfte Serie aus 22 fortlaufend numerierten Bildern, hier fehlen jedoch die für Spielkarten sonst typischen Farbzeichen. Die 22 Bilder hängen eng mit Bildformeln des christlichen Mittelalters zusammen, in ihre Abfolge hat man jedoch bisher keinen Sinn bringen können. Die „Mantegna-Tarocchi" – eine Kupferstichserie, die aus 50 Blättern besteht – haben einige Bilder mit der Kartengruppe Tarocchi gemeinsam, so die Karten Herrscher, Papst, Mond oder Sonne. Das ist aber auch alles. In sich selbst bilden die Kupferstiche ein ausgeklügeltes System aus fünf mal zehn Blättern. Die erste Gruppe stellt die verschiedenen Stände des Menschen dar; der „Fameio", der Jüngling, den wir hier abbilden, stammt aus dieser Gruppe, die mit „E" unten links gekennzeichnet ist. In den nächsten Zehnergruppen folgen Apoll und die 9 Musen, sowie die personifizierten Künste und Wissenschaften. In der vorletzten Gruppe sind Genien und Tugenden, in der letzten Planeten und Sphären vereinigt. Über Tradition und Sinn dieser Serie ist viel nachgedacht worden. Das ausgeklügelte System und der mit stilistischen Überlegungen zu ermittelnde Herstellungsort Ferrara, lassen an jene norditalienischen Humanistenkreise denken, deren gesellschaftliches Miteinander untrennbar verbunden ist mit dem künstlerisch-spielerischen Umgang mit aus der Antike hergeleiteten Bildungsinhalten.

Mit den „Mantegna-Tarocchi" haben wir uns weit von dem entfernt, womit das Volk spielte. Abb. 5 zeigt so ein Spiel, allerdings schon aus dem 17. Jahrhundert. Auf der Schwerter-2 firmiert der Hersteller: M. Ottavio. Seinen Laden hatte er auf der Piazza di San Marco in Venedig. König, Reiter und Bube haben 200 Jahre früher sicher ähnlich ausgesehen, der Schwerter-Bube erscheint als fürchterlicher Krieger, der das Haupt seines besiegten Gegners in der Hand hält.

Da die Spielkarten in Italien zum ersten Mal erwähnt werden, nehmen die Spielkartenhistoriker an, daß die Karten von Italien über Südfrankreich nach Spanien gewandert sind. Ein zweiter Weg führt über Deutschland nach Frankreich. Natürlich ist so eine Vorstellung mehr ein Denkmodell als die Beschreibung einer Entwicklung, denn jede dieser Stationen weist andere Karten auf. Bisher kennen wir nur wenig Beispiele für die Mischformen zwischen den einzelnen Gruppen.

Folgen wir diesem Denkmodell, so führt uns unser Weg zuerst nach Südfrankreich. Die in Abb. 6 gezeigten Karten sind besonders frühe Beispiele aus der Provence. König und Königin werden thronend dargestellt. Die Buben schwingen ihre Farbzeichen Schwert und Keule als Waffe über dem Kopf. Die Keule – die dem Stab im italienischen Farbsystem entspricht – wird von einem jener „wilden Leute" gehalten, die damals das einfache und naturverbundene Leben symbolisierten.

In dem noch heute gebräuchlichen spanischen Farbsystem fehlt die Königin, die wir auf dem Spiel von 1550 gesehen haben. Mit Abb. 7 haben wir ein besonders schönes Beispiel des typisierten spanischen Farbsystems. Normalerweise wurden die Karten vom Holzstock gedruckt. Sie waren gröber, aber auch billiger als das abgebildete Exemplar. Um 1800 – unter dem Einfluß des Klassizismus – wurden in Spanien

Spiel mit italienischen Farben von M. Ottavio. Holzschnitt, Venedig, 17. Jahrhundert. (Abb. 5)

M OTTAVIO
CARTOLER
IN PIAZZA DI
SAN MARCO
TIEN ꝑ, IN-
SEGNA LA
PERLETA

Spiel aus Südfrankreich mit spanischen Symbolen. Holzschnitt, Provence, um 1550. (Abb. 6)

Spielkarten herausgebracht, in denen naturnahe Darstellung und grafisches Raffinement verbunden wurden: der Stamm der Keule wurde knorriger, die Rinde von immer anderen Strichlagen durchfurcht. Aus den abgebrochenen Ästen sprossen hier und da neue Blätter. Genauso liebevoll wie die Linienführung wurde die Farbgebung gehandhabt. Oft wird auf die Schablone bei der Einfärbung verzichtet. Die Arbeiter in den Manufakturen trugen die Farbe aus freier Hand auf, was den Karten ein viel lebendigeres Aussehen verleiht. Meist werden auch mehr als nur – wie bisher üblich – vier Farben verwendet.

Kommen wir noch einmal zu unserem Denkmodell zurück. Den Weg, den die Karten von Italien nach Spanien genommen haben, haben wir verfolgt, den anderen, nordwärts über die Alpen nach Deutschland müssen wir uns jetzt vornehmen. Lange Zeit wurden die in

Spanische Spielkarten von F. De Maciá. Kupferstich, Barcelona, um 1800. (Abb. 7)

Karten des "Stukeley-Typus". Holzschnitt, Nürnberg, um 1550. (Abb. 8)

Abb. 8 wiedergegebenen Karten für die ältesten Volksspielkarten gehalten. Ihren Namen haben sie nach dem Engländer Dr. Stukeley, aus dessen Besitz das namengebende Exemplar in das Britische Museum, London, gelangte. Heute wissen wir, daß diese Karten in Nürnberg um 1550 gefertigt wurden. In diesen Karten haben wir eines der vielen Beispiele dafür vor uns, daß sich alte Figurentypen recht lange halten. Dafür gibt es herstellungstechnische Gründe. Durch das Verfahren des Reibedrucks wurden die Holzstöcke stark abgenutzt. Die Kartenmacher mußten also oft neue Druckmodeln herstellen. Dabei wurden die alten lediglich kopiert, nur gelegentlich sickern bei dieser Praxis formale und ikonografische Neuerungen ein. So kann man, vor allem mit kostümgeschichtlichen Argumenten, das Aussehen von Karten des 15. Jahrhunderts erschließen. Die ersten Stukeley-Karten wurden – folgt man der Kleidung der Figuren – in der Zeit um 1450/70 gefertigt. Einzelne Figürchen leben noch sehr lange, so lassen sie sich noch im 19. Jahrhundert auf den quadratischen Karten des

Beispiele des Ansbacher Bildes. Holzschnitt, Nürnberg, 1. Hälfte 19. Jahrhundert. (Abb. 9)

Ansbacher Bildes nachweisen (Abb. 9).

Ein echtes Produkt des 16. Jahrhunderts sind die Spielkarten aus Muri (Abb. 10). Die Zahlenkarten werden durch Figuren belebt: ein Affe und ein Narr haben hier genauso ihren Platz wie der Meister, der den Lehrling verprügelt, oder die beiden Amoretten, die Früchte herbeitragen. Seit dem 16. Jahrhundert finden sich am unteren Rand der Zahlkarten im deutschen Farbsystem ähnliche kleine Szenen wie auf den Karten aus Muri. Am berühmtesten sind die Szenen des sächsischen Bildes (Titelb.). Burleske und komische Szenen – wie der Kampf des Zwerges mit dem Hasen – aber auch Folklore oder Tierbilder beleben jene Zone, die Eicheln, Blätter, Herzen oder Schellen freilassen. Erst nachdem im 19. Jahrhundert auch das deutsche Bild aus spieltechnischen Gründen doppelfigurig wird, ist für jene kleinen Szenen kein Platz mehr.

Zu vielfältigen kleinen Bildchen werden die Szenen auf Karten der bayerischen Kartenmacher Joseph Fetscher (Abb. 11) oder Andreas Göbel gegen Ende des 18. Jahrhunderts. Ähnlich wie schon bei den spanischen Karten beobachtet, werden auch die deutschen in Linienführung und Farbgebung differenzierter und raffinierter. Technische Voraussetzungen sind die neuen Radiertechniken, mit denen die Druckplatte leichter bearbeitet werden konnte als mit dem Grabstichel. Der Graveur kann nun ohne Mühe als Kartenrand eine kleinteilige Borte machen. Landschaften mit Hügeln und Felsen, Bäumen, Büschen und Pflänzchen, mit Häusern, Hütten und Türmen, mit Wegen und Flüssen finden sich dort, wo bisher ein Affe oder ein Meister, der seinen Lehrbuben schlägt, zu sehen war. Differenzierter wird nun auch die Kleidung der Könige, Ober- und Untermänner. Sie tragen das Kostüm ihrer Zeit. Karten wie diese rangieren in der obersten Preisklasse, „extra fein" ist die zeitgenössische Qualitätsbezeichnung.

Das Land, in dem – nach unserem Denkmodell – die Spielkarten zuletzt auftauchten, ist Frankreich. Heute haben sich die französischen Farbzeichen in der gesamten Welt durchgesetzt. Anders als in den deutschen Landschaften bildet sich in Frankreich

Schellen-4 des Spiels aus Muri (Schweiz). Holzschnitt, 16. Jahrhundert. (Abb. 10)

„Extra feine" Spielkarten von Joseph Fetscher. Kupferstich, München, um 1819. (Abb. 11)

Karo-König vom Typ „Pariser Bild". Holzschnitt, Paris, um 1760. ***(Abb. 12)***

noch im 16. Jahrhundert ein Bild mit kanonischen Figuren heraus. König, Dame und Bube sind Figurenkarten; Treff, Pik, Herz und Karo sind die Farbzeichen. Daran hat sich bis heute nichts geändert. Man liebte es, die Könige, Damen und Buben mit legendären und historischen Figuren zu identifizieren. Auf (Abb. 12) ist das Pariser Bild zu sehen, das für das französische Kartenbild in Deutschland vorbildlich wurde.

Um den Siegeszug des französischen Kartenbildes verstehen zu können, muß man sich den Herstellungsprozeß der Spielkarten vergegenwärtigen. Der Kartenmacher stellte seine Kartenbilder im Holzschnitt her. Die Rückseite der Karten war lange Zeit unbedruckt. Diese weißen Rückseiten verschmutzten unregelmäßig, dem Falschspieler wurde es so erleichtert festzustellen, was sein Gegenüber in der Hand hielt. Deswegen war das oberste Gesetz der Rückseitenmuster Gleichmäßigkeit. Auch die kleinste Abweichung öffnete dem Falschspiel Tür und Tor. Seit dem 16. Jahrhundert kennen wir gemusterte Rückseiten, zuerst vom Holzstock gedruckt, später von Walzen und Rollen. Die Geschichte der Spielkarten verbindet sich hier mit der Geschichte des Buntpapiers. Die Kolorierung der Karten nahm man meist nach dem Druck vor. Durch eine Schablone trug man die Farben Rot, Grün, Gelb oder Blau auf. Während man die französischen Farbzeichen mit der Farbe Rot, bzw. der Farbe Schwarz mittels der Schablone auftrug, war bei den deutschen und auch den italienischen noch eine Zeichnung notwendig. Bei der Fertigung der französischen Spielkarten konnte damit eine Druckplatte - die für die Zahlenkarten - eingespart werden. Die Karten wurden billiger angeboten, setzten sich schneller durch.

Zu der Rationalisierung kam im 18. Jahrhundert noch die Mode, sich nach Frankreich zu orientieren. Sprache, Mode, Literatur waren vom französischen Hof beeinflußt, wieso sollten die Karten verschont bleiben.

Die Französische Revolution machte auch vor den Kartenkönigen und ihrem Anhang nicht halt. Sie wurden abgesetzt. Anfangs schnitt man die Hoheitszeichen, vor allem Krone und Szepter aus dem Holzstock, dann erhielten die Könige und die Buben die Mütze der Jakobiner. Schließlich wurden völlig neue Kartenbilder gefertigt. Einer der Entwerfer war der Maler Louis David. Seine Zeichnungen waren Grundlage des neuen Kartenbildes. Die Restauration der Monarchie brachte das alte Kartenbild wieder mit sich, jedoch durch klassizistische Zeichnung gestrafft.

Auf Abb. 13 ist ein anderes Kartenbild aus der Zeit der französischen Revolution zu sehen. Die Könige, Damen und Buben werden nun durch die Ideale der neuen Zeit ersetzt. Statt der Könige erscheinen

Französische Revolutionskarte. Holzschnitt, Paris, 1792. ***(Abb. 13)***

weise Gesetzesgeber wie der Athener Solon, Republikaner wie der Cäsarmörder Brutus. Die Damen werden durch die Tugenden Gerechtigkeit, Einheit, Klugheit und Mut ersetzt. Statt der Buben sehen wir schließlich tapfere Helden der Antike: Hannibal, Decius Mus, Horatius Coeles und Mucius Scaevola, der lieber seine Hand verbrennen ließ, als daß er duldete, daß seinem Vaterland Schaden zugefügt würde.

In Deutschland ist eine analoge Entwicklung zu beschreiben. Die Könige und ihr Hofstaat wurden jedoch nicht abgesetzt, sie wurden vielmehr in ein wissenschaftlich ermitteltes, historisches Gewand gesteckt. Dies ist das Verdienst der Kartenalmanache, die seit 1805 im Verlagshaus Cotta erschienen. Bei der Veränderung des Kartenbildes baute man auf der Legende auf, daß das Kartenspiel für den geisteskranken Karl VII. erfunden worden sei. Mit diesem Herrscher identifizierte man den Kartenkönig „Charles“. Entsprechend wurde die Beschriftung „La Pucelle“, die Jungfrau, als Jungfrau von Orleans interpretiert. Man glaubte, daß nach einem langen Prozeß historischer Verunklärung nun die originalen Karten rekonstruiert seien. Ähnlich verfährt der bayerische Historiker Freiherr von Aretin: Er erarbeitet ein Spiel, das „das Andenken an würdige Männer und Begebenheiten“ erhalten will (Abb. 14).

Die Cotta'schen Spielkarten bringen noch eine weitere Veränderung: Die Farbzeichen der Zahlkarten wurden auf geschickte Weise in die Illustration hineingenommen; (Abb. 16) damit haben wir in den Cotta-Karten die ersten Beispiele illustrierter Karten mit französischen

Bayerische Geschichtskarte herausgegeben von Chr. Freiherr von Aretin. Kupferstich, gedruckt von C. Jegel, Nürnberg, um 1819. (Abb. 14)

Aus dem Cotta'schen Kartenalmanach für das Jahr 1807. Kupferstich nach den Zeichnungen von Wilhelm Christian von Faber du Faur. Tübingen. (Abb. 16)

Farbzeichen vor uns. Vorstufe für die Integration der Farbzeichen in das Bild ist ein Gesellschaftsspiel, das man „Aufgabe der fünf Punkte" nannte. Hierbei machte man fünf Punkte auf einen Bogen Papier, ein Zeichner hatte dann daraus eine menschliche Figur zu machen. Auch auf Karten hat man in ähnlicher Weise seine Fähigkeiten bewiesen. Der Kartentyp, der so entstand und der sich im Laufe des 19. Jahrhunderts großer Beliebtheit erfreute, wird „Verwandlungskarten" genannt. Wie groß der Erfolg des ersten Cotta'schen Almanachs mit dieser Idee war, kann man an der Kopie des Wieners Hieronymus Löschenkohl sehen. Er vertrieb schon 1806 einen Raubdruck des Cotta'schen Spiels (Abb. 3).

Lange vor der Französischen Revolution waren die Karten über Rouen nach England gelangt. Mit den englischen Schiffen kamen diese Karten in alle Welt, vor allem in die Vereinigten Staaten von Amerika. Heute ist dieses Bild als „Internationales Bild" bekannt. In ihm ist die durch die französische Gesetzgebung verursachte Stilisierung des Kartenbildes zur letzten Konsequenz getrieben. Die Karten des englischen Kartenmachers Hardy, gefertigt um 1800, belegen dies: Erst nachdem sich das Auge eingesehen hat, zeichnen sich aus den Linien und Farbflächen die Figuren von König und Dame heraus, etwas schneller die des Buben. Nur langsam findet man auch Details: Schwert oder Reichsapfel in der Hand des Königs, die Hand der Dame oder das Schwert des Buben (Abb. 15).

Herz-König aus einem Spiel von J. Hardy. Holzschnitt, London, um 1800. (Abb. 15)

Der deutsche Künstler Philipp Otto Runge ging 1809 von dem Pariser Bild aus, als er versuchte, ein neues Kartenbild zu entwickeln (Abb. 17). Deutlichste Veränderung seiner Karten ist die Verlebendigung der Damen und Buben, die sowohl die Kleidung als auch die Gesichter seiner Zeit erhielten. Lediglich die Könige sind geblieben wie sie waren, „alt und verregieret", wie es Clemens Brentano formuliert hat. Runge, der der Meinung war, daß jede Zeit „Gleich nah zu Gott ist", lehnte historisierende Stilformen ab, er versuchte, das Gesicht seiner Gegenwart, die Zeit der Freiheitskriege, zu erkennen.

Historisierend, Gegenwart im Kostüm der Vergangenheit,

Treff-As aus dem Cotta'schen Kartenalmanach für das Jahr 1807

PALLAS
JUDITH
ARGINE
ESTHER
DAVID
CHARLES
ALEXANDRE
CEZAR

ist ein Pariser Spiel aus der Mitte des 19. Jahrhunderts (Abb. 18). Dieses Spiel zeigt Personen der englischen Geschichte, besser formuliert, Schauspieler als Personen aus der englischen Geschichte. Das Künstliche, das Vorgespielte, prägt auch den Stil dieser Karten, die mit allen Finessen der Radierkunst gearbeitet sind. Sie erfreuten sich, wie auch andere Spiele der gleichen Gruppe, einer großen Beliebtheit, was nicht zuletzt an manchem Raubdruck abzulesen ist.

Schon das Cotta'sche Kartenspiel bestand aus 52 Bildern, eine „tragbare Galerie", wie es von einem Zeitgenossen genannt wurde. Bei diesem Spiel überwog also der illustrative den spielerischen Charakter. Dies trifft für sehr viele Kartenspiele zu, denn gegenüber jedem anderen Spielinstrument haben die Karten den Vorteil, daß – bringt man die Wertbezeichnung möglichst klein in einer Ecke unter – die ganze Fläche für einen Zweck verwendet werden kann, der mit dem Spiel nichts oder doch nur wenig zu tun hat. Damit kommen wir zu einer Kartengruppe, die um 1750 entstand, die Tarocke mit französischen Farben.

Die Karten dieser Gruppe leiten sich aus den italienischen Tarocchi des 15. Jahrhunderts her, die wir in einem besonders ausgefallenen Beispiel kennengelernt haben. Auch hier tritt neben das Vier-Farben-Spiel eine Trumpfreihe, die von Eins bis Zweiundzwanzig durchnumeriert ist. Im Zeichen der Frankreich-Mode des 18. Jahrhunderts, wie wohl auch aus den geschilderten wirtschaftlichen Gründen, waren die italienischen durch die französischen Farbzeichen ersetzt worden. Auch mit den alten Bildkarten konnte man wohl nichts anfangen, man ersetzte sie ebenfalls durch neue, verständlichere Bilder. Da der Wert der Karten durch die Ziffer bestimmt war, konnte man je nach Belieben die Bilder auswechseln. So weisen die Tarocke mit französischen Farben einen großen Reichtum an Illustrationen auf, meist Serien zu einem Thema: Städtebilder und Karikaturen, Szenen aus dem Theater und verbildlichte Sprichwörter, Genreszenen und Tierdarstellungen. Die letzte Gruppe, die Tierdarstellungen, nehmen einen so breiten Raum ein, daß man sich angewöhnt hat, von Tiertarocken zu sprechen.

Die ältesten Tiertarocke, die bekannt sind, stammen aus der Werkstatt des Münchners Andreas Benediktus Göbl (Abb. 19), der von 1765 bis 1792 nachweisbar ist. An diesen Tierdarstellungen ist viel gerätselt worden. Man hat vermutet, hier würden Fabeln oder Volkslieder illustriert. Tatsächlich liegen diesen Tiertarocken Sinnbilder, Emblemata mit Tieren zugrunde. Für das Churbayrische Spiel sind Karten mit emblematischen Darstellungen aus der Werkstatt des Augsburgers Conrad Stappf vorbildlich.

Wie breit das Spektrum der verwendeten Illustrationen der

Abb. linke Seite: Spielkarten von Philipp Otto Runge. Holzstich, 1809/10. (Abb. 17)

Historisierende Spielkarten. Kupferstich, Paris, Mitte 19. Jahrhundert. (Abb. 18)

Motiv aus einem „Churbayrischen Tarockspiel" von Andreas Benediktus Göbl. Kupferstich, München, um 1790. (Abb. 19)

Revolutionstarock von Cajetan. Stahlstich, Wien, 1848. (Abb. 20)

Tarocke mit französischen Farben ist, macht das Revolutionstarock von 1848 deutlich (Abb. 20). Es erschien in dieser bewegten Zeit wie etwa ein Flugblatt oder eine Propagandaschrift. Herstellungsort ist Wien, wo – wie auch in Berlin – die Auseinandersetzungen besonders heftig und damit für die Zukunft entscheidend verlaufen sind. Damit engt sich auch das Entstehungsdatum für unser Spiel ein: es muß zwischen März und Oktober 1848 entstanden sein, nach dem Beginn, aber vor der Niederschlagung der Revolution. Tarock X nimmt wohl schon zu den Auseinandersetzungen in der Paulskirche in Frankfurt Stellung. Einig war man sich in dem abstrakten Ziel, daß es ein geeintes Deutschland werden sollte, aber wie die Einheit aussehen sollte,

darüber ging der Streit hoch her. Viele Karikaturisten, so auch unser Zeichner, ziehen daraus den Schluß, daß zwei, die sich prügeln, einander immer nahe sind. Tarock XXI andererseits greift auf eine sehr alte europäische Bildvorstellung zurück: Vor dem Tod sind alle gleich, und so liegen unter den Füßen des Sensenmannes Kronen und Szepter, „König und Bettler" steht auf dem Felsen, auf den er sich stützt. Die Überschrift „Der wahre Republikaner" kommentiert sarkastisch das Revolutionsgeschehen mit seinen Toten und Verwundeten: wenn wir – was niemand bestreiten kann – durch den Tod gleich werden, warum dann nicht durch das Leben in einer Republik. Es gehört zu den Besonderheiten dieser politischen Karikaturen, daß Ernsthaftigkeit und Witz nebeneinander Platz haben. Seine Stärke hatte das

Aus Stoffteilen gefertigte Spielkarten. Deutschland, um 1680. (Abb. 21)

Wahrsagekarten mit deutschen und französischen Sprüchen. Kupferstich, Deutschland, 1806. (Abb. 22)

Bürgertum, das damals zur Macht drängte, vor allem aus seiner moralischen Integrität.

Schon mit den illustrierten Karten hatten wir eine Gruppe erreicht, die das eigentliche Spiel nicht mehr als vordringliche Funktion der Spielkarten annahm. Die Wahrsagekarten – und neben ihnen noch die Lehrkarten (Abb. 2) – verwenden die Spielkarten bewußt zu anderen Zwecken als dem Spiel.

Das Kartenlegen, wenn auch um 1500 schon nachzuweisen, kam erst im 18. Jahrhundert so recht zur Blüte. Es löste die Praxis des Handlesens ab. Wie die Astrologie, konnte auch die Chiromantie eine scheinbar gut durchdachte theoretische Grundlage ausweisen, entsprechend wissenschaftlich mußten sich auch die Kartenleger in ihren Schriften geben. Spielkarten wurden mit dem Gütezeichen eines hohen Alters ausgestattet, berühmte Namen wurden mit den Karten in Verbindung gebracht, immer neue Beispiele der Treffsicherheit von Voraussagen wurden publiziert. Die auf Abb. 22 wiedergegebenen Karten nehmen sich nicht so ernst, ihre Ratschläge sind aphoristische Lebensweisheiten, sie dienen der Erheiterung in Gesellschaften, nicht der Ermittlung der Zukunft. Wie immer ist die Beziehung der Geschlechter zueinander ein unerschöpfliches Thema.

Doch nicht nur die Bebilderung hindert, daß mit den Karten gespielt wird. Viele Spielkarten sind aus einem Material, das das Spielen zumindest erschwert, wenn nicht vollständig unmöglich macht. Die prächtigen, mit Stoff unterlegten Karten aus Norddeutschland (Abb. 21) kann man kaum mischen, die einzelnen Papierspitzen würden sich knicken, das Papier würde zerreißen. Karten wie diese hob man in der Schublade auf, man zeigte sie Freunden; es waren Beispiele, wie sehr Alltägliches auch Besonderes sein konnte. – Auch das Spiel aus Strohintarsien diente wohl kaum zum Spielen; als ein besonderes Schmuckstück, als ein Beispiel bewundernswerter Kunstfertigkeit eines Laien, wurde es als Geschenk aufbewahrt, vorgezeigt, betrachtet, es war Gegenstand der Konversation. Wie eine Geldanlage erscheinen dagegen Spielkarten aus Silber, die Anfang unseres Jahrhunderts gefertigt wurden; vielleicht handelt es sich auch um ein Weihnachtsgeschenk für einen passionierten Bridgespieler. Zum Spiel eignen sich diese „Blätter“ genausowenig wie die aus Stroh oder Brokat.

Herz-Dame aus dem Stoffspiel, Deutschland um 1680

Während die einen die Karten sammeln und aufheben, spielen die anderen. Die meisten Biertrinker sammeln keine Kronenkorken, die meisten Briefträger sammeln keine Postkarten und die meisten Kartenspieler sammeln keine Spielkarten. Trotzdem: über der Faszination am Aussehen der Karten sollte man das Spiel nicht vergessen.

Alle Abbildungen des Kapitels Spielkarten stammen aus dem Deutschen Spielkartenmuseum e.V., Leinfelden – Echterdingen

Volkstümliche Möbel und ihre Dekorationsformen

Abb. Vorderseite: Blumen-Arrangement, Türfüllung eines schwäbischen Sakristei-Schranks aus der Kapelle Eggenthal über Kaufbeuren, von Franz Xaver Bernhard, 1758; Heimatmuseum Kaufbeuren

Vielen, die sich mit historischen Gütern unserer Kultur, speziell der sogenannten Volkskultur, beschäftigen, wird der Begriff „Volkstümliche Möbel" zunächst zwar nicht gerade fremd, aber doch zumindest ungewohnt erscheinen. Dennoch hat die in den letzten Jahren sich mehr und mehr verändernde Sachbezeichnung einsichtige Gründe, die ebenso neueren Begriffen wie „Landmöbel" oder „ländliche Möbel" zugrundeliegen. Seit dem Ende des letzten Jahrhunderts nannte man die mit Malereien oder Schnitzereien dekorierten Möbel Bauernmöbel. Richtig verstanden ist damit vieles ausgesagt.

Der Blick auf Dimensionen des Historischen wird jedoch und wurde auch gelegentlich erheblich eingeengt. Vor allem – um Signifikantes hier einmal vorwegzunehmen – erschien die Meinung verlockend, daß ausschließlich Bauern diese eigenartigen Möbel besaßen, ja daß die Bauern in früheren Jahrhunderten sogar selbst ihre Möbel herstellten, bemalten oder beschnitzten. Einzelfälle dieser Art, die z. B. durch mündliche Überlieferung innerhalb einer Familie bekannt wurden, können meist nur mit einer gewissen Einschränkung als Tatsache aufgefaßt werden. Das Übliche bedeuten sie nicht.

Wenn man, selbst bei erscheinungsmäßig schlichterem Mobiliar, nur die Bearbeitung der Bretter, das Zusammenfügen des Rahmens mit schwalbenschwanzförmigen Zinken, das Drechseln von Füßen und aufgelegten Säulen oder Halbsäulen, das Hobeln von profilierten Leisten, das Ausschneiden und Schnitzen, die Art und Weise der Bemalung genauer beachtet, so stellt man fest, daß für die Herstellung eines einzelnen Stückes ein relativ großer Werkzeugbestand notwendig war, ganz abgesehen von der Herstellung so handwerklich spezieller Dinge wie Türbänder, Schlösser, Beschläge und Schlüssel, die wesentlich zum „Funktionieren" beitrugen.

In den sogenannten Hinterlassenschaftsinventaren der Bauern gibt es keine Hinweise auf das Vorhandensein solcher Geräte, die ja wohl aufgrund ihres nicht unerheblichen materiellen Wertes in die Bestandslisten aufgenommen worden wären. Solche speziellen Werkzeuge hatten, von Ausnahmen abgesehen, eben nur die Handwerker, die Schreiner, Tischler, Kistler, die oftmals selbst auch durch mehrjährige Erfahrung zu routinierten, manchmal auch durchaus eigenständig gestaltenden Malern wurden.

Vereinzelt ist auch überliefert, daß talentierte Familienangehörige des Kistlers das Bemalen der Möbel übernahmen. Seltener sind – im Sinne zünftischer Regelungen – spezialisierte Möbelmaler oder Schnitzer, die außerhalb eines Werkstattverbundes wirkten, nachzuweisen. Bemerkenswert in diesem Zusammenhang sind die auf mündliche Tradition gestützten Ausführungen von Franz Zell, der sich schon zu Ende des vorigen Jahrhunderts, also verhältnismäßig bald nach dem Ende zierhafter Möbelausgestaltung intensiv mit diesen Sachgütern beschäftigte: „Das Bemalen dieser Möbel war hier (in dem weithin bekannten Möbelzentrum von Tölz) wie auch vielfach anderwärts fast ausschließlich Aufgabe der weiblichen Familienmitglieder, Frauen, Töchter oder Schwestern der Meister. So erinnert sich noch Herr Prof. Dr. Sepp an den einstmals lokalberühmten ‚Rubens von Tölz', welche eigentlich eine solche Pinselvirtuosin war; es war dies die ‚Appelkistlerin', welche die rührendsten Bilder auf die Schränke und Bettstellen zu zaubern verstand."

Diesen wertvollen Hinweis wird man nicht so verallgemeinernd auffassen können – dazu

Abb. Vorderseite: Früchtekorb von zwei Amseln flankiert, dekorative Malerei auf einem eintürigen Schrank des Schreiners u. Malers Michael Rössler aus Untermünkheim bei Schwäbisch Hall, 1835; Badisches Landesmuseum Karlsruhe

Eintüriger Schrank mit geradem Abschluß, 1750 aus dem Berchtesgadener Land. Auf Blankholzgrund wechseln Blumenvasen mit strahlenförmigen Feldern und getupften Flächen; Heimatmuseum Berchtesgaden

fehlen weitere Informationen, weitere konkrete Nachweise. Doch verdeutlicht er eindringlich, daß diese meist farbenprächtigen Malereien von geübten Laien ausgeführt wurden. Wie schon angedeutet, sind nur selten spezialisierte Maler nachweisbar, wie z. B. Johann Nepomuk Bichler in Schliersee, der – und auch das ist nicht allzu häufig anzutreffen – einige seiner Werke signierte. Als treffliches Beispiel sei das phantasievoll bemalte Himmelbett von 1788 im Bayerischen Nationalmuseum München genannt. Die Nachricht, daß Bichler 1793 für das Kloster Tegernsee neben Anstricharbeiten auch das Theater gemalt hat, wobei wohl an Kulissen zu denken ist, überrascht bei dieser meisterlichen Ausführung dekorativer Elemente nicht.

Besitzer dieser dekorierten Möbel aus ländlichen Werkstätten waren zum überwiegenden Teil sicher die Bauern. Aber die Landkistler versorgten mit ihren Erzeugnissen ebenso die Handwerker, die Bürger der ländlichen Gemeinden und Städte. Die soziale Schichtung der Abnehmer läßt sich sogar erweitern, wenn man bedenkt, daß termingebunden auch in verschiedenen größeren Städten solche Möbel verkauft werden durften. Wiederum am Beispiel der Tölzer Möbel läßt sich dies als Ergebnis eingehender Forschungen gut nachweisen. Die Tölzer Werkstätten versorgten nicht nur das im allgemeinen verhältnismäßig eng umgrenzte Umland, sie exportierten auch ihre Möbel zu Wasser und zu Lande vom 16. Jahrhundert an bis in die 2. Hälfte des 19. Jahrhunderts in weiter entfernte Landschaften, vor allem nach Niederbayern und wohl auch in die südliche Oberpfalz. Auch auf Dulten in München wurden die Tölzer Exponate angeboten und verkauft, wobei es immer wieder zu Streitigkeiten mit den ansässigen Kistlern kam, die sich, wie Torsten Gebhard es in seiner vorzüglichen Arbeit von 1936 schon umfassend darstellte, der Konkurrenz zu erwehren suchten. Bereits 1595 beklagten sich die Münchner Kistler, daß die Tölzer minderwertige Ware, in diesem Falle aus unzureichend getrocknetem Holz, verkauften.

Solche Dulten, Märkte wurden von der Landbevölkerung besucht, doch kauften auch Münchner Einwohner Tölzer Möbel. Akten über Streitfälle, besonders wenn außerhalb des festgelegten Termins Möbel angeboten wurden, geben Aufschluß. Die Namen und zum

Blumenvase von der Füllung eines zweitürigen Schranks mit geradem Abschluß, 1835. Die gekonnte Blumenmalerei des Malers W. Ganter stammt

aus der Schwarzwälder Schildermalerei (Uhren-Dekoration) und ist sonst auf Möbeln, gar volkstümlichen, nicht üblich; Augustiner Museum Freiburg/Breisgau

Teil auch die Berufe der Käufer werden da genannt.

Zusammenfassend kann man sagen, daß der Begriff „Bauernmöbel“ eine Sozialbindung ausdrückt, die mehrschichtig ist, wobei der Schwerpunkt bei der ländlichen, aber nicht ausschließlich bäuerlichen Bevölkerung festzustellen ist.

Entsprechend dem Begriff „Bauernmöbel“ vermag auch der heute noch in der Literatur gelegentlich auftauchende Begriff einer „Bauernkunst“ Verwirrung zu stiften. Die Ursache hierfür liegt in einer möglichen Doppeldeutigkeit begründet: einmal die vom Bauern, also vom Ungelernten, selbst gefertigten Objekte, beziehungsweise Verzierung von erworbenen, die manuelle künstlerische Freizeitbetätigung also für den eigenen Gebrauch; zum anderen übergreifend die „Kunst im beziehungsweise am Bauernhaus“, womit primär das übernommene, meist außerhalb des Hauses von Spezialisten in Handwerksbetrieben (z. B. Möbel), in Hausindustrien oder später auch in Fabriken hergestellte Gut gemeint ist.

Eines der hervortretenden Merkmale der volkstümlichen Möbel ist die farbige Behandlung. Unter diesem Merkmal lassen sich Möbel unterschiedlicher formaler Art zusammenfassen. Das Bedürfnis der Menschen, solche über das allein Funktionelle hinaus gestalteten Gegenstände in den Wohnbereich, in das Alltagsleben einzubeziehen, ist in der Neuzeit, seit dem 16. Jahrhundert bis in das ausgehende 19. Jahrhundert, nicht allein im deutschen Sprachgebiet zu erkennen. Gislind M. Ritz hat 1970 in einer übergreifenden Abhandlung viele Beispiele aus europäischen Ländern in ihren charakteristischen Erscheinungen vergleichend nebeneinandergestellt. Interessant ist in diesem Zusammenhang die Feststellung, daß durch Auswanderer Sachgüter derartiger Erscheinungsformen, die in der Tradition des europäischen Herkunftslandes stehen, weit über Europa hinaus, z. B. nach Amerika gelangen konnten und dort über längere Zeit beibehalten wurden.

Unter den Dekorationsmöglichkeiten ist die Malerei wohl das bestimmende und verbindende erscheinungsmäßige Merkmal der Möbel, jedoch kommt auch der Schnitzerei besondere Bedeutung zu. Im deutschen Bereich kann man verallgemeinernd mit der Gegenüberstellung von Malerei und Schnitzerei eine räumliche Differenzierung vornehmen. Während im Süden die Malerei dominiert, kommt im Norden die Schnitzerei mehr zur Geltung. Aber auch die Schnitzereien – meist Reliefschnitzereien – verzichten hier

Eintüriger unbemalter Schrank mit geradem Abschluß in der Tradition gotischer Möbel aus der Wasserburger Gegend, 16./17. Jahrhundert; Städtisches Heimatmuseum Wasserburg/Inn

Truhe mit Sockel aus der Gegend von Trostberg, Anfang 17. Jh. Das Möbel ist durch aufgesetzte Rahmungen in Zahnschnitt gegliedert. In die Felder sind je zwei Architektur-Holzschnitte des Nürnberger

Formenschneiders Wolff Drechsel und drei dekorative Rollwerkblätter mit musizierenden Putten und anderen Füllungen eingeklebt; Sammlung Dr. Schulze-Westrum, Assenhausen/Ndb.

kaum auf farbige Behandlung, auf Fassung.

Stets ist aber auch im Rahmen dieser allgemeinen Tendenz lokale Sonderheit, das Nebeneinander oder Durchdringen verschiedenartigster Gestaltungstechniken zu berücksichtigen. In Süddeutschland, z. B. im Mangfallgau in Oberbayern, entstanden in der 1. Hälfte des 19. Jahrhunderts außergewöhnlich bunte, reich bemalte Möbel, die auch gerade durch ihre zusätzlichen floralen, ornamentalen, figürlichen Schnitzereien charakterisiert sind. Beschnitzte, unbemalte Möbel entstanden – allerdings wohl in geringer Zahl – in Schwaben, also auch im Umkreis dominierender Möbelmalerei. Hier sind auch im Gegensatz zur in Süddeutschland und in den Alpenländern üblichen Weichholzverwendung Möbel aus Eichenholz anzutreffen, also dem Material, aus dem doch zu einem erheblichen Teil norddeutsche Truhen und Schränke gefertigt wurden. Solche deutlichen Abweichungen, wie sie in Süddeutschland und in den ebenso differenzierten Möbellandschaften der Alpen anzutreffen sind, können ebenso im Norden entsprechend nachgewiesen werden. Dies hat bereits 1939 Albert Schröder in seiner Publikation „Bemalter Hausrat in Nieder- und Ostdeutschland“ ausführlich vollzogen.

In den bisher kurz angesprochenen, in sich differenzierten Räumen, aus denen mehr oder weniger reich verzierte Gegenstände aus dem Wohnbereich bekannt sind, gab es aber gleichzeitig immer auch schlichtes, allein funktionell gestaltetes Mobiliar. Das kann aus verschiedenen Gründen der Fall sein. Innerhalb der Schicht der Benützer muß man erhebliche Differenzierungen, z. B. des Standes, des wirtschaftlichen Vermögens berücksichtigen. Nicht jeder war eben aus finanziellen Gründen in der Lage, sich mit dem ländlichen Prunk zu umgeben. Zum anderen spielte auch die Zweckmäßigkeit eine gewisse Rolle, wobei vor allem an die Einrichtung in Küchen zu denken ist. Durch Ruß vom offenen Feuer auf dem Herd und durch Wasserdampf wären die Bemalungen nicht allzu lange erhalten geblieben.

Grundvoraussetzung für die sinnvolle und beständige Einbeziehung bemalter Möbel war die Rauchfreiheit der Räume, die Einrichtung mit Öfen, z. B. Kachelöfen, die von hinten, das

Detail von der Kopfwand eines Himmelbettes von Anton Perthaler, Degerndorf/Obb., 1781. Zwei miteinander verbundene Herzen mit volkstümlichem Spruch in einer üppigen

Zweitüriger Bogenschrank mit Volutengiebel und abgeschrägten Ecken, 1833, aus Aibling/Obb., Bayerisches Nationalmuseum München

Blumen-Dekoration weisen das Bett als kaum gebrauchtes Prunkstück für den Kammerwagen einer wohlhabenden Braut aus; Städtisches Heimatmuseum Wasserburg

heißt vielfach vom Gang her beheizt werden konnten. Dies trifft im Bauernhaus vor allem für die Stube im Erdgeschoß zu, in der sich die Familie zum Essen und nach der Arbeit versammelte. Die Schlafräume, die Kammern für die Dienstboten blieben größtenteils ohne eigenen Ofen, konnten aber gelegentlich von der Wohnstube her durch eine Öffnung im Boden mitbeheizt werden.

Die Wohnstube war im allgemeinen mit wenigen Möbeln ausgestattet. Dem Kachelofen diagonal gegenüber steht der Tisch mit der Eckbank, mit lehnenlosen Bänken und auch einem Stuhl, der bereits als Ehrenplatz eine Sonderstellung einnimmt. In Einheit mit dem Tisch ist von der Bedeutung her der Herrgottswinkel - ein Kreuz und Heiligenbilder - zu sehen. Dazu können noch ein Wandkästchen oder ein kleiner eingebauter Wandschrank, ein Gestell für Teller, Schüsseln und Tassen, ein Lehnstuhl oder später auch ein Kanapee die Einrichtung vervollständigen. Insgesamt ist eine solche Wohnstube spärlich, aber zweckmäßig eingerichtet. Nur selten, eben bei Reicheren der ländlichen Bevölkerung dürfte auch eine repräsentative Standuhr ihren Platz gefunden haben.

In der Schlafkammer des Ehepaares befinden sich die durch ihre Dekoration ästhetisch hervortretenden Möbel. Über die Einrichtung eines großen Bauernhofes in Inzell in Oberbayern liegt von dem Reisenden J. G. Kohl eine Beschreibung von 1841 vor, die so kaum verallgemeinernd gewertet werden kann, aber doch Einblick und Aufschluß über das Repräsentationsdenken und die existente Sozialdifferenzierung, die sich durch den Besitz ausdrücken kann, gibt: „Weil die bayerischen Dorfwirthe in der Regel große, reiche Bauern sind und nicht alles bloß auf die Gäste zugeschnitten ist, so vergißt man oft, daß man in einem Wirthshause sei. Die Schlafzimmer haben prachtvoll bemalte Federbetten, Schränke, Spiegel und Kommoden, die voll sind von der Wirthin Vorräthen. . . . Am andern Morgen zeigte uns die Wirthin ihre ‚Kästen'. So nennen die Bauern hier ihren Braut-, Haus- und Familienschatz. . . . Man wählt in der Regel die besseren Zimmer des Hauses dazu und schmückt deren Inneres so bunt und prachtvoll . . . aus, daß das Ganze einer wahren Kunst- und Industrieausstellung gleicht. . . . . Unsere Wirthin sprach immer mit besonderer Hochachtung von den Kästen ihrer Vorgängerinnen

Zweitüriger Bogenschrank aus Oberschwaben, 1818; Privatbesitz

Abb. Vorderseite: Almauftrieb mit geschmückten Kühen; Malerei auf einer Truhenfüllung, Anfang 19. Jh. Tirol; Tiroler Volkskunst Museum Innsbruck

und Stiefkinder, die ihr heilig seien und von denen sie nie etwas anrühre. Diese Kästen sind mehr zum Luxus als zum Nutzen, und man thut den Leuten sowohl eine besondere Ehre an, wenn man sie bittet, dieselben zu zeigen, als Jeder auch sich es zu einer besonderen Ehre anzurechnen hat, wenn sie ihm gezeigt werden. Bei Festlichkeiten im Hause, bei Taufen, Hochzeiten usw. werden die Schränke alle geöffnet und den Gästen ihre Pracht geoffenbart." Diese wohl etwas überschwengliche Schilderung hat L. Steub 1862 bemängelt.

Die ausführliche Mitteilung über die „gute Stube" eines Wohlhabenden zeigt aber, selbst wenn sie nur in der Tendenz, als Ausdruck der erscheinungsmäßigen Vielfalt zu werten ist, wie unterschiedlich in Art, Umfang und ästhetischem Anspruch die Einrichtungen sein konnten. Innerhalb eines Hauses ist das auch festzustellen, wenn man bedenkt, wie bescheiden die anderen Kammern für die Kinder, Knechte und Mägde – sofern ihnen überhaupt eine Schlafstatt in einer Kammer zur Verfügung stand – ausgestattet waren. Daß die Dienstboten wenige Möbel besaßen, ist bekannt. Diese Möbel von meist geringerem Anspruch – die soziale Situation wird hier deutlich – waren zweckgerichtet, das heißt nicht übermäßig groß, um die geringe Habe aufnehmen zu können. Bei einem Wechsel der Arbeitsstelle zu Maria Lichtmeß konnte die kleine Truhe oder der kleine eintürige Schrank leicht transportiert werden.

Gelegentlich wurden generell solche eintürigen Schränke als Dienstbotenschränke bezeichnet. Dies kann nur zu einem Teil richtig sein, denn es gibt Möbellandschaften, in denen, dem überkommenen Bestand nach zu schließen, der eintürige Schrank das Übliche, der zweitürige aber die Ausnahme war. Diese Situation finden wir unter anderem im Berchtesgadener Land vor.

Die Aufteilung der Möbel im Haus ist heute selbstverständlich

Blumenvase auf der Füllung eines zweitürigen Schranks aus Osterhofen/Ndby, 1823; Sammlung Dr. Schulze-Westrum Assenhausen/Ndb.

nicht mehr an Ort und Stelle zu erkennen, ebenso vermitteln oftmals die Zusammenordnungen in Museen einen falschen, zumindest einen verfälschenden Eindruck. Unser Wissen beruht deshalb auf zeitgenössischen Schilderungen von Reisenden wie der des genannten J. G. Kohl und mehr noch auf den Hinterlassenschaftsinventaren, die in Form schriftlicher Protokolle erhalten sind. Diese, wie Gertrud Benker im Katalog „Volkstümliche Möbel aus Altbayern" feststellt, wurden oft mit großer Genauigkeit verfaßt. Dabei wirkten neben dem Gerichtsschreiber vom Gericht bestellte Sachverständige mit. Das Bemerkenswerte für die Forschung liegt vor allem darin, daß man z. B. in Altbayern bei der schriftlichen Fixierung der einzelnen Gegenstände einen festgelegten Rundgang durch die Räume einhielt.

Der weitaus überwiegende Teil der seit dem ausgehenden Mittelalter in ländlichen Häusern benützten Möbel ist heute nicht mehr erhalten. Dennoch steht in ausreichendem Maße Material zur Verfügung, um eine Entwicklung, den Wandel im Laufe der Jahrhunderte erkennen zu können. Dieser Wandel in Form, Konstruktion, Dekor vollzieht sich in allen Landschaften, in nicht immer einheitlichen Zeiträumen, jedoch weitaus langsamer, als wir das heute gewohnt sind. Das Gebundensein in Traditionen bedeutet eben nicht, daß nicht auch Neues, Modernes, wenn auch meist mit erheblicher Verzögerung, aufgenommen wurde, um- und zurechtgeformt. Diese retardierende Übernahme z. B. von Stilmerkmalen oder von konstruktiven Elementen ist im Bereich der materiellen Volkskultur gerade am Beispiel der dekorierten Möbel gut zu zeigen, da in bedeutender Zahl datierte Stücke, die Rückschlüsse auf undatierte ermöglichen, vorhanden sind.

Kommode aus Gausdal, Ausschnitt, gemalt von Pete Aadnes (1739–1792); Norsk-Folke Museum, Bygdoy-Oslo

Zweitüriger Bogenschrank mit Voluten und geschnitztem Aufsatz (erneuert), 1829, Mangfallgau. Auf rot marmoriertem Grund vier Jahreszeitenbilder; Sammlung Hiller, Holzkirchen / Obb.

Schrank, Gegend Wunsiedel/Oberfranken, 1787, Ausschnitt aus der Türbemalung, Wunsiedel, Fichtelgebirgs-Museum

Wenn man die wichtigsten Möbeltypen wie Truhe, Schrank, Bett, Wiege, Stuhl, Bank und Tisch auf ihren Wandel in Form und Konstruktion hin untersucht, dann fallen doch deutliche Unterschiede in geographischer und zeitlicher Hinsicht auf. Ein prägnanter Zeitabschnitt, um nur ein markantes Beispiel zu wählen, wird etwa um 1760 eingeleitet mit der neuen Tendenz der Bevorzugung des Barocken in Farbigkeit, Dekor und Bildgestaltung. Gleichzeitig mit dem Beginn dieser bis weit in das 19. Jahrhundert reichenden Phase ändert sich allein die Form des Schrankes, der dann das auffällige Möbel im Ensemble wird.

Bis in das 18. Jahrundert hinein ist aber die Truhe das wichtige Möbel. Die wenigen Kleidungsstücke konnten liegend verwahrt werden. Kleineren Gegenständen diente im Inneren eine an der Seitenwand angebrachte sogenannte Beilade mit Deckel. Oft ist auch unter dem Beiladenboden noch ein schmales Geheimfach zu entdecken, ein zusätzlicher Sicherheitsfaktor der üblicherweise durch ein stabiles Schloß gesicherten Truhen.

Vereinzelt sind aus dem 16. Jahrhundert Truhen erhalten, die noch deutliche Merkmale zimmermannsmäßiger Bearbeitung zeigen. Dies sind die sogenannten Stollentruhen. In die kräftigen Eckstollen sind in die Nuten kräftige, mit dem Beil bearbeitete Bretter als Wände eingeschoben und mit Holznägeln befestigt. Die Deckel können bei dieser Konstruktion – landschaftlich verschieden – dachförmig, gewölbt oder, wie es später üblich wird, flach sein. Für das lange Überdauern dieser Stücke in den für die Erhaltung nicht gerade günstigen ländlichen Häusern der vorigen Jahrhunderte tragen wesentlich die Holznägel bei, die auch später ausschließlich neben anderen Fügeformen z. B. bei Schrankrückwänden, Truhenböden, Betten Verwendung fanden. So erstaunlich dies klingen mag, aber ein geschmiedeter eiserner Nagel wäre in dieser langen Zeit unter diesen klimatischen Verhältnissen längst durchgerostet.

Bereits bei diesen frühen Truhen ist aus guten Gründen der Körper deutlich vom Boden abgehoben. Dadurch wurde der Inhalt vor schädlichen Einflüssen, z. B. vor Bodenfeuchtigkeit, mehr aber wohl vor Nagetieren geschützt. Dies behielt man auch bei den später bevorzugten Truhentypen bei.

Während in einigen Landschaften die Stollentruhen weiterhin gebaut wurden, änderten sich doch im allgemeinen im

Aufsatz-Bett mit Voluten von A. Schmid, Mangfallgau, 1830. Am Kopfteil-Aufsatz das „gnadenreiche Augustiner Kindl"

(Ziel einer weit berühmten Wallfahrt des 18. und 19. Jahrhunderts in München). Am Fußteil „Absaloms Tod"; Privatbesitz

Verlaufe des 17. Jahrhunderts Form und Konstruktion. Der nun gezinkt gefügte Truhenkörper von meist beachtlicher Größe wird auf einen hohen Sockel gestellt, in den auch Schubladen eingebaut sein können. Daneben sind auch schon seit dem ausgehenden Jahrhundert sogenannte Seitwandtruhen bekannt, das heißt, der Truhenkörper steht auf den verlängerten Seitenwänden. Dieser Typus wird in manchen Landschaften, z. B. in Niederbayern, bis zum Ende der Truhenherstellung beibehalten, während er sonst von kleinen, gezinkt gefügten Truhen, die auf Kugelfüßen oder konischen Füßen stehen, abgelöst wird.

Zu Beginn des 19. Jahrhunderts nimmt vereinzelt, ab der 2. Hälfte in erheblichem Umfang, die aus dem bürgerlichen Bereich übernommene Kommode – die späteren auch mit aufgesetzten Glaskästen – ihre Stelle ein.

Vor der Mitte des 18. Jahrhunderts steht bedeutungsmäßig im ländlichen Haushalt der Schrank zurück. Die wenigen erhaltenen Stücke geben bisher wenig Auskunft über Formentwicklungen, soziale Einbindungen, räumliche Verteilung. Es gab ein- und zweitürige Schränke unterschiedlicher Größe. Als Fügetechnik des Rahmens kommen neben dem Zinken vereinzelt auch das Verzapfen und als einfache Art das teilweise Zusammennageln vor. Den Truhen entsprechend gibt es Seitwandschränke – eine Form, die in Reliktgebieten neben anderen bis in das 19. Jahrhundert beibehalten wurde – und im 17. und 18. Jahrhundert Sockelschränke, deren Abhängigkeit von Renaissanceformen durch die charakteristische Aufgliederung der Vorderwand deutlich wird.

Erwähnenswert ist eine Sonderform des 17. Jahrhunderts, die in Ausläufern bis um 1770 nachweisbar ist, der relativ niedrige Truhenschrank, die Kombination aus zweitürigem Schrank und aufgesetztem, fest verbundenem Truhenteil mit aufklappbarem Deckel.
Um etwa 1750/60, mit dem Beginn volksbarocker Tendenz, die sich hauptsächlich in Farbigkeit und Dekorationsvielfalt ausdrückt, wird der Schrank höher und zugleich schmaler, die vorderen Kanten werden abgeschrägt, der Rahmen ist gezinkt gefügt, die Füße entsprechen denen der genannten kleinen Truhen. Im Verlaufe der nächsten Jahrzehnte kommen landschaftlich gebunden neue Giebellösungen, Bogengiebel, Sprenggiebel, Aufsätze hinzu. Das Innere der Schränke ist durch eine Wand zweigeteilt, auf der einen Seite befinden sich Fachböden und oben manchmal eine schmale Schublade und auch Geheimfächer, auf der anderen dienen in die Rückwand eingelassene

Himmelbett mit malerischer Ausstattung von Martin Böheim. Am Kopfteil-Aufsatz das auf dem Kreuz schlummernde Jesuskind, umgeben von den Marterwerkzeugen (beliebte volkstümliche Ikonographie des 18. Jh.). Am Betthimmel Immaculata, am Fußteil Früchtekorb. Schliersee, 1786; Bayerisches Nationalmuseum München

Holzhaken dem Aufhängen der Kleider.

Bei den Schlafmöbeln, den zweischläfrigen Himmelbetten und den ein- oder zweischläfrigen Aufsatzbetten verändert sich die Art der Konstruktion im Verlaufe der Jahrhunderte nicht. Das Problem liegt darin, daß die Betten wegen ihrer Größe erst am Ort ihrer Aufstellung zusammengesetzt werden konnten. Man bediente sich, ähnlich den frühen Truhen, der Pfostenbauweise. In die Nut der Eckpfosten werden die Seitenwände eingeschoben, zusätzlich verzapft und mit Holznägeln befestigt.

Überraschend, ganz im Gegensatz zu heutigen Gewohnheiten, ist die Dimensionierung der Betten. Das Bett, in dem zwei Personen schliefen, hat im allgemeinen eine Breite von nur 1,20 bis 1,30 m. Das Innenmaß der Länge geht kaum über 1,60 bis 1,70 m hinaus. Die Erklärung dafür, daß die Menschen früher kleiner waren, erscheint vordergründig. Wenn man eines der wichtigsten Hilfsmittel für die Forschung, das Bild als Quelle unter anderem für die Volkskultur heranzieht, so ist festzustellen, daß man früher mit Hilfe mehrerer Kopfkissen in annähernd sitzender Stellung schlief. Eindringliche Zeugnisse hierfür sind vor allem Votiv-

Drei Felder von einem zweitürigen Bogenschrank mit abgeschrägten Ecken, von Anton Perthaler, Degerndorf/Obb., 1788. Die biblischen Szenen zeigen

Christus mit den Jüngern von Emmaus und Rebekka am Brunnen (?) und die Ährenleserin Ruth; Bayerisches Nationalmuseum München

bilder, auf denen häufig Menschen in Betten, als allgemeines Zeichen ihrer Krankheit, dargestellt sind. Aber auch die relativ hoch ansetzende Malerei an den Kopfteilen der erhaltenen Betten läßt die genannten Schlüsse zu.

Bis um 1770/80 bildet die Kopfseite des Himmelbettes eine geschlossene Wand. Danach wird der Umriß bogig ausgeschnitten. Damit ist die Form des Aufsatzbettes, bei dem dann nur der Himmel wegfällt, vorgegeben. Eines der frühen Beispiele dieser Übergangsphase ist das von Johann Nepomuk Bichler signierte Himmelbett im Bayerischen Nationalmuseum München. Häufiger, vor allem im 19. Jahrhundert treten dann anstelle des zweischläfrigen Bettes zwei Einzelbetten. Die Ablösung des Himmelbettes durch Aufsatzbetten vollzieht sich in den Landschaften nicht gleichzeitig, jedoch ist nach einer Typenparallelität der Prozeß kurz nach 1800 abgeschlossen. In Tölzer Werkstätten jedoch wurden noch um 1830, in niederbayerischen sogar noch um 1850 Himmelbetten hergestellt.

Als Kinderschlafmöbel sind von Einfachformen wie Korb u. ä. abgesehen kleine Aufsatzbetten und vor allem Wiegen zu erwähnen. Seit dem Mittelalter – worauf wiederum Bildquellen

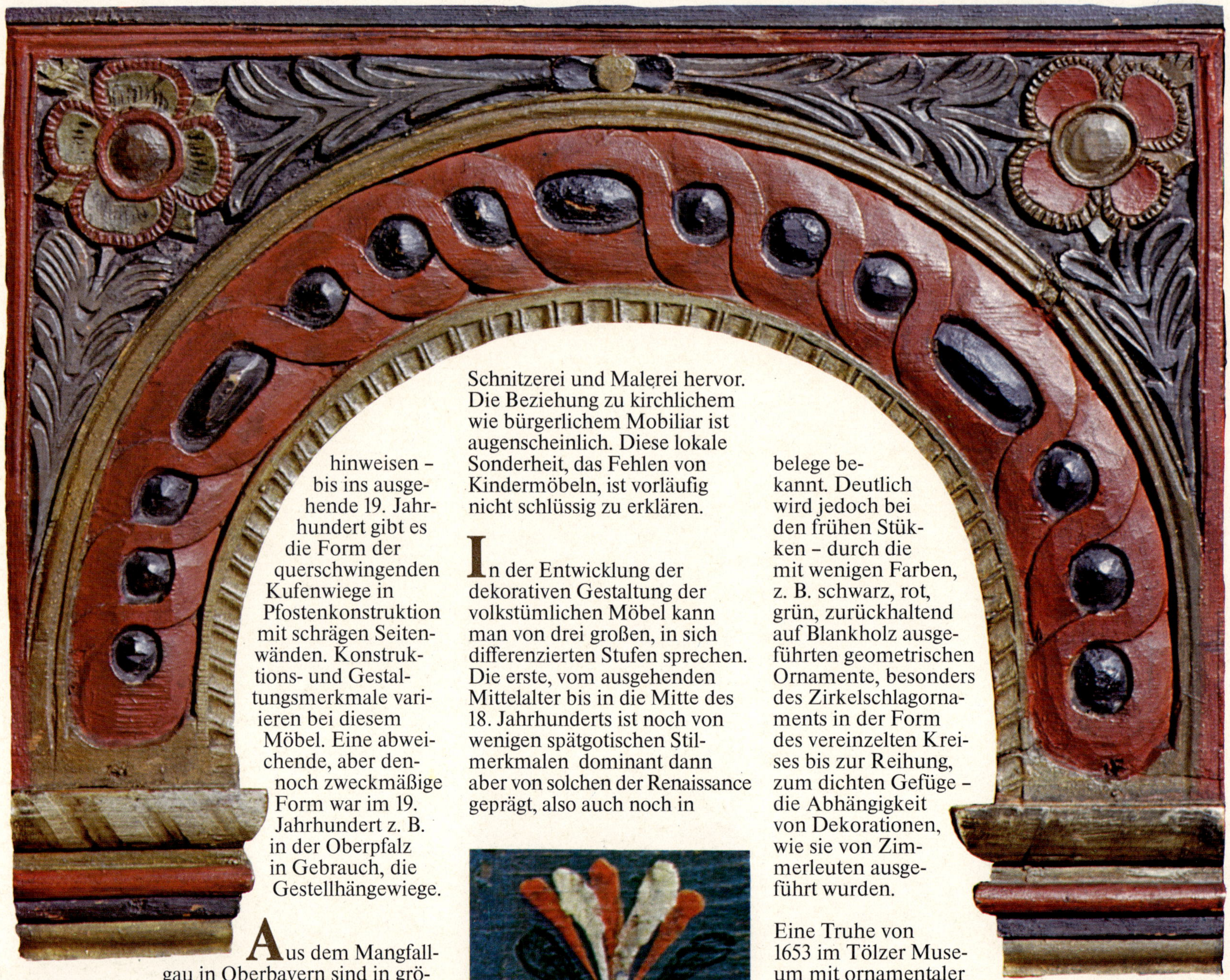

Geschnitzter Arkadenbogen von einer bemalten norwegischen Truhe aus Buskerud, Hallingdal, 2. Hälfte 18. Jh; Norsk-Folke Museum Bygdoy-Oslo

hinweisen – bis ins ausgehende 19. Jahrhundert gibt es die Form der querschwingenden Kufenwiege in Pfostenkonstruktion mit schrägen Seitenwänden. Konstruktions- und Gestaltungsmerkmale variieren bei diesem Möbel. Eine abweichende, aber dennoch zweckmäßige Form war im 19. Jahrhundert z. B. in der Oberpfalz in Gebrauch, die Gestellhängewiege.

Aus dem Mangfallgau in Oberbayern sind in größerer Zahl vollständige Ensembles aus der Zeit des beginnenden 19. Jahrhunderts bis um 1850/60 erhalten. Die einzelnen Möbel dieser Ensembles – zwei Schränke, zwei Aufsatzbetten, anstelle einer Truhe immer die Kommode, gelegentlich mit Aufsatz, seltener ein Wandschränkchen – wurden von den Besitzern immer geschätzt und wohl behütet. Dabei fällt auf, daß Kinderschlafmöbel fehlen. An den finanziellen Verhältnissen der Erstbesitzer kann das nicht gelegen haben, denn diese Möbel treten gerade durch ihren hohen gestalterischen Anspruch in Form, Dekor, in Schnitzerei und Malerei hervor. Die Beziehung zu kirchlichem wie bürgerlichem Mobiliar ist augenscheinlich. Diese lokale Sonderheit, das Fehlen von Kindermöbeln, ist vorläufig nicht schlüssig zu erklären.

In der Entwicklung der dekorativen Gestaltung der volkstümlichen Möbel kann man von drei großen, in sich differenzierten Stufen sprechen. Die erste, vom ausgehenden Mittelalter bis in die Mitte des 18. Jahrhunderts ist noch von wenigen spätgotischen Stilmerkmalen dominant dann aber von solchen der Renaissance geprägt, also auch noch in

Zwei Blüten von einer gemalten Zierleiste auf einer Truhe von 1817 aus der Gegend von Klausenburg, Siebenbürgen (Rumänien); Ethnographisches Museum Budapest

barocker Zeit. Die einzelnen Möbellandschaften in engerer Umgrenzung sind meist nur punktuell zu bestimmen – der Umfang des Materials ist zu gering, oft sind eben nur Streubelege bekannt. Deutlich wird jedoch bei den frühen Stükken – durch die mit wenigen Farben, z. B. schwarz, rot, grün, zurückhaltend auf Blankholz ausgeführten geometrischen Ornamente, besonders des Zirkelschlagornaments in der Form des vereinzelten Kreises bis zur Reihung, zum dichten Gefüge – die Abhängigkeit von Dekorationen, wie sie von Zimmerleuten ausgeführt wurden.

Eine Truhe von 1653 im Tölzer Museum mit ornamentaler Auflegearbeit am Fries, intarsierten, die Wand gliedernden Lisenen und schablonierten Arkadenfeldern zeigt die Breite der Gestaltungsmöglichkeiten. Neben der verbreiteten schwarzen Schablonenmalerei auf Blankholz wird auch die Umrißschablonierung mit farbiger Behandlung für Bildgestaltungen verwendet. Die Wurzeln für die Schablonenmalerei auf solchen Möbeln sind in den spätmittelalterlichen Nachahmungen der wenig plastischen Flachschnittranken zu sehen. Schablonenmalereien in Landkirchen dürften die Voraussetzungen für die

Liebespaar und Jahreszahl (unten) von einem zweitürigen Schrank mit geradem Abschluß von den Halligen oder der Insel Föhr, 1778.

Die geschnitzte Kartusche zeigt zwischen dem Paar, das Tulpen hält, einen Pelikan mit Jungen im Nest – das Symbol aufopfernder Liebe. Schleswig-Holsteinisches Landesmuseum Schleswig

beginnende Möbelmalerei als künstlerisch-technisches Vorbild gewesen sein.

Auch wird der Zusammenhang mit der für das 16. Jahrhundert nachgewiesenen Furnier- und Einlegearbeit deutlich, eine Ziertechnik für bürgerliches und kirchliches Mobiliar. Diese Flächenschablonierung ist bis in das 18. Jahrhundert hinein zu verfolgen, aber bereits seit der Mitte des 17. Jahrhunderts ist vereinzelt farbige Behandlung außerhalb der schablonierten Flächen bekannt.

Ein Hauptmotiv, neben rein ornamentalen Gestaltungen, das in dieser Technik ausgeführt wurde, ist der doppelköpfige Adler, der im Verlaufe der folgenden Jahrzehnte oftmals erheblich ornamentalisiert dargestellt wurde – eine Umformung oder auch „Zerbildung", die vermuten läßt, daß das Motiv oftmals nicht mehr richtig verstanden wurde. Neben dem IHS und dem Monogramm Mariens gab es vereinzelt in der Technik der Umrißschablonierung auch Heiligendarstellungen, jedoch nur kurze Zeit, wie in der 2. Hälfte des 17. Jahrhunderts auf Tölzer Truhen, Halbschränken und Himmelbetten. Vor allem für das 17. Jahrhundert ist die Schablonierung die bestimmende Technik, die in ihrer graphischen Wirkung die Erscheinung der Motive prägt. Daneben gibt es aber auch die direkte Verwendung von Druckgraphik, die in verschiedenen Techniken über annähernd drei Jahrhunderte parallel zur Malerei zu verfolgen ist. Das früheste datierte Beispiel dieser Art, mit aufgeleimten Holzschnitten, ist ein Himmelbett von 1583 im Museum von Garmisch-Partenkirchen. Diese Technik ist vor allem bei Truhen im 17. Jahrhundert zu finden, in Einzelfällen sogar bis in die Mitte des 18. Jahrhunderts. Danach, bis zur Ablösung der Malerei durch Lithographien, finden Tiefdruckgraphiken, Kupferstiche und Radierungen Verwendung.

Neben den genannten Ziertechniken wurde das Holz selbst auch gestalterisch bearbeitet. Ritzzeichnung und Flachschnitt wurden angewandt, bei anspruchsvollen Möbeln meist als Musterung des Grundes auch der Kerbschnitt. Intarsierte Möbel waren bei der ländlichen Bevölkerung wohl kaum in Gebrauch, doch gibt es in der Technik der Kernintarsia einige eindrucksvolle Beispiele. Vor allem im 17. bis etwa zur Mitte des 18. Jahrhunderts gibt es Tischplatten mit einem IHS im Zentrum und funktionsweisenden Motiven, wie Teller, Becher, Eßbestecke, an den Seiten. Als Ziertechnik für den Tisch ist die Kernintarsia noch die geeignetste, ganz im Gegensatz zur vereinzelten dekorativen Bemalung späterer Tischplatten, die wohl mehr als Zierstücke anzusprechen sind, deren Gebrauchsfunktion doch erheblich eingeschränkt ist.

Neben der Auflegearbeit – dünne, ausgesägte Furniere ornamentaler Art, die aufgeleimt werden – und Schnitzereien, die je nach Landschaft und Zeit in unterschiedlicher Intensität in Erscheinung treten, gibt es noch eine Technik, die häufig nicht ausdrücklich genannt wird, die Aussägearbeit. Bei frühen Truhen, am Sockelbrett oder später bei Kopfteilen von Himmelbetten werden manchmal Köpfe, die dann zusätzlich bemalt werden, frei ausgesägt. Das führt hin bis zu eindrucksvollen Beispielen wie Aufsätze von Betten der zweiten Entwicklungsphase in der Form von Figuren, Heiligen. Die bekannteste und verbreitetste Anwendung dieser Technik jedoch betrifft

Zweitüriger Schrank mit leicht geschweiftem Giebel, Ende 18. Jh., Baden. Dekoration: Die vier Jahreszeiten; Badisches Landesmuseum Karlsruhe

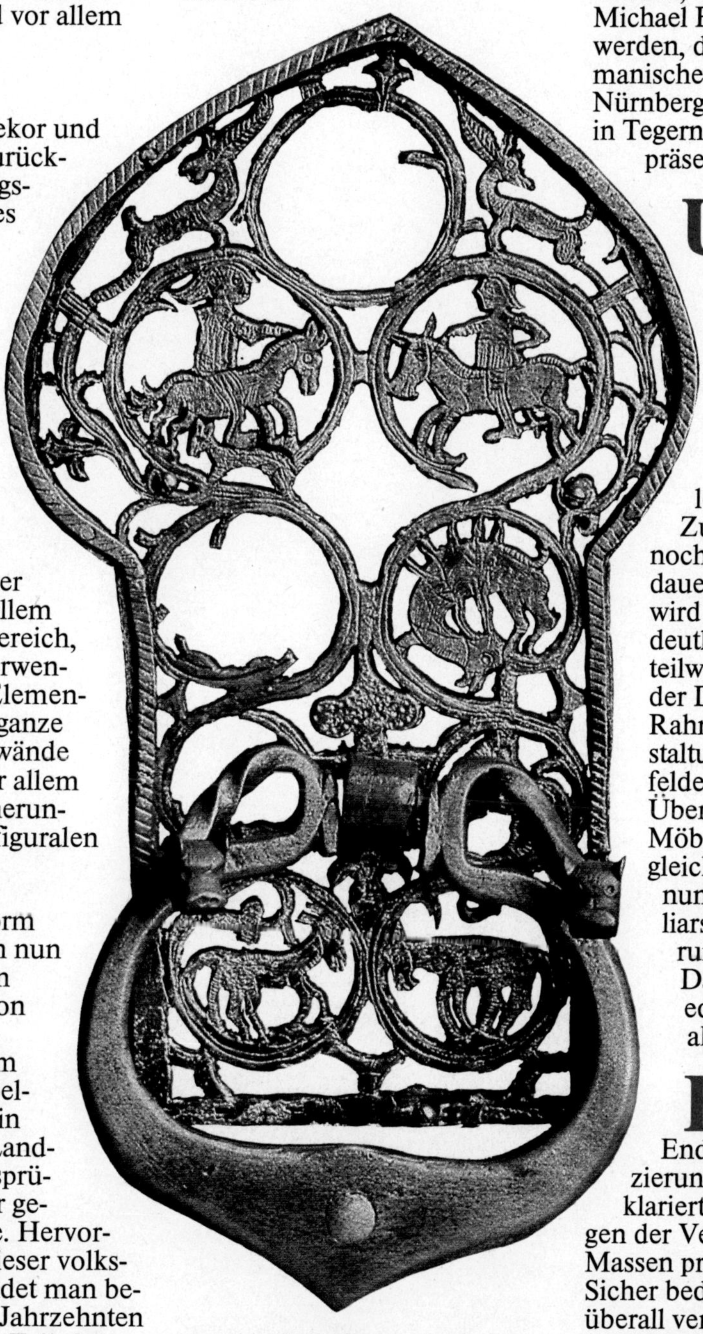

Türbeschlag mit Türklopfer, virtuoser Eisenschnitt mit zwei Hirschen (oben), zwei Reitern, Drachen und zwei Pferden, süddeutsch, 16. Jh. Bayerisches Nationalmuseum, München

die Lehnen von Brettstühlen. Am häufigsten gibt es da den bald ins Dekorative gewandelten Doppeladler im Umriß, aber auch Doppeltiere, wie besonders Schlangen und vor allem Herzen.

Nach einer in Dekor und Gestaltung mehr zurückhaltenden Übergangszeit, der 1. Hälfte des 18. Jahrhunderts, wird die frei malerische Behandlung mit zunehmender Farbigkeit ab etwa 1750/60 bestimmend für die nächste große Phase im historischen Ablauf. Der Wandel verdeutlicht sich durch die Übernahme barocker Stilmerkmale, vor allem im ornamentalen Bereich, durch die reiche Verwendung von floralen Elementen, die manchmal ganze Vorder- und Scitenwände überziehen, und vor allem durch Motivbereicherungen, besonders bei figuralen Gestaltungen.

Die Erscheinungsform dieser Möbel ist von nun an entscheidend von der Qualifikation, von Phantasie und technisch-künstlerischem Vermögen des Möbelmalers geprägt, der in manchen engeren Landschaften hohen Ansprüchen der Abnehmer gerecht werden mußte. Hervorragende Beispiele dieser volksbarocken Kultur findet man bereits aus den ersten Jahrzehnten der neuen Tendenz. Teils ist nachzuweisen, teils zumindest zu vermuten, daß solche Exponate von Kistler-Malern hergestellt wurden, die vorher schon bei der Einrichtung ländlicher Kirchen mitgewirkt hatten.

Neben dem bereits genannten J. N. Bichler gibt es vereinzelt Kistler, die im Bewußtsein ihrer Qualifikation ihre Werke signierten. Ambros Aschl z. B. hat einen Schrank von 1782 bezeichnet, der heute als Unikat im Ruhpoldinger Museum zu finden ist.

Von Jakob Stoiber – der seltene Fall eines Hinterglasmalers, der vielleicht als Gelegenheitsarbeit auch Möbel bemalte – ist ein Kötztinger Schrank bekannt. Einige Mangfallgauer und Obstädter Schränke und Betten sind signiert, z. B. von B. Wimmer, von A. Schmid oder von „Josef Mayer, Kistlergesell zu Obstett 1844". Selbstverständlich dürfen hier nicht so bekannte Namen wie Anton Perthaler, dessen eigene, mit seinen Initialen versehene Möbel im Bayer. Nationalmuseum München aufbewahrt werden, oder Johann und Michael Böheim vergessen werden, deren Werke das Germanische Nationalmuseum in Nürnberg und u.a. das Museum in Tegernsee eindrucksvoll präsentieren.

Um die Mitte des 19. Jahrhunderts gibt es schließlich noch eine, die letzte gravierende Veränderung. Die Bemalung der Felder wird durch Lithographien, die aufgeleimt wurden, abgelöst. Zu Beginn dieses nur noch wenige Jahrzehnte dauernden Zeitraumes wird die Malerei noch deutlich einbezogen, zur teilweisen Übermalung der Drucke, zu zierhaften Rahmungen, zur Ausgestaltung der unteren Türfelder, meist mit Blumen. Überwiegend sind dic Möbel nun auch in Angleichung an die Erscheinung bürgerlichen Mobiliars mit brauner Maserierungsmalerei versehen. Damit versuchte man edlere Hölzer nachzuahmen.

Häufig wird diese Endphase der Möbelverzierung als Verfallszeit deklariert, vor allem wohl wegen der Verwendung der in Massen produzierten Drucke. Sicher bediente man sich eines überall verfügbaren, relativ billigen Materials, doch ist auch zu berücksichtigen, daß manche Landschaften, soweit es z.B. beliebte Bildinhalte betrifft, gerade dadurch eine Bereicherung erfuhren. Aus der Oberpfalz wurden in den letzten Jahren Schränke aus einer Werkstatt bekannt mit bis zu acht Lithographien auf Türen und Seitenwänden – neben der insgesamt ansprechenden dekorativen Erscheinung tief im

Wandbehang (Festtagsschmuck) mit der Darstellung der Heiligen Drei Könige, denen Herodes (links oben) aus dem Fenster nachschaut,

Religiösen verankerte, sinnvolle Bildprogramme.
Nebenbei sei ein übliches Vorurteil in Frage gestellt. Denn nachdem zwischen malerischer Behandlung und Verwendung von Lithographien keine zeitliche Vakanz festzustellen ist, wird man auch nicht annehmen können, daß um 1850 plötzlich die handwerklichen und künstlerischen Qualifikationen der Kistler verloren gegangen wären.

Beim Mobiliar allgemein, nicht nur beim ländlichen, muß die konstruktive Form bestimmten Ansprüchen, den jeweiligen Erfordernissen genügen. Die Gebrauchsfunktion, die zweckmäßige, sinnvolle Benützbarkeit steht im Vordergrund. Man muß sich unter diesem Aspekt die Frage stellen, aus welchen Gründen es neben der allgemeinen Neigung zum Zierhaften zu solchen scheinbar äußerlichen Übersteigerungen kommt, besonders in der Zeit, die treffend als die volksbarocke bezeichnet werden kann.

Das Repräsentationsbedürfnis im Haus bei besonderen Anlässen wurde schon angesprochen. Aber der Anlaß zum Erwerb verzierter Einrichtungen dürfte zum überwiegenden Teil die bevorstehende Hochzeit gewesen sein. Zum brauchtümlichen Ablauf der Vorbereitung gehörten unumgängliche Verhandlungen, in denen auch der Umfang der Mitgift, wofür die Eltern der Braut zu

Ausschnitt aus einem Wandbehang mit den törichten Jungfrauen links

und der Anbetung des Kindes (oben), den klugen und den törichten Jungfrauen (unten). Malerei auf Leinwand aus Halland, 1803; Hallands Museum Halmstad, Schweden

sorgen hatten, geregelt wurde. Zu den Bedingungen gehörte auch die standesgemäße Ausstattung eines sogenannten Kammerwagens.
Über den Ablauf im Miesbacher Gebiet, das Überführen des Wagens vor dem Fest in das Haus des Bräutigams, berichtet H. A. Ried 1930: „Gefahren wurde der Kuchlwagen früher immer am Samstag, die Hochzeiten waren am Montag; sonst wählte man den Tag vor der Hochzeit. ... Zum Kammerwagen .... gehört zum mindesten ein Kruzifix, 2 Betten (früher ein zweischläfriges Bett), ein Kasten mit der notwendigen Wäscheausstattung, eine Kommode, ein Tisch und zwei Stühle, eine Wiege und ein Spinnrad. Gefertigt wurde der Inhalt des Kammerwagens im Hause des Brautvaters ‚auf der Stöhr‘, d. h. der Kistlermeister mit seinen Gesellen fertigte die Möbel im Hause der Braut aus dem bereitgestellten Holz gegen Kost und vereinbarte Bezahlung. Nicht immer begleiten die Braut, wohl aber Geschwister, und stets die Näherin, welche die Aussteuer hergestellt hat, den Kuchlwagen, hinter dem die ‚Dirn‘ oder eine Schwester der Braut eine stattliche Kuh führt. .... An Gattern oder Hohlwegen wird oft die Durch-

und den klugen Jungfrauen rechts, Halland, 1803; Hallands Museum Halmstadt, Schweden

Zweitüriger Schrank mit geradem Abschluß und abgeschrägten Ecken, Tölz um 1840/50. Auf dunkel gestupftem Grund unter gemalten Draperien sind zwei kolorierte Lithographien aufgeklebt:

Josef und Maria mit dem Jesuskind, darunter Blumen-Arrangements; Aventinus Museum Abensberg, Ndb.

fahrt gesperrt und nur gegen Spendung von Schnaps oder Geld gestattet.“ Weiter berichtet H. A. Ried, daß die Nachbarn beim Entladen helfen und anschließend bewirtet werden, daß der Kistler das Ehebett aufschlägt und der Pfarrer den Segen über die ganze Einrichtung spricht.

In manchen Gegenden wurde der Hochzeitsschrank in offenem Zustand auf dem Wagen zur Schau gestellt, um die reiche Ausstattung, die Kleidung, den Flachs, die in phantasievollen Formen verschlungenen Leinwandballen zeigen zu können.

Das Kammerwagenfahren, eine unumgänglich brauchtümliche Handlung, ist gewissermaßen eine Veröffentlichung des Mobiliars – ein einmaliges Vorzeigen des für den intimen Lebensraum Bestimmten –, zugleich die Dokumentation der Gemeinschaftszugehörigkeit. Diese Zur-Schau-Stellung eröffnet im Sinne des Repräsentationsverhaltens die Möglichkeit einer Selbstdarstellung, betont in der Ausgestaltung der Möbel: eingeformt in festliche Übersteigerung Bildinhalte als Ausdruck des lebensbestimmenden, im Religiösen sich bewegenden Denkens, aber auch Streben nach Modernität im Rahmen herrschender Tendenz oder mehr individuelle Aussage. Diese Präsentation eignet sich auch, die eigene Stellung innerhalb des sozialen Umkreises augenscheinlich zu verdeutlichen – ein Nachweis der eigenen Position im Gefüge der engeren ländlichen Lebensgemeinschaft.
Die das Leben begleitende Existenz der Möbel bestimmt auch die Auswahl der aufgemalten Bildthemen. Immer sind diese, sieht man einmal von Muster, Ornament und Blumen ab, von genereller Bedeutsamkeit für die Menschen, für die Benützer.

Blumen-Bukett von der Türfüllung eines Wandschränkchens aus Siebenbürgen (Rumänien), 1865; Museum für deutsche Volkskunde, Preußischer Kulturbesitz, Berlin

Symbole wie Ring und Kranz verweisen unmittelbar auf die Hochzeit. Meist sind sie verbunden mit anderen, die Liebe und Treue bedeuten. Durch die intensive Darstellung von Religiösem – heilige Herzen, Christus und Maria, Heilige in ihrer schützenden Funktion, zum Teil aufgrund der aufgemalten Initialen als Namenspatrone zu erkennen – zeigt sich, wie der intime Lebensraum zum Andachtsraum gestaltet werden kann. Möbel können so als objektivierter Ausdruck eines Frömmigkeitsverhaltens gewertet werden.

Daneben waren auch profane Themen beliebt. Im Möbelensemble verbinden sie sich immer mit den religiösen. Vor allem sind da die Allegorien der Jahreszeiten, verdeutlicht durch die wechselnden Tätigkeiten im Jahresablauf zu nennen, oder auch neben vielen anderen oft der individuellen Aussage dienenden Themen, die gesonderten berufsweisenden Darstellungen der Bauern und auch der Handwerker.

Detail einer Blumen-Dekoration (abgewandelter Granatapfel) auf einer Truhe aus Hallingdal, 1830; Drammens Museum Drammen, Norwegen

Religiöse Thematik, die Darstellung der Arbeit, des Lebensraumes, der Landschaft verdeutlichen ein intensives „Auf-Sich-Beziehen“. In der Gesamtbeurteilung kann man diese ästhetisch und von den Bildinhalten her wirksamen Möbel als Zeugnisse des Selbstbewußtseins, des Standesbewußtseins ihrer Besitzer erkennen.

Literaturauswahl:
Ausstellungskatalog „Volkstümliche Möbel aus Altbayern“, bearb. v. W. Fuger, mit Beiträgen verschiedener Autoren, München 1975

F. Colleselli, Bauernstuben Bauernmöbel in den Alpen, Innsbruck 1969

B. Deneke, Bauernmöbel. Ein Handbuch für Sammler und Liebhaber, München 1969

W. Fuger, Volkstümliche Möbel in Altbayern. Eine ikonographisch-volkskundliche Untersuchung, München 1977

T. Gebhard, Die volkstümliche Möbelmalerei in Altbayern. In: BHz, 1936

K. Hahm, Deutsche Bauernmöbel, Jena 1939

J. G. Kohl, Hundert Tage auf Reisen, 1841

F. Lipp, Oberösterreichische Stuben. Bäuerliche und bürgerliche Innenräume. Möbel und Hausgerät, Linz 1966

H. A. Ried, Miesbacher Landbevölkerung, Jena 1930

J. M. und G. Ritz, Alte bemalte Bauernmöbel, München 1968

G. Ritz, Alte bemalte Bauernmöbel. Europa, München 1970

G. Ritz, Alte geschnitzte Bauernmöbel, München 1974

L. Schmidt, Bauernmöbel aus Süddeutschland, Österreich und der Schweiz, Wien-Hannover 1967

A. Schröder, Bemalter Hausrat in Nieder- und Ostdeutschland, Leipzig 1939

R. Uebe, Deutsche Bauernmöbel. Ein Überblick für Sammler und Liebhaber, Berlin 1924

F. Zell, Bauern-Möbel aus dem Bayerischen Hochland, Frankfurt a. Main 1899

Alte Fliesen

Abb. Vorderseite: Dekorative Fliese mit Vogelkäfig und baldachinartigem Dekor, unten Vogeljagd. Delft, Marke T.B., 2. Hälfte 18. Jh.; Gemeentemuseum Arnhem

Keramik (vom griechischen keramos = Tonerde) ist die bedeutendste kulturale Findung des Menschen auf seinem unaufhaltsamen Weg zum „homo faber". Schon zur jüngeren Steinzeit gehörend, wurden in Südmähren in Dolni Vêstonice die ersten Begegnungen des Menschen mit der Keramik, also der Arbeit mit in Feuer gehärtetem Ton manifest. Dort konnte ein Lagerplatz von Mammut-Jägern ausgegraben werden mit Frauenstatuetten und Tierplastiken in dieser Technik. Der Radiokarbon-Test bestimmte das Alter dieser sicher als Kultgegenstände zu deutenden Funde auf 25000 Jahre (sogenanntes Gravettien). Lange also vor dem Seßhaftwerden haben reine Jäger-Kulturen den Gebrauch von Ton erlernt, den sie mit Knochenasche als Magerungsmittel vermischten. Ob sie bereits einfache gebrannte Gefäße kannten, wissen wir noch nicht. Die sogenannte agrarische Revolution, bei der Halbnomaden nach Formen saisonbedingter Bodenbestellung endgültig siedeln, in einer Periode also, in der eine deutliche Spezialisierung der Menschheit in Vieh züchtende Hirtennomaden und zunächst nur Kleinvieh domestizierende Ackerbauer scheidet, wird heute nach geographischen Bedingungen verschieden in das 8.–6. vorchristliche Jahrtausend verlegt. Die Keramik wird im folgenden Aufblühen der Kulturationen nun so etwas wie ein Leitfossil des homo faber. Alles was uns an Scherben von Gefäßen, von Gebrauchsgegenständen, von Götter- und Votivstatuetten, an Aschen- und Begräbnis-Urnen aus Grabungen begegnet, sind sicherste Zeichen der Kunstfertigkeit und wachsender Technologie. Ohne keramische Spuren könnten wir uns kaum im Dunkel der Vorgeschichte zurechtfinden, ja die stratigraphischen Kulturreliefs (Altersbestimmung durch archäologische Schichten) würden uns ohne ihre Kategorisierungshilfen hoffnungslos durcheinander geraten. Oft benennen sich ganze Kulturen nach Eigenarten ihrer keramischen Bildungen (Band-Keramiker, Schnur-Keramiker, Glockenbecher-Kultur, um nur einige aus unserem näheren Bereich aufzuführen).

Aus den neolithischen Bauernkulturen der gewaltigen Urstromtäler Nil, Euphrat und Tigris, am Indus und am Hoangho ebenso wuchsen mit den konstanten Ernte-Erträgen die Großgemeinschaften der Frühgeschichte. Der Fluß besorgte mit seinen jährlichen Überschwemmungen die Düngung mit neuen Schlammschichten und schloß so die Lücke, die anderwärts nicht geschlossen werden konnte, so daß dort die ausgelaugten Böden schon nach kurzer Kultivationszeit das Verlegen der Siedlungen erzwangen, die aus solchem Grund über gewisse Wachstumsgrenzen nicht hinauskommen konnten. Wo aber diese Sorgen entfielen, durfte der Mensch auf Dauer siedeln, planen, sich einrichten

Fliesen aus einer mexikanischen Werkstatt, die trotz gewisser Anklänge an die spanische Kultur einen eigenen Charakter aufweisen.

und spezialisieren; alles Voraussetzungen zu höherer Kultur. Man ist heute allgemein dazu übergegangen, die Frühzeit neu einzuteilen. Nach dem Paläolithikum, das den Stein als Werkzeug fast ausschließlich aufweist, gilt das „Keramikum" als die nächste Entwicklungsstufe einer sich nun schneller differenzierenden Kultur. Nicht die Adaptation der Metallwerkzeuge ist für die Hochkulturen entscheidend, denkt man an die präkolumbischen Reiche, die ihre erstaunlichen Bauten und Kunstformen nur mit Steinwerkzeugen vollbracht haben.

Keramik bedeutet unendlich viel: vor Schädlingen gesicherte große und geordnete Vorratshaltung von Getreide, Öl und Wasser, bedeutet Kochen und Konservieren der Nahrung, bedeutet Eß- und Trinkgeschirr. Bedeutet in Alluvial-Landschaften ohne Sedimentgestein auch Bauen mit Ziegeln, wasserdichte Dächer, Kunstpflaster und schließlich kühle, feste und saubere Wandverkleidung in Form von Fliesen, gebrannten Plättchen und Stiften. Diese keramischen Anwendungen sind von da an eine stete Herausforderung an die Idee von „schöner wohnen", die seit cirka siebentausend Jahren den Menschen und seine Kreativität beflügelt. Das Haus entwickelt sich zu einem Spitzenwert an sich. Ein Wert, der gleich nach der Familie rangiert als Heimstatt für Generationen und als Repräsentanz der gesellschaftlichen Stellung.

Heutzutage, da wir das Problem der menschlichen Gesellschaft als einer „Raubbau-Gesellschaft" zu begreifen lernen und notgedrungen langsam beginnen, unsere Gedanken auch auf die ökologischen Auswirkungen des industriellen Tuns und unseres Hausens zu richten, sollte die Veränderung unserer Kontinente einmal aufgezeigt werden, die mit der Keramik nach Norden vorzudringen begann. Seit dem Keramikum haben die faszinierenden Kulturleistungen der Ägypter, der mesopotamischen Völker, der Mittelmeer-Anrainer und unserer eigenen europä-

Galante Szene. Persien, 19. Jh.; Victoria + Albert Museum London

Ausschnitt aus einer persischen Fliese, spätpersische Periode, Ende 18. Jh.; Victoria + Albert Museum London

ischen kulturgeschichtlichen Werdung die einst feuchten wald- und tierartenreichen Kontinente verwandelt in Gebiete der Erosion und Trockenheit. War doch der Garten Eden, das Paradies also, einmal in der Vorstellung der Alten in den fruchtbaren Ebenen Mesopotamiens gesehen worden, die heute als staubige Wüsten brach liegen. Die Ziegelarbeiter, die Töpfer, die Glasmacher, die Bronzegießer, Gold- und Silberschmiede, die Färber und alle zusammen als Haushaltungen benötigten die Mengen Energie, die sie allein damals verwertbar im Holz gespeichert fanden. Nennenswerter Einsatz von Kohle erfolgte erst seit dem 15. Jahrhundert und natürlich auch da nur in den standortnahen Bereichen. So gesehen, war Kultur immer ein Faktor, der das ökologische Gefüge verändert, ja bedroht. Unsere eigene Lage, von der Südeuropas weit entfernt, ist ja nur der klimatischen Gunst hoher Regenmengen zu danken, die ein Wiederaufforsten leichter machten, und nicht etwa unserer besseren Einsicht.

In den Ebenen des Zweistromlandes fand wohl Keramik als Wand- und Bodenverkleidung ihre früheste Verwendung. Um die repräsentativen Bauwerke dieser ersten Großstädte zu errichten, gebrauchte man zwei Sorten von Baumaterial. Der Mauerkern wurde mit luftgetrockneten Ziegeln gefüllt und nur die Außenhaut wurde bei den Sumerern mit gebrannten Tonstiften befestigt. Durch solche farbigen Mosaikstifte, die in die Lehmwand eingeschlagen wurden, gewann man schon in Uruk, der alten Stadt des Gilgamesch, in der zweiten Hälfte des vierten Jahrtausends Schutz gegen die Auswaschungen der Regenzeit. Dadurch erhielten auch die sonst trostlos grauen Mauern Farbe und Gliederung. Später, zur Zeit der zweiten Blüte Babylons unter den Assyrern (7./6. Jahrhundert v. Chr.) benutzte man zur Befestigung und zum Schmuck der damals größten Prachtstraße der Welt farbig glasierte Ziegel. Die Mauern, die diese Straße flankierten, waren 9 m hoch und trugen, aus Reliefziegeln gebildet, einen Fries von je 575 Stieren, Einhorn-Drachen und 120 Löwen (Größe jedes Löwen 2,27 m Länge). Die Straße führte durch das der Göttin Ischtar geweihte 14 m hohe Tor zum gemauerten Tempelberg der sieben Stufen (Zikkurat). Ziegelarbeit war Sklavenarbeit und auch die Juden in der babylonischen Gefangenschaft dürften als Staats- oder Tempelsklaven bei derartigen Bauarbeiten Frondienste geleistet haben. Sie als Hirtennomaden, nur an den Himmel oder eine Zeltplane

über ihrem Haupt gewöhnt, sahen Bauwerke dieser Größe als pure Herausforderung Gottes an, und die Propheten artikulierten als geistiges Gewissen des Volkes ihren Abscheu vor solcher Hybris mehrfach, wie wir dies aus der Bibel wissen.

Jedes der Bergvölker, die fast immer aus dem Nordosten einfallend, die fruchtbaren Ebenen

und die groß und satt gewordenen Städte-Besitzer überwanden, um dann selbst einem ähnlichen Schicksal zu erliegen, lernten von den Handwerker-Sippen des Zweistromlandes die keramischen Techniken kennen und schätzen. Sie gefielen sich darin, den Wohnkomfort zu verbessern und die Bau-Keramik mit ihren Bequemlichkeiten zu adaptieren. Als nach vielen hundert Jahren die arabischen Halbnomaden im großen Glaubenskampf des Islam diese Gebiete für den Halbmond annektierten und dort neue Herrschaften begründeten, schmückten auch sie ihre Moscheen, Paläste und Innenhöfe mit den mittlerweile leichter und handlich gewordenen Fliesen. Von dort aus ging die Woge dieser Wohnkultur über den Vorderen Orient hin über Ägypten und Nordafrika bis nach Spanien, wo das Abendland die Geheimnisse der Glasuren, der Farbigkeit und der Dekorationsformen erfuhr. Spanien und Italien waren die führenden Keramikhersteller und -Exporteure im 15. und 16. Jahrhundert, wobei Spanien in der Fliesenherstellung vom maurischen Baustil her eine dominierende Stellung einnahm und die oberitalienische Keramik, eng mit der Renaissance-Malerei verbunden, die Prunkschüssel- und Tellerproduktion favorisierte.

Bodenfliesen müssen aus stärkerer, auch höher gebrannter Keramik bestehen, um die an sie gestellten Anforderungen der Abnutzung auszuhalten. Wandfliesen und Ofenkacheln dagegen können aus leichterem Material sein, da ihre Funktion meist nur in Wärmespeicherung und in schmückenden Absichten besteht. Diese drei Grundformen der Bau-Keramik sind schon im hohen Mittelalter mit den klassischen Bleiglasuren versehen, deren Skala von Goldocker über Olivgrün zum Chromoxyd, über Dunkelgrün, Dunkelbraun, Braunviolett zum Gelbbraun in einem vereinfachten Farbkreis sich darstellen läßt. Diese Glasuren-Rezepte der einfachen sogenannten Hafner-Keramik erfahren zum Ende des 14. Jahrhunderts eine Ausweitung, als mit den im Orient und den arabisch-spanischen Gebieten schon länger benutzten Zinnglasuren erstmals ein fast weiß grundierter Scherben als Träger von Unterglasurmalerei auftauchte. In Faenza (Oberitalien) begründete dieser bedeutende Schritt der Glasur-Chemie die malerische Mode der Fayence (französischer Name für Faenza). Majolika meint dasselbe und kommt von Mallorca als dem frühen Zentrum für den Übersee-Handel mit maurischer und hispano-mauresker Zinnglasurware. Aber nicht so sehr von Spanien sondern von Faenza aus trat diese neue Technik ihren Siegeslauf durch Europa an, der erst mit dem chinesischen und später europäischen Porzellan in der Geschirrherstellung endet. Heutigem Forschungsstand nach sehen die Filialgründungen seit den Anfängen in Faenza im letzten Drittel des 14. Jahrhunderts so aus: König Mathias Korvinus (1458–1498) holte sich als begeisterter Förderer der Renaissance Gelehrte, Künstler und Handwerker aus Oberitalien an seinen Hof in Buda (= Budapest). Von dieser ungarischen Fayence-Werkstatt (1485 – sie fertigte hauptsächlich Öfen) verbreitete sich die Technik donauaufwärts: Wien um 1500, Salzburg um 1501, österreichisches Mühlviertel um 1510, Krakau um 1510–20, Breslau

Naive Fliesenmalerei mit Scherzsprüchen. Aus einer Wandverkleidung.

um 1530–40. Auch in der Umgebung von Faenza wollte man an diesem Geschäft teil haben und so begann man in Gubbio um 1500, in Venedig um 1520 und Deruta 1521 mit bedeutenden Fayence-Produktionen. Im Vordringen nach Westen und Norden waren die wichtigsten Stationen Lyon und Antwerpen um 1512, Winterthur um 1520–30, Nürnberg 1550–60. So der Weg dieses technischen know how bis zur Mitte des 16. Jahrhunderts.

Mit Antwerpen ist nun der Punkt genannt, von dem aus die niederländische Fliesenproduktion ihre alles in den Schatten stellende Fülle ausbreiten sollte. Antwerpen war damals die reichste Hafenstadt der Welt, nachdem der Glanz Venedigs schon durch die Türkenherrschaft über das östliche Mittelmeer langsam zu verdunkeln begann. Im 16. Jahrhundert verlagerte sich die wirtschaftliche, damit auch die politische Potenz von der mitteleuropäischen Achse Italien, Deutschland, Österreich fort zu den peripheren Seemächten Portugal, Spanien, Holland, England und Frankreich, um damit auch gleich eine zeitliche Reihenfolge der Machtkulmination zu geben. Die iberischen Handels- und Kriegsflotten, die im Wettlauf mit der Edelmetallbeute der ausblutenden mittel- und südamerikanischen Kolonien das Imperium Karls V. bezahlten, beherrschten die Meere bis zum Abfall der Niederlande, die mit den Habsburgern an Spanien gekommen waren. Die dann im Schiffsbau führenden Holländer konnten den Iberern in vielen Teilen der Welt besonders im ungeheuer lukrativen Gewürzhandel den Rang ablaufen.

Gefertigt für Hans Michael Nißle aus Oberjesingen/ Kr. Böblingen in Württemberg; Anfang 19. Jh.; Badisches Landesmuseum Karlsruhe

Hatte zuvor die spanische Fliesen-Mode in Antwerpen als Geschmacksmuster die niederländischen Manufakturen beherrscht, so gewannen mit der Zeit der Zerstörung und Verödung Antwerpens (im letzten Viertel des 16. Jahrhunderts) die nördlichen Niederlande die Vorherrschaft im Manufaktur-Geschäft, nachdem auch viele Handwerker-Familien vor dem spanischen Katholizismus und der Inquisition in den protestantischen Norden geflohen waren. Amsterdam hieß nun die neue Königin der Meere, in welcher der Reichtum einer betont großbürgerlichen Welt kulminierte. Die Holländer landeten nun mit ihren Handelsseglern aus Südostasien gewaltige China-Importe von Luxus-Porzellangeschirren in Europa an und bewirkten damit in der Folgezeit eine ganz neue Geschmacksrichtung, deren Mode auf alle Dekorationsstile durchschlug: die Chinoiserie. Wirtschaftliche Potenz der Holländer-Kauffartei-Schiffahrt und ihr weitmaschiges Handelsnetz führten zu einer lange andauernden Symbiose holländischer Fliesen-Produzenten mit den Handelskapitänen, denn als Ballastfracht führten die Schiffe Fliesen in die Ferne; man bezahlte damit die Güter, die sie nach den Nordseehäfen zurückführten.

In fast allen Publikationen nehmen die niederländischen Fliesen den größten Raum ein. Einige befassen sich entweder nur mit Schiffen, Seewesen, Blumen oder biblischen Darstellungen. Allein die Produktion der Niederlande war so umfangreich, daß eine lückenlose Wiedergabe der verschiedenen Arten von Einzelfliesen und Tableaus unmöglich ist.

Wo finden wir heute noch gekachelte Räume? Verhältnismäßig häufig sind diese in küstennahen Orten und auf den Nordseeinseln zu finden. Hier geht es um Einzelfliesen und Tableaus (zusammengesetzte Fliesenbilder). Dagegen gibt es in Deutschland noch viele Schlösser mit künstlerisch

Ansbacher Fayence-Fliese mit Weinhändler. 2. Hälfte 18. Jh.; Bayerisches Nationalmuseum

Ansbacher Fayence-Fliese mit Jäger. 2. Hälfte 18. Jh.; Bayerisches Nationalmuseum

gestalteten Räumen, deren Wände mit bemalten Fliesen einen ebenso dauerhaften wie reizvollen Schmuck darstellen.

In den Niederlanden verkleidete man die Kaminrückwände mit Fliesen, im norddeutschen Raum hauptsächlich die Stubenseite der Außenwand und die Wand hinter dem Beilegeofen. Erst später folgten dann je nach Vermögenslage die anderen Wände. Der größte Nutzen lag darin, daß die Feuchtigkeit der Außenwände abgehalten wurde. Solche Wände hielten unter Umständen Jahrhunderte und waren leicht zu reinigen. Schöne alte Räume mit Holztäfelung und Fliesenschmuck sind heute der Stolz mancher Museen.

Der niederländische Export.

Trotz der Kriege und Unruhen in Europa erlebten die Niederlande im 17. Jahrhundert wirtschaftliche Weltgeltung. Es war die Zeit der berühmten Maler des Landes. Eine Modeblume jener Zeit - die Tulpe - gelangte zur höchsten geschäftlichen Blüte, die je eine Blume erreichte, bis es 1637 zu dem sogenannten Tulpenkrach kam. Durch die Verbreitung künstlerischer Vorlagen von Kupferstichen und Radierungen ergaben sich Anregungen für die Bemalung der Fliesen. Das Tulpenmotiv erfreute sich durch Jahrhunderte besonderer Beliebtheit. Bei den holländischen Fliesen unterscheidet man die Epoche qualitativer Produktion von 1650 bis 1750 und die der quantitativen von 1750 bis 1900.

Wer sich heute in den Küstenländern der Ostsee und vornehmlich der Nordsee umsieht, wird auch heute noch etliche Häuser finden, die Räume mit gekachelten Wänden aufweisen. Diese stammen größtenteils aus der Zeit, als die Straßen der Großstädte wie auch die Innenräume der Häuser in Stadt und Land noch mit Tranlampen beleuchtet wurden.

Die Nordfriesen hatten die Basken beim Walfang abgelöst, was in der ersten Hälfte des 17. Jahrhunderts geschah. Bei diesem harten Geschäft im hohen Norden zwischen Spitzbergen und Grönland kamen viele Seeleute, besonders die Offiziere, zu einem gewissen Wohlstand, wenn sie die vielen Gefahren des Eises und der stürmischen See überstanden. Die Schmackschiffe, die die Seeleute in jedem Frühjahr zu den holländischen Häfen brachten, transportierten Fliesen als Rückfracht. Der ohnehin schon florierende Handel mit Baumaterialien intensivierte auch den Fliesenhandel nach Deutschland und Skandinavien. Die gut eingefahrenen Geschäftsbeziehungen wurden durch Kriege mit England und Frankreich getrübt. Ferner gab es bei den Walfängern schlechte Jahre mit Verlust oder Leerfahrten, was gewiß nicht ohne Spuren bei den Fliesenmanufakturen blieb.

Es ist ein Irrtum, daß die frühesten niederländischen Fliesen durch die Walfänger

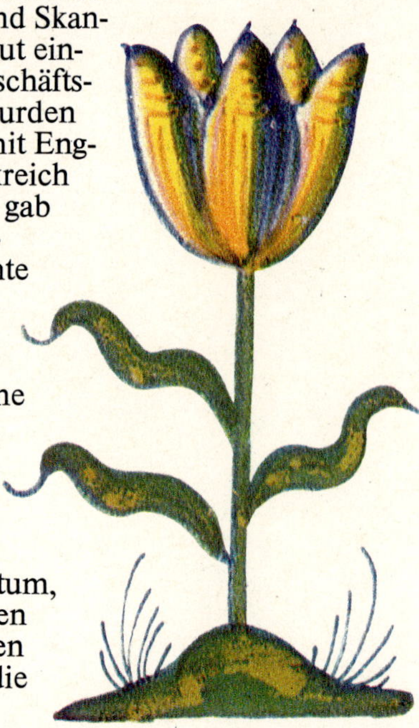

Abb. rechte Seite: Stilisierte Fregatte. Fliesentableau aus der Kirche der spanischen Hafenstadt Vinaroz; 18. Jh.

Tulpe. Ausschnitt aus einer Delfter Fliese; Mitte 17. Jh.; Privatsammlung

Galeote (Dreimaster). Fliesentableau aus dem Königspesel auf der Insel Hallig Hooge/Nordsee; 1750, gemalt von Pals Karsten, Harlingen; Privatsammlung

nach Norddeutschland und zu den Inseln gekommen sind, sondern wie Schoubye festgestellt hat, begann der Import um 1600 im Raume Tondern, als die Stadt noch einen Hafen hatte.
Schon Anfang des 16. Jahrhunderts wurden die Holländer von hier aus mit Getreide und Ochsen beliefert. Mit den Baumaterialien kamen also die ersten Fliesen nach Nordschleswig. Es sollen Rotterdamer gewesen sein, die über Amsterdam und Enkhuizen verschifft wurden. Da die ersten nordfriesischen Walfänger zunächst nach der großen Sturmflut von 1634 als Matrosen fuhren, werden sie nicht schon in den ersten Jahren Fliesen gekauft haben. Erst als der Pastor Richardus Petri auf Föhr den Walfängern im Winter Navigationsunterricht erteilte und die nunmehr als Offiziere angeheuerten Männer über ein größeres Einkommen bei glücklich verlaufener Reise verfügten, brachten diese bei ihrer Rückkehr Fliesen als praktische Wandverkleidung und zur Verschönerung ihrer Häuser mit. Größere Mengen kamen von 1700 bis 1850 mit den Seeleuten in ihre Heimat, wobei erwähnt werden muß, daß die Walfänger Ende des 18. Jahrhunderts mehr und mehr zur Handelsschiffahrt übergingen. Das hatte zur Folge, daß die Männer oft Jahre unterwegs waren und viel seltener nach Hause kamen. Ende des 19. Jahrhunderts wechselte der Transport vom Schiff auf die Schiene. Das Geschäft größeren Umfangs machten einige Baustoff-Firmen in Hamburg.

Obgleich von den seit vor 1600 vorhandenen 30 Werkstätten in Delft nur etwa zehn Fliesen herstellten, hat der Export gegenüber anderen Fayencefabriken keine große Rolle gespielt. 1623 lieferte eine Werkstatt ca. 12000, eine andere 1666 ca. 55000 Fliesen. Aufgrund der guten Qualität der Delfter Ware hat sich der Begriff „Delfter Kacheln" (oder Fliesen) bis heute gehalten. Er gilt bei Laien als Sammelbegriff für alle blauen Fliesen.

Als größter Exporteur der älteren Epoche vor 1700 zählt Rotterdam. Von 1627 bis 1666

Landschaften im Kreis (hier ohne Ecken) 1. Hälfte 19. Jh.; Privatsammlung

stellten neun Werkstätten 433000 Fliesen her. Es handelte sich um folgende Motivgruppen: Landschaften, Hirten, Früchte, Männer und Frauen, Blumenvasen, Ritter, biblische Szenen und Seeungeheuer (nach Schoubye). In der Zeit der qualitativen Produktion versorgten diese Werkstätten außerdem einige europäische Schlösser mit kunstvollen Fliesenbildern als Wandschmuck. Einer der Rotterdamer Betriebe lieferte noch um die Mitte des vorigen Jahrhunderts große Mengen nach Indien, Argentinien, Brasilien, aber auch nach Cadiz und nach Altona. Die Produktion der Werkstatt „de Bloempot" belief sich im Jahre 1843 auf 250000, 1845 auf 470000 Fliesen.

Über die Exporte aus Utrecht ist wenig bekannt. Man vermutet Lieferungen in das Emsgebiet.

Von Amsterdam sind nur zwei Werkstätten bekannt, eine davon sandte 1792 eine Musterkollektion von 32 verschiedenen Fliesentypen nach Philadelphia, die andere exportierte nachweislich nach Portugal und Spanien. Desgleichen lieferte auch Harlingen nach Spanien. Harlingen war auch der Hauptlieferant für Deutschland und Dänemark. Von dort kamen auch eine Anzahl von Walfangtableaus nach Nordfriesland. Es ist belegt, daß Inselfriesen in Diensten Harlinger Walfangreedereien standen. Bis zum Jahre 1933 wurden dort noch Fliesen hergestellt.

Eine andere friesische Werkstatt, die seit 1660 bis heute Fayencen und Fliesen produziert, ist die Fabrik Tichelaar in Makkum. Damals wurde die Ware z. T. nach Amsterdam transportiert, von wo aus sie u. a. nach Hamburg, Altona, Glückstadt und Friedrichstadt verschifft wurde. Eine zeitlang verfügte die Werkstatt über zwei eigene Kuffen, die den Transport über die Nordsee besorgten. Allein über die Fertigung von Fliesen liegen nach Schoubye einige Zahlen vor, die uns Aufklärung über den Umfang der Fertigung geben. 1719 waren es 130000, 1803: 230000 und 1875: 305000 Stück. Diese Zahlen sind abgerundet.

Zwischen 1790 und 1855 erhielten rund 1 Dutzend Firmen in Hamburg fast 3000000 Fliesen, fünf Altonaer Firmen über 1700000. Einschließlich der Ausfuhr nach Friedrichstadt wurden in dem genannten Zeitraum über 4700000 Fliesen nach Norddeutschland ausgeführt. Der Durchschnittspreis war zu der Zeit zwei Gulden für 100 Stück, wobei erwähnt werden muß, daß der Preis je nach Kompliziertheit der Malerei unterschiedlich war. Es handelte sich um folgende Arten: Landschaften, Blumenvasen, Rosen (auch Astern genannt) mit Stiel, Historien (biblische Motive), Waisen (eine Hälfte einfarbig in blau oder mangan bemalt), Streublumen mit Insekten oder Vögeln ohne Eckornamente und Tableaus mit Schiffen, Pferden und Kühen in den Farben blau und mangan. In der 2. Hälfte des 19. Jahrhunderts kamen noch folgende Motive hinzu: spielende Kinder, Reiter, Hunde und Katzen, Mühlen und das sogenannte Hamburger Achteck, was eine Vereinfachung polychromer Fliesenornamente des frühen 17. Jahrhunderts darstellt.

Altersbestimmung und Ikonographie.

Mit Rücksicht auf die vielen Fliesensammler soll dieses Kapitel etwas eingehender behandelt werden. Große Tableaus werden außerordentlich selten angeboten, und die Preise sind entsprechend hoch. Das gleiche gilt für die frühen Polychromen. Einzelne Fliesen dieser Art sind zwar teuer, aber gegenüber Fliesenbildern noch erschwinglich. Die Preise bewegen sich zwischen DM 250,– und DM 500,–, besonders schöne Stücke kosten auch das zwei- bis dreifache. Die einfachen Fliesen werden mit DM 25,– (Blumen), Landschaften und Hirten mit DM 35,– gehandelt. Für Reiter und schön gezeichnete Soldaten werden etwa DM 250,– verlangt. Um einigermaßen das Alter der angebotenen Stück zu bestimmen, sollte man auf folgende Merkmale achten.

Holländischer Walfänger mit dem ans Schiff gezurrten Wal. Für einen Kommandeur aus Föhr in Harlingen hergestellt; Mitte 18. Jh.; Städtisches Museum Flensburg

Die Seitenlänge schwankt zwischen 12 und 14,7 cm, in den letzten 200 Jahren zwischen 13 und 13,2 cm. Sichere Hinweise über das Alter gibt die Stärke. Die um 1600 hergestellten Fliesen sind 14 bis 20 mm stark, in der ersten Hälfte des 17. Jahrhunderts 12–18 mm, in der zweiten Hälfte des 17. Jahrhunderts 10 bis 16 mm und im 18. wie im 19. Jahrhundert 5 bis 10 mm. Die Farbe des Scherbens ist rot bis gelb, bei den älteren meist rötlich. Bei den letzten ist die Glasur ungleichmäßig, bei den neueren sehr glatt.

Um das Alter aufgrund der Malerei zu bestimmen, bedarf es gewisser Erfahrungen. Die frühen Polychromen sind recht grob gemalt, die Farben sind kräftig. In der 2. Hälfte des 17. Jahrhunderts ist die Zeichnung feiner, das trifft auch zu bei den komplizierteren Motiven des 18. Jahrhunderts. Am Ende des vorigen Jahrhunderts wird die Malerei immer primitiver, grob und nachlässig. Vom Dekor her gesehen finden wir bei den alten polychromen Fliesen Ornamente, Pflanzen, Tiere und Porträts. In der 2. Hälfte des 17. Jahrhunderts folgen dann naturalistische Darstellungen – häufig Blumen – bis schließlich gegen Ende des 19. Jahrhunderts Blumenvasen, Landschaften und Hirten in blau und mangan den Abschluß bilden. Die drei letztgenannten Motive befinden sich im Kreis, die Blumen mit den Wan-Li Eckornamenten, die anderen mit den Spinnenecken.

Kaiserkrone und Vase mit Tulpen. 2. Viertel 17. Jh.; Privatsammlung

Windmühle am Kanal. 1. Hälfte 19. Jh.; Museum Tondern

Obgleich es umfangreiche Tabellen mit Eckornamenten gibt, die Auskunft über das Alter einer Fliese geben sollen, bedarf es doch immer der Heranziehung weiterer Faktoren. Anfangs bestand die Malerei aus verschiedenen Ornamenten, wobei in der Zusammenstellung von vier Fliesen in der Mitte wieder ein neues Ornament im Format einer Fliese entstand. Als das Mittelmotiv mehr Selbständigkeit gewann in Form von Blumen, Tieren, Früchten oder Menschen, blieb für die Eckverzierungen immer weniger Platz. Diese wurden immer kleiner, teilweise fehlen sie ganz, und das Mittelmotiv wurde miniaturhaft klein. Man findet Schiffe, Häuser, Mühlen und Insekten, fein gezeichnet wirken sie wie Radierungen.

Im Rahmen dieser kurzen Darstellung kann nur eine kleine Zusammenstellung der wichtigsten holländischen Eckornamente wiedergegeben werden. Je nach Motiv teilt man die Fliesen in verschiedene Gruppen ein.

Ornamentfliesen.

Die Zeit dieser Gruppe liegt in der Hauptsache vor und etwas nach 1600. Einige kann man beliebig drehen, sie geben immer zusammengesetzt ein Ganzes. Andere haben entweder ein Oben oder Unten, so daß man beim Zusammensetzen hierauf achten muß. Bei den diagonal

gestalteten Fliesen ergeben diese ein Sternmuster (z. B. Tulpen oder Granatäpfel). Ornamentfliesen hat es bis um 1900 gegeben. Musterbücher einer Harlinger und Utrechter Werkstatt zeigen zusammen etwa 500 verschiedene Motive, wovon 90% Ornamentfliesen sind. Das beweist, daß die im Bilderbuchstil gemalten Fliesen der früheren Zeit nicht mehr gefragt waren.
Vierpaß-Fliesen sind eigentlich zu den Ornamentfliesen zu zählen. Entweder ist ein Ornament so gestaltet, daß eine Diagonalhälfte zu viert zusammengestellt in der Mitte das Hauptmotiv ergibt, oder ein großes Rautenmuster als Eckmotiv ergibt in der Vierergruppe ein neues Ornament in der Mitte. Schließlich können auch in der 16er Gruppierung neue Muster entstehen.

Eine weitere Abwandlung finden wir bei den Quadratfliesen. Diese wirken erst in einer Zusammenstellung von mindestens 16 Stück. Eine zweifach diagonal geteilte Fliese enthält oben und unten wie rechts und links halbierte Motive, entweder nur Ornamente oder solche zusammen mit anderen Motiven, z. B. Blumenvasen. Bei einer anderen Art befindet sich in einem auf der Spitze stehenden Quadrat ein Porträt oder Blumenbild. Die in Spartechnik ausgeführten Ecken zeigen Arabesken oder Viertelrosetten, die jeweils in der Zusammenstellung ein neues Motiv in Fliesengröße ergeben.
Eine Reihe von sogenannten Medaillonfliesen weisen durch den wulstartigen Kreis große Ähnlichkeit mit den polychromen italienischen Fliesen auf. Die Motive sind Krieger, Porträts, Tiere und Blumen, die Ecken Viertelrosetten oder das Wan-Li-Mäander. Haarlemer Medaillonfliesen zeichnen sich durch einen großen Reichtum an geometrischen Mustern aus.

Blau gemalte spielende Kinder, freigestellt. Ende 17. Jh.; Altonaer Museum Hamburg

Zu den frühen Arten zählen auch die polychromen oder blauen Ovalfliesen. Fast immer finden wir Blumen im Oval. Die Randflächen sind phantasiereich mit Ornamenten bemalt. Die Ecken zeigen die burgundischen Lilien in Variationen oder die Zeichen der Dreifaltigkeit.
Der Vollständigkeit halber sollen die Spiegelfliesen erwähnt werden, die im frühen 17. Jahrhundert vorkamen und ein kleines Mittelmotiv mit Blattornamenten venetianischen Ursprungs umgeben. Die Umrahmung, geschickt mit Perspektive gemalt, gab der Fliese wohl den Namen.

Von geringer Bedeutung sind auch die Randfliesen, die es mit Ornamenten, Blumen, Granatäpfeln und Tieren gibt. Meistens sind sie halbformatig in polychrom oder einfarbig. Sind sie 13 bis 14 mm dick, stammen sie aus dem 17. Jahrhundert, die dünnen mit gleichem Dekor stammen aus dem 19. Jahrhundert. Solche Randfliesen gab es auch vor 1600 bereits in Spanien und Italien. Sie

Adam und Eva. 18. Jh.; Landesmuseum Schleswig

Über das Alter der Fliesen geben die Eckornamente gewisse Aufschlüsse. Es gibt etwa 100 Varianten. Bedeutung der abgebildeten Eckornamente (von links nach rechts): 2 spanische Mauresken (1600–1635), Kandelaber mit burgund. Lilie in den Ecken (1600–1625), 2 verschiedene chines. Wan-Li-Mäander (ca. 1640 u. 1700), Zeichen der Heiligen Dreifaltigkeit (ca. 1650), 3 Ochsenkopfecken (1625–1675 u. 1800–1850), 2 Spinnenköpfchen (1675–1725 u. 1725–1775), 2 Nelken (1725–1775 u. 1750–1800), 2 Viertelrosetten (1600–1625 u. ca. 1750).

schließen eine Wand ab oder umgrenzen ein Tableau. Bei den Fliesenbildern des 18. und 19. Jahrhunderts finden wir ein gewundenes Bandmuster, was oft nicht mehr als Randfliese gebrannt wurde, sondern die Bemalung der Umrandung erfolgte auf den äußeren Fliesen eines Tableaus.

Als Abschluß einer Fliesenwand galten die Tor- oder Kandelaberfliesen (17. Jh.). Sie dienten auch als Sockel oder Fußleiste. Rechts und links befinden sich halbe Säulen oder Kandelaber, die aneinandergereiht sich ergänzen. Man findet Blumen, Tiere und Menschen als Mittelmotive. Naturalistische Fliesen nennen die Holländer solche, die meistens im frühen 17. Jahrhundert in Rotterdam entstanden. Die Dekors waren Krieger der Türkenzeit, Meeresgötter, Meerjungfrauen und andere Meeresmotive in polychromer Bemalung.

Weintrauben. Anfang 17. Jh.:

Einen großen Raum nehmen die Blumentopffliesen – auch Vasen genannt – ein. Wir haben sie schon bei anderen Gruppen erwähnt. Es hat sie in unterschiedlichster Qualität in polychrom, blau und mangan durch mehrere Jahrhunderte gegeben. Verwendung fanden alle Eckornamente. Es gab aber auch kleine und zierlich gemalte Blumen ohne jegliche Eckverzierungen. Eine Kuriosität sind Vasen mit Spukgesichtern. Zwei Typen von Blumentopffliesen mit Wan-Li-Mäander sind bis in unser Jahrhundert hinein in blau und mangan hergestellt worden. Das beliebteste Blumenmotiv scheint das der „Drietulp" gewesen zu sein, wie überhaupt die Tulpe auf den Fliesen nicht wegzudenken ist. Im 18. und 19. Jahrhundert produzierten die friesischen Werkstätten größere Mengen von sogen. Streublumen mit Insekten oder Vögeln in blau und mangan ohne Eckornament. Die größeren und sorgfältiger gemalten Blumen sind die älteren. Friesischer Herkunft sind ebenfalls die Rosen oder Astern mit und ohne Stiel, die ersteren gehören immer zu viert zusammen. Vorlagen waren Kupferstiche aus Büchern und Blumenkatalogen. In diese Gruppe der Blumenfliesen gehören auch solche mit Fruchtschalen, die es in sehr verschiedenen Ausführungen vom 17. Jahrhundert an gab. Die ältesten haben große Eckornamente (z. B. Ochsenköpfe), die jüngeren kleine oder gar keine. Ende des 17. Jahrhunderts entstanden die ersten Landschaftsfliesen. Vorlagen in Form

Granatäpfel. Anfang 17. Jh.; Museum Tondern

von Graphiken gab es in genügender Anzahl. Grob eingeteilt gibt es Landschaftsfliesen im Kreis, im Achteck, ohne Umrandung und kleine Motive ohne jegliche Eckverzierung. Da findet man Schlösser, Einzelhäuser, Ortsbilder mit Kirchtürmen, Hafenanlagen, Küstenszenen mit kleinen Schiffen und Menschen, Brunnen, Brücken, Schwäne, Taubenhäuser, Seezeichen, Angler und einzelne Bäume. Die Qualität ist sehr unterschiedlich. Besonders grob gemalt sind Landschafts- und Hirtenfliesen des 19. Jh. Bei den letzten wurden Schafe so stark in der Malerei vereinfacht, daß sie wie Schnecken wirken.

Zahlreich waren die Tierdarstellungen. Die ältesten sind mehrfarbig, die jüngsten blau bzw. mangan. Da gab es Land-, See- und Fabeltiere. Man bestaunte und schätzte exotische Tiere als Fliesenmotive. Es ist nicht verwunderlich, wenn im Land der Seefahrer und Fischer viele Fliesen mit Fischdarstellungen zu finden sind. Neben vielen primitiven Malereien von Fischen, die nicht zu definieren sind, gibt es aber auch mit Schwung und Können wiedergegebene Delphine und Wale (Blütezeit des Walfangs 1650 bis 1750).

Großer Beliebtheit erfreuen sich bis heute die Schiffsfliesen. Vorlagen waren Kupferstiche und Radierungen sowie Seekarten. Wie auch bei den anderen Arten finden wir die sorgfältig gemalten Schiffsfliesen in der Zeit des 17. und 18. Jahrhunderts. Die dreimastigen Schiffe mit Takelage und Segeln sind bis ins Detail genau gezeichnet. Fast alle Schiffe befinden sich in Fahrt und haben alle Segel gesetzt, wenige haben gereffte Segel. Es gibt Fregatten als Orlog- oder Handelsschiffe, Pinassen und Fleuten, die auch zu Beginn der Walfangzeit ins Eismeer fuhren, ferner Fischereifahrzeuge wie Heringsbuisen, Hukker und andere kleinere Küstenschiffe bis zu den kleinen Anglerbooten. Die Vorbilder finden wir u. a. bei den bekannten Malern Reinier Nooms, Willem van de Velde de Oude und de Jonge. Schöne Schiffsdarstellungen des 18. Jahrhunderts stammen von Groenewegen, dessen Buch in Holland jetzt neu aufgelegt wurde. Maler einer Reihe von hervorragenden Schiffstableaus war Pals Karsten aus Harlingen. Einige hiervon befinden sich heute noch in den Häusern der Halligen. Die meisten Schiffsfliesen sind blau, wenige mangan. Eine Rarität sind blaue Schiffe mit farbigen Flaggen oder gelben Segeln (17. Jh.). Eigenartig ist eine Reihe von Einzelfliesen, auf denen die verschiedenen Phasen des Schiffsbaues gezeigt werden. Analog der bisher behandelten Typen sind die Schiffsfliesen ohne Kreis mit Ochsenköpfen oder Spinnen in den Ecken die älteren. Der Horizont ist so gezeichnet, daß er bei den angrenzenden Fliesen anschließt und somit eine gewisse Verbindung herstellt. Spätere Darstellungen mit Schiffen und Küsten lassen sich auch so zusammenstellen, daß der Eindruck eines fortlaufenden Frieses entsteht.

Ausschnitt aus einer Delfter Fliese in Muffel-Technik. Ende 18. Jh.; wahrscheinlich Delft

Eine weitere Gruppe bilden die Fliesen mit Menschen. Wir sehen Handwerker, Ritter, Reiter, Soldaten, Händler, Chinesen, Hirten, Amoretten, Akrobaten, Musikanten und Kinder. Einen großen Raum nehmen die „Biblischen" ein, wozu u. a. die Merian-Bibel genügende Vorlagen bot. Oder man griff auf die Holländer Pieter Hendricksz Schut (geb. 1619) und Jan Luiken (1649-1712) zurück. Verhältnismäßig gering ist die Anzahl biblischer Darstellungen aus dem 17. Jahrhundert. Es gibt sie mit und ohne Kreis, im 19. Jahrhundert kamen sie nur noch mit Kreis vor. Beeinflußt durch den Pietismus wurde die Produktion sprunghaft gesteigert und der größte Teil exportiert. Die Qualität erreichte wie bei den Landschafts- und Hirtenfliesen Ende des 19. Jahrhunderts einen Tiefstand. Abgesehen von der groben Malerei fallen die geschwämmelten Bäume ins Auge. Eine Fliesenwand mit Motiven des alten und neuen Testaments erfüllte auch pädagogische Zwecke. Es war nicht immer ganz einfach, manche Szenen zu identifizieren. Einige tragen Hinweise auf die Bibelstelle und ermöglichen in solchen Fällen das Nachschlagen. Allerdings wurden die Zahlen der Kapitel und Verse auch hin und wieder vertauscht. Ebenso wurden auch die Angaben der verschiedenen Bücher der Bibel verwechselt. Während der Epoche des Rokoko war das warme Violett mehr gefragt als das kalte Blau. Aus dieser Zeit – um 1750 – stammen fein gezeichnete biblische Fliesen im großen Kreis mit Nelken als Eckornament. Am häufigsten kamen die Ochsenköpfe in allen Variationen als Eckverzierung vor. In Holland findet man noch „Biblische" mit verschiedenen Umrandungen, die auch mit Bibelstelle versehen sind, aber wohl kaum nach Deutschland exportiert wurden.

Zu den Anfang des 16. Jahrhunderts entstandenen Soldatenfliesen sei erwähnt, daß auch hier Kupferstiche als Vorlagen benutzt wurden. Die Künstler waren Jacob de Gheijns, Willem Pietersz Buytewech, Frans Hals, Adriaen van Ostade und Jan Steen, die alle um 1600 bzw. Mitte des 17. Jahrhunderts wirkten.

Fliesen mit Handwerkern und Gewerbetreibenden gehen

Aus der Werkstatt Grue in Castelli, um 1700; Gemeente Museum Den Haag

Kain erschlägt Abel.

zurück auf ein Werk von Jan und Kaspar Luikens, die bis um 1700 arbeiteten. Von ihnen stammen auch die spielenden Kinder, die meist zu zweit vorkommen. Einzelne schön gezeichnete mit großen Ochsenköpfen in den Ecken wurden bereits Anfang des 17. Jahrhunderts hergestellt. Die Kleidung (Trachten) ist sorgfältig ausgeführt. Die Kinder tragen große Hüte, wie zu der Zeit auch die Erwachsenen. Sie sind alle blau gemalt. Dem Verfasser ist nur eine polychrome Antwerpener Fliese bekannt. Die im 19. Jahrhundert erstellten erkennt man an den steif gemalten Figuren und an der glatten Glasur. Sie haben Spinnenköpfe als Eckverzierung. Spielende Kinder mit „Spinnetjes“ (Spinnen), wie die Holländer die kleinen Eckverzierungen nennen, gab es auch in der 2. Hälfte des 17. Jahrhunderts. Sie sind sorgfältig gemalt, wie die oben erwähnten mit Ochsenköpfen in den Ecken. Die meisten Spiele haben sich bei den Kindern bis heute gehalten. Die Kinder tragen Papierwindmühlen an Stöckchen, reiten Steckenpferd, lassen Drachen steigen, spielen mit Murmeln, Kreiseln und Bällen, schaukeln, schlagen Reifen, betreiben eine Art Golfspiel, Bockspringen oder laufen Schlittschuh, stehen Kopf oder laufen auf Stelzen, musizieren und gehen Hand in Hand spazieren.

Ebenso lustig geht es zu bei den Amoretten, kleinen Engelchen, die schießen, eilen mit dem Rosenkranz und einem Hirtenstab in der Hand dahin, musizieren, sitzen auf dem Töpfchen oder fliegen mit einer Pergamentrolle in der Hand über ein Dorf. Die Ausführung ist nicht sehr sorgfältig, die Figuren sind klein, wenn sie aus der Zeit um 1700 stammen. Aus der gleichen Zeit gibt es große Engelsfiguren, die zu dritt musizieren oder Früchte in einem Füllhorn tragen. Barocke Vorlagen dienten den Fliesenmalern als Vorlagen. Diese exakt gemalten Fliesen sind wohl kaum exportiert worden.

Dasselbe gilt auch für die Hirtenfliesen des späten 17. Jahrhunderts, die wie auch die Landschaftsfliesen der gleichen Zeit über die ganze Fläche der Fliese gemalt sind, also keinen Raum für irgendwelche Eckornamente ließen. Es sind Bilder mit vielen Details und

Frühe holländische Fliese mit Gebäudegruppe, etwa 16. Jh.; Museum Lambert van Merten, Delft

Späte spanische Fliese; 19. Jh.; Victoria + Albert Museum London

Seltene niederländische Fliese. Reitender Hornbläser im Türkenkrieg; Mitte 17. Jh.; Museum Lambert van Merten, Delft

fast immer ist ein Hirtenpaar – oft in galanter Pose – dargestellt. Die Schafe sind als solche zu erkennen, was im 19. Jahrhundert wegen der Vereinfachung der Zeichnung nicht mehr der Fall ist.

Die landschaftlichen Details werden sparsamer, die Hirtenfiguren werden zum Hauptthema und entsprechend groß abgebildet. In den Ecken findet man durchweg „Spinnetjes". Den grob gemalten Hirtenfliesen des 19. Jahrhunderts kann man dennoch eine gewisse Wirkung in der Wandfläche nicht absprechen. Bedingt durch die Ungleichmäßigkeit jeder Handmalerei und durch geringe Farbverschiebungen beim Brand und die verschiedenen Tönungen der Glasur entsteht in der Fläche ein bestimmter Reiz, der niemals durch moderne Herstellungsverfahren erzielt werden kann.

Es sind auch chinesische Porzellanfliesen nach Holland importiert worden, die wie Vasen und Teller mit chinesischem Dekor bemalt waren. So ist es zu verstehen, daß auch die Holländer eine große Anzahl Fliesen neben den üblichen Fayencen produzierten, die nicht nur Chinesen mit Zöpfen, oder zwei sich begrüßende

Nase reibende Personen zeigen, sondern auch fein gezeichnete Pagoden und Dschunken. Sie kommen eigenartigerweise in blau und mangan vor. Die Ecken zeigen zierliche Spinnenköpfchen oder gar keine Eckornamente.
Bei den Porträtfliesen gibt es sicherlich solche, die eine gewisse Ähnlichkeit mit den Dargestellten hatten, besonders wenn es sich um bedeutende Persönlichkeiten handelte. Andere sind oft nur als Karikaturen zu bezeichnen, auch wenn sie das Monogramm des Abgebildeten tragen. Man konnte von einem Fliesenmaler, der oft Anfänger war, nicht erwarten, daß er ein künstlerisches Portrait auf die Fliese zu malen imstande war. Bewußt karikaturhaft gemalte Motive entsprangen häufig der Laune des Malers. Das betrifft die Wiedergabe von Menschen oder Fabelwesen sowie irgendwelche Gegenstände wie z. B. einen Teller mit Messer und Gabel in kindlicher Malweise.

Als naive Malerei kann man auch Motive der Meeresungeheuer und Seejungfrauen bezeichnen, die in allerlei lustigen Situationen auf den Fliesen um 1700 erschienen. Es war sicher gewagt, ein Meerweib darzustellen, was zwar unten einen Fischleib hatte, aber der Oberkörper zeigte in aller Deutlichkeit die weiblichen Reize. Das Gesicht allerdings zeigte

Fliesenkreisausschnitte

Holländische Fliese nach Kupferstichvorlage. Fähnrich mit Kreuzpanier; Mitte 17. Jh.; Museum Lambert van Merten, Delft

Persische Fliese. Islamischer Fürst im Prachtgewand; um 1800; Victoria + Albert Museum London

Italienische Fliese aus den Gemächern des für Isabella d'Est gebauten Castello Vecchio in Mantua; Ende 15. Jh.; Gemeente Museum, Den Haag

keinerlei Schönheit, weil schließlich auch damals schon die Zeit eine Rolle spielte, in der eine bestimmte Anzahl Fliesen gemalt werden mußte. Geradezu furchterregend sind die Meermänner anzusehen. Sie schwingen in kämpferischer Haltung eine Riesenkeule, schweben mit Stummelflügeln über dem Meer, betrachten ihr grimmiges Gesicht im Spiegel, blasen auf der Trompete, schwingen ein gewaltiges Schwert oder fangen – selbst Halbfisch – einen Fisch mit der Hand. Auch taucht immer wieder der Dreizack des Neptun auf. Diese Seeungeheuer wurden häufig mit Schiffsfliesen zusammen in die Wand gesetzt, wobei es neben der sachlichen Information bezüglich der verschiedenen Schiffstypen auch allerlei zu schmunzeln gab. Seeleute wollen auf den Meeren immer wieder Seewesen, meistens weibliche, gesehen haben, ja, einige sollen sie sogar mit an Land gebracht haben. Zu diesem Thema hat die Literatur einiges zu bieten. Bei den Fliesen wollen wir es als eine Art gemaltes Seemannsgarn betrachten.

Während wir uns bisher mit den verschiedenen Arten der Einzelfliesen beschäftigten, wollen wir uns nun den Fliesenbildern, den aus mehreren

Fliesen zusammengesetzten Tableaus, zuwenden.

Man muß grundsätzlich unterscheiden zwischen solchen, die wie die meisten Einzelfliesen für Bürger- und Bauernhäuser bestimmt waren, wozu auch die von Kapitänen in Auftrag gegebenen Schiffstableaus zählen und anderen, die für die Ausstattung von Schlössern und ähnlichen Bauwerken von qualifizierten Fayencemalern geschaffen wurden.

Die Farben decken sich mit denen der Einzelfliesen, die ältesten sind polychrom, es folgen dann blaue und manganfarbige Tableaus. Farbige hat es auch wieder wie bei Einzelfliesen in der 2. Hälfte des 19. Jahrhunderts gegeben.

Einige der bekanntesten Schlösser seien hier aufgezählt, die prachtvolle Wände mit Fliesentableaus aufzuweisen haben:

Speisesaal der Ansbacher Residenz; (Ansbacher Manufaktur), Gartensaal des bischöflichen Palais in Münster i. W. (Wrisbergholzen), Küche des Jagdschlößchens Amalienburg im Park von Nymphenburg, Saal im Schloß Wilanow bei Warschau, Gartensalon in der Pagodenburg (Schloß Nymphenburg), Speisesaal im Schloß Augustusburg in Brühl

Holländische Fliese. Heraldisch stilisierter Adler; um 1600; Museum Lambert van Merten, Delft

Schachbrettblume. Mitte 17. Jh.; Privatsammlung

bei Bonn, Speisesaal in Schloß Rambouillet bei Paris.

Zu den bedeutendsten Fliesentableaus zählt ohne Zweifel das aus 78 blauen Fliesen bestehende gemäldeartige Reiterbild „Julius Caesar" von 1640 aus der Rotterdamer Werkstatt des Jan Pietersz Volckhof und ein auf 90 Fliesen gemaltes Jagdstück, das Cornelis Boumeester um 1700 in Rotterdam schuf. Ein großes Schlachtenbild von 1815 zeigt den Prinz von Oranien bei Waterloo, vermutlich von gleicher Herkunft. Dazu gehören zwei aus je 6 Fliesen bestehende Tableaus mit Blücher und Wellington sowie General Ziethen.

Auch aus Rotterdam stammen mehrere Tableaus mit Landhäusern und Gehöften, deren Vorlagen mit allen Details sicherlich nach der Natur aufgezeichnet wurden. Sie erinnern ein wenig an die heutigen, allerdings viel plumper gemalten, sogenannten naiven Bilder.
Ein solches Tableau entstand um 1770 in Makkum und zeigt in polychromer Bemalung eine Hafenszene an der Zuider See mit einer Umrandung im Regencestil. Trotz der völlig falschen Perspektiven und Größenverhältnisse besitzt das Bild Charme und Wärme.
Es befand sich bis 1956 über dem Kamin eines Landhauses in Oterleek und kam dann in das Handels- und Seefahrtsmuseum in Kronborg (Dänemark).

Im Büro der seit 1660 bestehenden Manufaktur Tichelaar in Makkum sieht man an der Fliesenwand die Darstellung einer sommerlichen Landschaft mit Makkum im Hintergrund. Dieses 75 Jahre später gemalte Bild ähnelt in gewisser Weise dem vorgenannten. Das eigenartige hierbei ist, daß die auf Fliesen gemalte Aufhängeschnur den Eindruck erweckt, als handelte es sich hier um ein eingerahmtes Ölbild, was auf der weißen Fliesenwand aufgehängt wurde.

Es gibt eine Serie Harlinger Tableaus mit je 66 Fliesen von allegorischen Darstellungen der Erdteile in mangan, die gewissermaßen die hohe Schule der Fliesenmalerei repräsentieren. Sie entstanden 1759 nach in Augsburg verlegten Kupferstichen.

Anfang des 18. Jahrhunderts lieferte die Delfter Manufaktur „De Roos" eine geringe Anzahl polychromer Blumentableaus mit Vögeln und Insekten in höchster Perfektion. Einige davon finden wir in der Küche des Jagdschlößchens Amalienburg im Nymphenburger Park, und im Speisesaal des Schlosses Rambouillet bei Paris.
Die Küche von Nymphenburg zeigt ferner, mit welch künstlerischem Empfinden hier auch die Einzelfliesen und die an anderer Stelle erwähnten Säulen (Fliesen) zur Gestaltung des ganzen Raumes verwendet wurden. Die Steigerung der Wirkung ist einzig und allein der Einbeziehung der weißen, unbemalten Fliesen zuzuschreiben.

An einen ganz anderen Abnehmerkreis richteten sich die Hersteller der Schiffs- und Walfangfliesen. Zu der letztgenannten Gruppe gehört ein aus 88 Fliesen bestehendes Bild, das der Schule Boumeester in Rotterdam zugeschrieben wird. Es zeigt 5 große Schiffe und 8 Schaluppen, die den Wal jagen. Die Commandeure (Kapitäne der Walfangschiffe) begnügten sich mit weniger aufwendigen Tableaus, denn ihre Häuser hatten nur kleine Räume.
Das größte dem Verfasser bekannte Tableau besteht aus 30 Fliesen und stammt aus einem Föhrer Haus, das einem Walfänger gehörte. Das angeblich älteste Schiffstableau in Nordeuropa mit 16 Fliesen ist eine friesische Arbeit von 1640 und zeigt eine Kuff, die etwa 1780 mit 20 Fliesen auf gleiche Art in Harlingen mit nur geringen

Allegorische Darstellungen aus einer Erdteil-Serie. Harlingen, nach Kupferstichen, bei Hertel Augsburg 1759 verlegt; jetzt in der Manufaktur Tichelaar

Veränderungen des Hintergrundes gemalt wurde. Daraus wird ersichtlich, daß sich bewährte Schiffstypen über lange Zeiträume hielten und sich auf Fliesen, auch wenn inzwischen modernere Schiffe gebaut wurden, großer Beliebtheit erfreuten.

Ein vorzügliches Tableau mit dem Hafen von Rotterdam nach einer Radierung von Adolf van der Laan hatte mit anderen größeren Tableaus der Mennonit Gysbert III. van der Smissen (1717–1793) für sein an der Palmaille in Altona erbautes Haus 1764 in seiner holländischen Heimat anfertigen lassen. Diese bedeutenden Bilder wurden in der Rotterdamer Manufaktur „De Bloempot" bei Jan Pietersz Aelmis hergestellt. Ein Hendrik van der Smissen, Sohn oder Bruder des genannten Gysbert, war ebenfalls Reeder und hatte sich am Walfang beteiligt, was aus den heute noch vorhandenen Listen hervorgeht. So ist es zu verstehen, daß auf einem dieser Fliesenbilder im Vordergrund ein Bootschiff (Galiot auf Walfang) und verschiedene Handelsschiffe die Szenerie beleben. Diese Fliesenbilder befinden sich jetzt im Hamburger Museum für Kunst und Gewerbe.

Mit geringem Aufwand haben auch die Holländer in den Bauern- und Bürgerhäusern ihre Kaminrückwände hübsch dekoriert, indem sie Ornamentfliesen und Fliesenbilder verhältnismäßig sparsam verwendeten. Die große Fläche bildeten die weißen Fliesen, wodurch wiederum die bemalten wirkungsvoller hervorgehoben wurden. Die Motive waren Blumenvase, Kuh und Pferd, pflügender Bauer, Vogelbauer mit gelbem Kanarienvogel, rechts und links vom Kamin – in Nordfriesland neben dem Beilegeofen – Hund und Katze mit je 4 oder 6 Fliesen, ferner Mühle, Uhr, biblische Szenen, Schiffe und Ornamente in phantasiereicher Anordnung. Seitlich der Türen, früher am Rauchfang, sollten sogenannte Weinrankenpfeiler (7 bis 13 Fliesen) senkrecht angeordnet, aufwendige Architekturelemente ersetzen. Auf den Halligen findet man noch heute Schiffstableaus über dem Ofen, die größtenteils aus Harlinger Werkstätten stammen. Die meisten sind blau, wenige manganfarbig. Die mit einer

Tritulp mit Vase; Mitte 17. Jh.; Privatbesitz

Hirschhatz. Fliesentableau aus Schloß Cloppenburg; Mitte 18. Jh.

üppigen Rokoko-Umrandung gemalten Bilder sind von besonderem Reiz, weil durch diese kunstvolle Einrahmung die bildmäßige Wirkung erheblich gesteigert wurde.

Englische Fliesen.

Auch in England wurden bereits im Mittelalter Bodenfliesen hergestellt.

Frühe niederländische Fliesen mit textilähnlichen Mustern spanischer Herkunft; Anfang 17. Jh.; Museum Lambert van Merten, Delft.

Im 16. Jh. hielt man sich an Antwerpener Vorbilder. Während in den Niederlanden und in den von dort aus belieferten Küstenländern oft alle Stubenwände gekachelt waren, wurden in England in der Hauptsache die Feuerplätze mit Fliesen versehen. Es gab u. a. Werkstätten in London, Bristol und Liverpool. Im 18. Jh. bediente man sich auch wie bei Geschirren des Umdruckverfahrens. Die von dieser Umstellung betroffenen Fliesenmaler waren damit gezwungen umzusiedeln oder sich – wie es heute heißt – umschulen zu lassen. Das Verfahren war so perfekt, daß die Fliesenhersteller ihr Material von dem Kupferstecher und Fayencemaler Sadler seit 1749 im großen Umfang drucken ließen. Desgleichen wurden dort auch Gefäßkeramiken von Wedgewood und Staffordshire bedruckt.

Deutsche und dänische Fliesen.

Die meisten deutschen und dänischen Manufakturen produzierten im 17., 18. und 19. Jahrhundert. Die Orte der Werkstätten waren: Frankfurt/M., Berlin, Kassel, Braunschweig, Dresden, Ansbach, Nürnberg, Bayreuth, Erfurt, Zerbst, Kopenhagen, Hann. Münden, Wrisbergholzen, Göppingen, Gögging, Kastrup, Magdeburg, Schleswig, Rheinsberg, Kellinghusen, Flörsheim, Altona und Hubertushof. Diese Manufakturbetriebe existierten im Schnitt 100 Jahre, einige länger, aber auch einige kürzer. Sie erreichten weder die Qualität noch die Bedeutung der Fabrikate niederländischer Hersteller. Einige kopierten deren Motive, konnten jedoch nicht so preisgünstig liefern. Das Schwergewicht der deutschen und dänischen Produktion lag ja auch nicht auf dem Sektor der Fliesenherstellung, sondern erstreckte sich vielmehr auf Zier- oder Gebrauchsgeschirre, sowie auf Fliesenwandverkleidungen bestimmter Schlösser oder Patrizierhäuser und Ofenkacheln mit feiner Bemalung (Altona).

Eine andere Art von Ofenkacheln und Wandverkleidungen in Verbindung mit Feuerstätten sind sogenannte Irdenwarenfliesen, die von Töpferwerkstätten in Relieftechnik hergestellt wurden.

Diese mit Modeln ausgeformten Fliesen waren meist nur einfarbig oder durch Schlickermalerei belebt. Auch im Bauernhaus oder der einfachen Stadtwohnung wurden hinter den gußeisernen Küchenherden die Wände gekachelt. Immer häufiger verlangte sogar die Obrigkeit vom Bürger aus Gründen des Feuerschutzes solche Wandbeläge in Ofennähe. Neben der Vorsorge gegen

Funkenflug und Überhitzung sprach ja auch die Tatsache einer besseren Wärmespeicherung für die Fliesenwand.

Südtiroler, oberdeutsche und ungarische Kachelöfen der Spätgotik zeigen bereits erweiterte Formen. Aus dem freistehenden Ofen wurden ganze Ensembles gebildet, mit zwei umbauten Sitzen und durchgehend gefliesten Ecken, die in ihrer bildlichen Dekoration auf ein Thema bezogen waren. Es handelte sich um sogenannte Hinterlader-Öfen, die vom Flur aus mit Heizmaterial beschickt wurden und zum Kabinett oder Wohnraum hin geschlossene Fronten hatten. Die weit berühmten Hafner-Werkstätten in Zürich und Winterthur exportierten vom 16. bis ins 18. Jahrhundert solche Fayence-Öfen mit dazugehörigen Fliesen-Sätzen. So entstand Fliesenbedarf und Freude am Wandschmuck dieser Form auch in Landschaften, die weit von den niederländischen Zentren entfernt lagen. Es entwickelte sich ziemlich eigenständig eine volkstümliche Fliesenfertigung, die von den holländischen Geschmacksmustern vielleicht angeregt, aber nicht weiter bestimmt war. Töpferdörfer, die schon seit dem 16. und 17. Jahrhundert für ihre prunkvoll dekorierte Irdenware bekannt waren, fingen nun an, auch das Fliesen-Geschäft wahrzunehmen. Sie blieben hierin oft ihren selbst entwickelten und vertrauten Dekoren treu, die sie von den Hochzeits-Tellern und -Schüsseln übernahmen und übertrugen diese Motive auf ihre Kachel-Sujets. Es entstand eine eigene, betont volkstümliche Fliesen-Kultur, die etwa von der Mitte des 18. Jahrhunderts bis teilweise zur Mitte des 19. lebendig blieb. Im nördlichen Schwarzwald lagen die Schwerpunkte im Dreieck Calw – Tübingen – Stuttgart in Orten wie Heimsheim, Holzgerlingen und Simmozheim, um nur einige zu nennen; in Oberhessen um Marburg herum und am Niederrhein produzierten besonders Hüls, Schaephuysen, Issum und Swelen Irdenfliesen. Schwarzwälder und niederrheinische Kacheln stellten in ihrer Originalität andere deutsche Manufaktur-Produkte weit in den Schatten (die aus diesem Grund hier nicht näher berührt werden sollen). Die Fayence-Fliesen aus den größeren deutschen Manufakturen blieben insgesamt vom holländischen Vorbild abhängig, soweit sie nicht überhaupt von Fachleuten aus den Niederlanden technisch und künstlerisch betreut wurden. Dagegen haben die Württemberger und rheinischen Töpfer-Familienbetriebe gemeinsam die auffallende Freude an Spruch und Witz. Humor ist ja in vielen Sachbereichen der Volkskunst anzutreffen; hier dominiert er beinahe. Die Töpfer machten daraus ganz eigene und unverwechselbare Serien, die sich durch naive Kraft von den niederl. Fliesen abheben, die zu dieser Zeit, schon etwas steril geworden, der lebendigen Impulse entraten.

Vogelbauer. Ende 18. Jh.; Museum Tondern

Der Herstellungsprozeß.

Bevor wir auf die Herstellungsweise eingehen, sollten wir den

Begriff „Fliese" etwas näher erläutern. Es handelt sich um ein keramisches Erzeugnis, wobei man unterscheiden muß zwischen Boden- und Wandfliesen. Als Kachel bezeichnet man Elemente für Ofenverkleidungen. Dieser Ausdruck wird aber auch vielfach bei Fliesen verwendet. Die Fliese ist hergeleitet von althochdeutsch „flins", mittelhochdeutsch „vlins" und mittelniederdeutsch „vlise". Die Dänen sagen „flise", die Niederländer „tegel" (lateinisch „tegula"), damit verwandt ist das deutsche Wort „Ziegel". Auf englisch heißt es „tile", auf spanisch „azulejos" (kleine Steine).

Boden- und Wandfliesen des Mittelalters bestehen meist aus unglasiertem Ziegelton. Der Rohstoff für alle keramischen Erzeugnisse ist Ton. In den Niederlanden wurde meist Meereston, selten Flußton verwendet. Zur Erhöhung des Kalkgehalts importierte man Doorniske Erde aus Belgien oder Rheinländische Erde und vermischte diesen Kalkmergel mit dem heimischen Ton. Nach dem Aufschlämmen wurde der Brei gesiebt und das Wasser nach dem Ablagern abgelassen. Um alle Teile gleichmäßig zu vermischen, mußte ein Erdtreter mit bloßen Füßen in dem Brei hin und her laufen, oder ein Göpelwerk übernahm diese Arbeit. Die Formgebung geschah mittels eines Rahmens aus Holz, später aus Eisen und einer Holzrolle. Nachdem die vorgeformten und getrockneten Fliesen zu 8 bis 10 Stück mit einer kupferbemantelten 50 kg schweren Bleirolle geebnet und wieder getrocknet waren, erfolgte das Glattschneiden der Ränder. Das Schnittbrett enthielt in den Ecken je einen Kupfernagel, der ein Verrutschen verhindern sollte, später waren es nur noch zwei. Bei den neueren ging es schließlich auch ohne Nägel. Diese kleinen durch die Nägel in der Glasur verursachten Vertiefungen können bereits etwas über das Alter aussagen. Die beschnittenen, lederharten Fliesen trockneten weiter langsam in Ofennähe. Nach dem ersten Brand wurde nach kurzem Eintauchen in Wasser eine weiße deckende Glasur durch Übergießen aufgebracht, der Zinnasche zugesetzt wurde. So gebrannt, entstanden die weißen Fliesen. Vor dem zweiten Brand konnte die Fliese bemalt werden. Hierfür benutzte man Scharffeuerfarben. Für blau stand Kobaltoxyd, für violett Manganoxyd zur Verfügung.

Der Ofen hatte einen rechteckigen Grundriß von ca. 4,65 x 3,50 m. Dicke Mauern, verstärkt durch Strebepfeiler, umschlossen diesen Raum. Es konnten Gebrauchsgeschirre und Fliesen zusammen gebrannt werden, wobei man auf 5000 bis 10 000 Fliesen kam. Waren es nur diese, erhöhte sich die Zahl auf 13 000 bis 15 000 Stück. Beim Heizen sollte langsam eine Temperatur von 1000 Grad

Fliesenwand mit volkstümlichen Darstellungen und humoristischen Sprüchen. Aus Calw/Württemberg, 1831; Badisches Landesmuseum Karlsruhe

erreicht werden. Angeheizt wurde mit Eichenholz, darauf folgte Birken-, Erlen- oder auch Fichtenholz. Die Heizdauer schwankte zwischen 36 und 40 Stunden. Nach Beurteilung einiger entnommener Probefliesen wurde das Feuern eingestellt und nach tagelanger Abkühlung wurde der Ofen ausgeräumt, was insgesamt 4 bis 4½ Tage dauerte. Nach diesem ersten Brand erfolgte das Glasieren. Die Zinnglasur bestand aus Masticot (Sand und Soda, evtl. noch Salz und Pottasche) und Zinnasche (100 Teile Blei und 33 bis 40 Teile Zinn). Wenn für Masticot nur Sand und Soda gebraucht wurde, kam Salz und Pottasche zur Zinnasche. Die Überglasurmalerei erfolgte anfangs freihändig, später mit einer als Stichelzeichnung hergerichteten Schablone (Sponse), die die Umrisse des Dekors auf die Fliese mittels Holzkohlenstaub übertrug. Die Qualität der Malerei hing vom Können des Malers ab. Allzu oft waren es Lehrlinge, die ihre Laufbahn bei den Fliesen anfingen, um später je nach Geschick Fayencemaler zu werden.

Die Pinsel stellte man aus den Haaren von Kuhohren her. Um ein Schmelzen der Glasur und die Verbindung mit der Fliese herzustellen, war eine Temperatur von 800 Grad erforderlich. Erheblich waren oft die Ausfälle durch mannigfache Ursachen. Der gesamte Herstellungsprozeß ist so kompliziert, daß in diesem Rahmen nur andeutungsweise darüber berichtet werden kann.

Schlußwort

Einer der besten Kenner auf dem behandelten Gebiet, Museumsdirektor Dr. Sig. Schoubye in Tondern, hat frühzeitig den kulturellen Wert dieses Sammelobjekts erkannt und kann heute die umfangreichste Fliesensammlung des norddeutschen und dänischen Raumes vorweisen. Jedem ernsthaften Sammler wird hier das Herz höher schlagen, wenn er sich aufmacht, das Museum in der schönen, sehenswerten Grenzstadt zu besuchen. Während einst Bauern, Fischer und Seefahrer ihre Stuben mit Fliesen schmückten, haben ihre Nachkommen diese entfernt und sie als Bauschutt zum Auffüllen der Schlaglöcher ihrer Feldwege benutzt, oder sie haben

Naive Fliesenmalerei mit Hähnen und Kaminkehrer, Reichsadler, zwei Hirschen und Jäger; datiert 1780; aus Württemberg; Museum Villingen/ Schwarzwald

Freÿheit.

Wandfliesen aus Kellinghusen, um 1780; Museum Tondern

dem Zeitgeschmack entsprechend die Fliesen einfach mit der wesentlich weniger haltbaren Tapete überklebt – zur Freude und zum Nutzen der nachfolgenden Generation, die inzwischen den Wert hinter der Tapete erkannte. Ganze Fliesenwände wurden an Händler verkauft, die, wenn die Platten heil herunterkamen, ein lukratives Geschäft damit betrieben.

Heute ist der um die Mitte unseres Jahrhunderts so wenig beachtete Wandschmuck, der den Bewohnern in der fernsehlosen Zeit die Freude am Schauen vermittelte, wieder zu Ehren gekommen. Museen und Sammler erkannten Reiz und Wert dieses keramischen Erzeugnisses, und mehr und mehr werden in Häusern der Wohlhabenden Fliesen in Küchen und Wohnräume eingebaut. Wie dereinst der Feuerplatz von Fliesen eingefaßt war, so ist es der in unseren Tagen wieder so beliebte Kamin. Mit alten weißen und Waisen-Fliesen kann man geschickt die Fläche vergrößern und somit die nicht geringen Kosten etwas reduzieren.

Beim Einbauen sollte man Zement vermeiden, da dieser ein späteres Entfernen nahezu unmöglich macht. Gips oder Füllstoff genügt vollkommen.

Abb. linke Seite: Kachelofenfliese. Wahrscheinlich deutsche Produktion; um 1800; Victoria + Albert Museum London

Beliebt sind Tische mit Fliesen, allgemein als Kacheltische bekannt. Hier sollte man bedenken, daß die Wirkung eine größere ist, wenn man Fliesen gleicher Art verwendet. Als Unterlage dient eine Spanplatte. Als Kleber empfehlen sich handelsübliche Marken.
Als Kuriosum wollen wir es betrachten, wenn jetzt wieder in den Häusern, wo man einst die Fliesen herunterschlug, Tapeten mit Fliesendekor auf die geduldigen, inzwischen neu verputzten Wände geklebt werden.

Literaturnachweis

Alte Fliesen, Museumsdorf Cloppenburg, Katalog, Cloppenburg 1970

Altonaer Museum, Fliesen, Katalog, 1965

Boyken, Martin, Fliesen und gekachelte Räume, Darmstadt 1956

Bülow, Catharina, Das Kachelbuch, Hamburg 1956

Berendsen, Keezer, Schoubye, Tichelaar, Fliesen, München 1964

Hudig, Amsterdam 1933

Korf, Dingeman, Tegels, Bussum 1960

Kaufmann, Gerhard, Bemalte Wandfliesen, bunte Welt auf kleinen Platten, Kulturgeschichte, Technik u. Dekoration der Fliesen in Mitteleuropa, München 1973

Lüden, Catharina und Walter, Holländische Einzelfliesen in Norddeutschland, Heide 1978

Luiting, Dick, Handels- og Søfartsmuseets Flisesamling, Kronborg 1957

Schoubye, Sig., Hollandske Vaegfliser, Tondern 1963

Stahl und Stettner, 300 Jahre Niederländische Fliesen, Hannover

Stettner, Schiffe auf Fliesen, Schiff. Museum Bremerhaven, 1976

Vis und de Geus, Altholländische Fliesen, Amsterdam 1926.

Voit, Pâl und Holl, Imre, Alte ungarische Ofenkacheln, Budapest 1963

Schäferszene. Englische Fayence-Fliesen. Umdruckverfahren, 1750, Liverpool; Victoria + Albert Museum London

Zur Geschichte der Schießscheiben

Abb. Vorderseite: Ehrenscheibe zur Silbernen Hochzeit, 1897; Königlich Privilegierte Feuerschützen-Gesellschaft Freising

Scheibe aus Kastelruth/Südtirol, Mitte 19. Jahrhundert; Landes-Schießstand von Tirol, Innsbruck.

Angesichts der Schönheit alter Schützenscheiben und ihres unbestreitbaren Kunstwertes, der ein Schießen auf solche Bilder eigentlich ausschließen sollte – aus unserer heutigen Sicht jedenfalls –, muß man sich die Sorgfalt vor Augen halten, der in früheren Zeiten alle Dinge wie selbstverständlich unterworfen waren, welche die Gemeinde, das Zunftleben, die Schützengemeinschaft, das Allgemeinwohl also betrafen. Sie waren mit ebenso großem Aufwand wie mit Liebe konzipiert, gestaltet und selbstbewußt zur Schau gestellt.

Man versteht die Wichtigkeit der Kunstäußerungen im Schützenwesen, wenn man sich in die Anfänge zurückversetzt und die Geschichte der schießenden Bruderschaften und Gilden genauer untersucht. Von Beginn an kraftvolle politische und militärische Zusammenschlüsse, waren sie dem städtischen Bürgertum notwendige Organisationsformen in seinem Selbstbehauptungswillen. Ursprung und Wachstum des Schützenwesens sind ausschließlich in der Stadt verwurzelt; erst gegen Ende des 18. Jahrhunderts ändert sich dies.

Neuerdings hat F. J. Grieshofer nachdrücklich den Wehrcharakter der Schützengilden bezweifelt und in diesen rein gesellig-sportliche Vereinigungen sehen wollen. Man fragt sich aber, wie anders die stürmische Aufwärtsentwicklung der Städte im offenen Antagonismus gegen den Regional-Adel hätte vor sich gehen sollen, wenn nicht feudale Macht an den Stadtmauern geendet hätte. Allemal war die Stadt Asyl der vor Adels- oder Klosterwillkür geflohenen entrechteten Bauern. Nicht ohne Grund lautet der alte Spruch: „Stadtluft macht frei".
Diese Freiheit der Städte war ein Resultat der Verteidigungskraft ihrer Bürger. Die Schützenverbände haben sicher nach dem Dreissigjährigen Krieg

Scherz-Scheibe im Stil der deutschen Renaissance, Ende 19. Jahrhundert; Deutsches Jagdmuseum München

Schießscheibe mit dem Spottbild auf einen Jäger, 1669; Heimatmuseum Tittmoning

weitgehend, aber gewiß örtlich verschieden, im Zeitalter des Absolutismus einen mehr geselligen Status besessen, der sich im 19. Jahrhundert wieder zur angestrebten Wehrhaftigkeit hin veränderte.

Als europäische Feudalgesellschaften sich zu formen begannen, waren vergleichsweise nur geringe Spannungsmomente gegeben zwischen den Ständen Adel, Bürgertum, den freien Bauern und den abhängigen Bauern und Tagewerkern. Jede Gemeinschaft begann mehr oder weniger als ein autarkes Gebilde aus einem beschränkten gemeinwirtschaftlichen Habitus. Erst seit den Anfängen einer arbeitsteiligen Produktionsgesellschaft in der Stadt, mehr noch mit der Ablösung einer einfachen Naturalwirtschaft durch die Geldwirtschaft und den Fernhandel begannen die Konfliktstoffe zu wachsen, die später immer drängender virulent zu den großen Auseinandersetzungen führten, die periodisch aufflammten. Die ernsten Agrarwirtschaftskrisen des späten Mittelalters brachten zunehmend die Schlechterstellung des Adels mit sich, der auf seinem Landbesitz und einer weitgestreuten Latifundienwirtschaft fußend immer geringere Erlöse wahrnehmen konnte und so neidisch und fassungslos auf die stetig voranschreitende Wirtschaftskraft und das ansteigende Sozialprodukt der Bürgerschaften blickte.

Erinnerungs-Scheibe an ein Freischießen, gegeben von Herzog Karl Theodor in Bayern, 1872 Schliersee; Königlich privilegierte Feuerschützengesellschaft Schliersee

Auch die militärische Stärke, eigentlich Scheinstärke des Adels ging rasch verloren. Eingesponnen in seine realitätsfernen, ja pubertären Träume vom Rittertum und seine ethisch wie praktisch unerfüllbaren Ehr- und Kampfbegriffe, versiegten die feudalen Ideale. Immer, wenn der Gegner sich nicht an die im Rittertum geltenden sozusagen sportlichen Regeln wie fair play, Kampfordnung und Kampfplatzvereinbarung hielt, waren die kleinen, schwerfälligen Ritterabteilungen hilflos und schnell unterlegen: so etwa, als die erbosten städtischen Handwerkszünfte in Flandern die Ritter mit Stangen und großen Hakenhellebarden von ihren Pferden rissen und einzeln überwältigten – oder wenn die wütenden Schweizer Gebirgsbauern im Jahre 1291 die Österreicher und später die Ritterheere Burgunds immer wieder vernichtend schlugen; wenn leicht berittene Bogenschützen-Kavalkaden der Hunnen, der Araber oder Sarazenen die Nahkampfkraft der gepanzerten Einzelkämpfer unterliefen, indem sie einfach nur auf deren Pferde schossen – Ritter konnten eben nur mit Rittern kämpfen. Alle Wut und persönliches Rachenehmen wegen so „unstandesgemäßer“ Kampfesweisen halfen dem Adel kaum. Als die Städter gar mit der Armbrust eine „panzerbrechende“ Waffe entwickelten, die den bis dahin gebrauchten Bogen als Verteidigungswaffe der Bürger an Durchschlagskraft bei weitem übertraf, mit der auch ein aufgelegter Schuß möglich wurde und damit die Treffsicherheit bedeutend zunahm, erhob sich in den Kreisen des Kampfadels über eine so infame Waffe einhellige Empörung im ganzen Abendland. Dem angreifenden Ritter blieb kaum eine Chance, zudem auch die Bürger in gewaltigen Finanz- und Arbeitslasten die Mauerringe ihrer Städte immer wirkungsvoller sicherten und von den Zinnen herab die Angreifer gut aus einer sicheren Deckung heraus abweisen konnten. Bis zum Papst hin wogte der Aufruhr über das neue Schießgerät; er sollte die Träger dieser tückischen Waffe exkommunizieren. Wie immer siegte das aufwendigere und effektivere Waffensystem über die Zeiten und anfänglichen moralischen Bedenken hin. Die Armbrust, welche um 1600 als Kriegswaffe verschwand, wurde von den Feuerwaffen verdrängt, die ihrerseits in jüngster Zeit immer raffinierteren Waffentechniken und Vernichtungsstrategien unterliegen.

Auf diesem Hintergrund eines permanenten Absteigens des niederen Adels den aufblühenden Städten gegenüber ist endlich das Raubrittertum mit seinen adligen Schnapphähnen zu sehen, die gleich Wegelagerern die Bürger und Kaufmannszüge überfielen. Das traurige Endstadium einer anpassungsunfähigen früheren Elite.

Nun in der Stadt: Von Anfang an besteht der Zwang zum Schutz von Leben, Besitz und Privilegien. Im Süden Europas früher, im Norden später, lassen sich die Gründungen von Sebastians- oder Georgs-Gilden nachweisen. Man wollte die heiligen Ritter zum Schutzpatron, denn das bildhaft religiöse Denken adaptierte stets die naheliegenden Glaubenssymbole und verbreiterte nur deren ikonographische Spannweite.

In Spanien finden sich erste Zeichen solcher Schützenzusammenschlüsse bereits im 7. Jahrhundert. Städtische Handwerker verbanden sich zur Erhöhung ihrer Sicherheit zu Gilden, schon in Form einer Guardia Civile. Ein besonderer Geist prägte diese mittelalterlichen Organisationen; feste Bindungen, Rechtsordnungen und Dienstvorschriften sorgten von Anbeginn für größtmögliche Wirksamkeit und Disziplin dieser Selbstschutzorgane.

Auch im Westen Frankreichs trifft man auf solche frühe Spuren derartiger Bünde: schon 852 warnt Hinkmar, Erzbischof von Reims, in einem erhaltengebliebenen Synodalbeschluß vor Auswüchsen im Gildenwesen. Offensichtlich verhielten sich Bürger, die sich ihrer Wehrhaftigkeit und Stärke bewußt geworden waren, unnachgiebiger als die unorganisierten Gruppen.

Schießscheibe „Rast nach der Hirschjagd", 1840 (Thorbeck = damals bekannter Pfeifentabak); Heimat- und Museumsverein Uffenheim

Dann folgten die flandrischen Städte als Zentren der jungen Schützenbewegung und aufstrebender Gewerbetätigkeit; von dort sind auch Statuten der Gilden bereits aus dem 14. Jahrhundert erhalten geblieben.

In Deutschland war als Zentralmacht das Deutsch-Römische Kaisertum erstanden. Ihm mußten Städte als die natürlichen Bundesgenossen erscheinen, denn kraft seiner Position lavierte der Kaiser ständig zwischen der Kirche und Gruppen starker Regionalfürsten. Er mußte als ein Gewählter meist erst eine Hausmacht aufbauen und sich entsprechende Finanzquellen erschließen. Die Kurfürsten – um eigene Ziele ungestörter verfolgen zu können – bestimmten ja selten einen starken Kronprätendenten. Der Kaiser mußte sich also sofort nach Helfern umsehen, die es ihm ermöglichten, die bei der Wahl eingegangenen Verpflichtungen abzuleisten. Städter hatten Geld und gaben Geld. Sie, als Partner, erwarben von der römischen Majestät immer neue Privilegien, durch deren Gesetzeskraft ihr Gemeinwesen besser produzieren, Handel treiben und leben konnte; Schutzbriefe also, die am wirkungsvollsten die Stadt zum Status der freien Reichsstadt erhoben mit der Reichsunmittelbarkeit und anderen Vergünstigungen.

Auch die oberitalienischen Städte und Stadtstaaten, die in Kunst, Technologie und Geldwesen führenden Kommunen des späten Mittelalters, hatten ebenfalls das Abschütteln des Joches der Adelsgeschlechter und der oft selbst ernannten Fürsten erlangt. Damit ging gleichzeitig ihre Erhebung als militärischer Partner des Deutschen Kaisers einher. Mit dem Machtschwund des Deutschen Kaisertums in Italien ging diese Unabhängigkeit dann oft wieder verloren.

Die in ihrer wirtschaftlichen Differenzierung erstarkten Kommunen waren also zu eigener politischer Strategie fähig und zu Machtfaktoren herangewachsen, die sie ausschließlich ihrem Geld und dem Wehrwillen der eigenen Bevölkerung verdankten. Seit dem fünfzehnten Jahrhundert kauften sie sich auch militärischen Schutz durch das Anstellen von Landsknechten. Die Stadtoberen wußten aber sehr wohl, daß nur der eigene Bürger die Heimat mit letztem Einsatz schützt und deshalb stützten die Magistrate das heimische Schützenwesen mit allen rechtlichen Möglichkeiten und großen finanziellen Opfern. Die Schützen wurden in Verbindung mit dem Zunftregiment zum Rückgrat der Gemeinden. Das gesamte außerkirchliche Leben der Städter war von diesen beiden, natürlich auch stark religiös geprägten Organisationsformen bestimmt, wohl auch eingeengt – nach unserem heutigen Verständnis. Aber der mittelalterliche Mensch war ohnehin gewohnt, unter mehreren „Planungshoheiten" zu leben. Er mußte sich zurechtfinden ohne ein festgeschriebenes bürgerliches Zivilrecht und ohne jene Freiheiten, die auf uns als Geschenk der Aufklärung und des Abwirtschaftens absolutistischer Herrschaft gekommen sind. Er wäre wohl auch nicht in der Lage gewesen, anders zu existieren; persönliche Tätigkeit war nur die eine

Seite des Erfolges, die andere hieß Bürgersinn und Einordnung in den beschränkten gemeinsamen Lebensraum der mauerbeengten Stadt. So erschien es angebracht, daß bürgerliche oder andere „Obrigkeit" Sorge trug, diese eherne Zucht bei Festen an kirchlichen und weltlichen Feiertagen erheblich zu lockern und verständnisvoll zu dulden, daß die Disziplin weniger straff als sonst gefordert wurde.

Zu solchen ausgelassenen und sicherlich oft überbordenden Volksfesten gehörten neben den Fastnachtstagen auch die großen Schützenfeste mit den umfangreichen Delegationen aus nah und fern mit vielen sportlichen Wettbewerben und Vergnügungen auch außerhalb der Schießstätten. In den Chroniken der veranstaltenden Städte wird immer wieder in stolzer Breite berichtet, wie viele Schützen zusammenströmten, ob und welche Fürsten zum eigenen Zeitvertreib oder als Landesherren „allergnädigst" am Schießen teilnahmen oder die Schirmherrschaft der Veranstaltung übernommen hatten. Jede Prämie fand Erwähnung, besonders wie viele „gedeckte" Ochsen (mit welchem Gewicht und mit welcher Menge Stoff, welcher Art die Decke war), wieviel Ellen Hosentuch, Silber, Goldpokale, Ehrenfahnen und andere Trophäen „ausgeschossen" wurden. Es ist eine Anzahl von Holzschnittdarstellungen der Schießfeste erhalten geblieben, etwa das Blatt von Tobias Stimmer (1539–1584) „Vom großen Straßburger Schießen 1576"; es zeigt den weiten Festplatz vor den Toren der Stadt, die großen Zelte, die Garküchen und Verkaufsstände, die Volksbelustigungen und im Zentrum natürlich die abgesteckte Schießbahn mit einer riesigen, als Festung ausgestalteten und mit Trophäen bekrönten Zielwand.

So umfangreich wir auch über die Organisationsformen der sportlichen Abläufe eines solchen Wettbewerbs unterrichtet sind,

„Ländliches Liebespaar am Schliersee", Ehrenscheibe, gemalt von A. Dornberger, 1890; Königlich privilegierte Feuerschützengesellschaft Schliersee

Freundschafts-Scheibe für Xaver Terofal (den Mitbegründer des weltberühmten Schlierseer Bauerntheaters), um 1910; Königlich privilegierte Feuerschützen-gesellschaft Schliersee

so klaffen doch bedeutende Lücken im Wissen über Schießscheiben und Scheibenbild in der Zeit vor 1600. Das Ziel der Bogen- und später Armbrustschützen war seit je der Vogel auf der Stange.

Homer: „Ilias", XXIII. Gesang, 850–883, übersetzt von Thassilo von Scheffer, Georg Müller, München-Leipzig, 1913.

„Bläuliches Eisengerät bestimmte Achilleus den Schützen; / Doppeläxte brachte er zehn, zehn einfache Beile, / ließ dann errichten den Mast eines dunkelgeschnäbelten Schiffes / fern am sandigen Strand und band einer schüchternen Taube / Fuß mit dünnem Faden daran und hieß sie nach dieser / Schießen: „Wem es gelingt, die schüchterne Taube zu treffen, / alle Doppeläxte sind sein; er trage sie heimwärts! Wer den Vogel verfehlt und nur den Faden durchschneidet, / der ist weniger tüchtig und nehme die einfachen Beile!" /

Sprachs; da hob sich empor die Macht des fürstlichen Teukros, / auch Meriones stand auf, Jdomeneus' starker Gefährte, / beide wählten und schüttelten Lose in ehernem Helme, / Teukros ward erster durchs Los, und gleich entsandte den Pfeil er / mächtigen Schwungs, und doch vergaß er dem Gott zu geloben / ein erlesenes Opfer von erstgeborenen Lämmern; / und er verfehlte den Vogel, da es Apollon versagte, / aber er traf den Faden am Fuß, die Fessel des Vogels, / daß von dem bitteren Pfeil der Faden völlig durchschnitten. / Himmelwärts flog die Taube sofort, doch nieder zur Erde / sank der Faden herab. Laut lärmten alle Achaier. /

Eilends riß Meriones aus Teukros' Händen den Bogen; / lang schon hielt er den Pfeil bereit, wie jener noch zielte, / auch gelobte er gleich dem sicheren Schützen Apollon / ein erlesenes Opfer von erstgeborenen Lämmern. / Unter den Wolken sah er hoch die schüchterne Taube / kreisend fliegen und traf sie mitten unter den Flügel. / Ganz durchdrang sie der Pfeil; der fiel zur Erde und blieb dann stecken vor Meriones' Füßen, aber die Taube / sank herab auf den Mast des dunkelgeschnäbelten Schiffes, / ließ schon hängen den Kopf, die dichten Flügel erschlafften. / Schnell entwich den Gliedern das Leben und fern von dem Schützen / fiel sie nieder. Die Mannen sahen's mit wunderndem Staunen. / Alle zehn Doppeläxte trug Meriones von dannen; / Teukros nahm zu den bauchigen Schiffen die einfachen Beile."

Im späten Mittelalter löste ein hölzerner Vogel, aus sogenannten Spänen zusammengefügt, das lebende Ziel ab. Der Vogel konnte als Adler, als Schwan oder als Gans gebildet sein; seit den Zeiten, da die Seefahrt fremde Kontinente in das Blickfeld des Abendlandes rückte, wurde der grüne Papagei als Ziel, aber auch als Kleinod der Schützenkette beliebt. Vielleicht gab die grüne Farbe Anlaß, einen solchen „Frühlingsvogel" für das jährliche Maischießen zu wählen. Auch die Schützentracht, bald schon als Uniform aufgefaßt, bevorzugte ja das Grün.

Zu den großen Festschießen verfaßte die veranstaltende Stadt einen Einladungsbrief, den sie an befreundete Gemeinden verschickte. In Deutschland waren es die Magdeburger, die als erste – im Jahre 1285 – die Schützen zu einem solchen „Bürgerlichen Turnier" aufforderten. Diese „Ladebriefe" gaben die genauen Teilnahme- und Durchführungsbedingungen bekannt. Abgedruckt waren in Originalgröße der „Zirkel" (schwarzer Treffpunkt), der „Schuh" (Längenmaß zum Abstecken der Schußdistanz), Kaliber der Geschosse für Handfeuerwaffen und Länge und Schwere der Armbrustbolzen. Genaue Kontrollen und Kennzeichnung der Bolzen sorgten für gleiche Chancen der Schützen. Ebenso waren die Modalitäten der einzelnen Schießen, die Gewinne und das Startgeld verzeichnet, das vom Schützen als Einsatz verlangt wurde. Alles das ist in vielen Belegen erhalten geblieben, auch etwa die Preissummen. Beim Armbrust-Wettbewerb in einem glanzvollen Vogelschießen, das Herzog Johann Casimir von Sachsen in Coburg ausrichten ließ, erfahren wir die Gelder für die einzelnen Teile (Späne), die vom Vogel abgeschossen werden konnten: *„... dabei zum Kleinod und zum Besten geordent 50 Gulden auf den ganzen Rumpf, 30 Gulden auf den Kopf, 25 Gulden auf den rechten, auch soviel auf den linken Flügel und 20 Gulden auf den Schwanz; alles das größte Teil oder Stück gemeinet ... neben den ein jeder Schütz 4 Gulden einlegen solle, daraus nach Rat und Erkenntnis der Siebener* (= das Kampfgericht) *die*

Zier-Scheibe, gemalt von Wilhelm von Kaulbach, 1889; Königlich privilegierte Feuerschützengesellschaft Schliersee

Spängewinne aufs gleichste und billigste zu machen, zu ordnen und auszuteilen."

Diese Vogelziele der Armbrustwettbewerbe, die noch lange neben den Büchsenkämpfen abgehalten wurden, genügten der Treffgenauigkeit der Handfeuerwaffen nicht mehr, und es kamen die sogenannten Wandschießen auf. Dabei diente als Ziel, wie wir wissen, oft ein versilbertes Blatt Papier, das auf eine dekorierte Holzwand geheftet wurde. Wann aber die konzentrische Ringscheibe im heutigen Sinne diese Ziele ablöste, ist (noch?) nicht bekannt. Jedenfalls, mit dem Scheibenbuch des oben genannten Herzog Johann Casimir sehen wir erstmals Bildbeispiele von runden, bemalten Scheiben. Das Scheibenbuch ist eine Schießkladde für die Jahre 1609 bis 1631, die in 85 stammbuchblattähnlichen Miniaturen die Scheibenbilder der abgehaltenen Schießen zeigt. Diese Scheiben (auf Holz gemalt) waren, wie ebenfalls im Buch vermerkt ist, zum großen Teil auch von Bürgerlichen gestiftet; der Sieger eines Schießens mußte für die nächste Veranstaltung die Scheibe anfertigen lassen. Die Gemälde, in der Tradition der deutschen Spätrenaissance, sind so sicher komponierte Scherzbilder voller Anspielungen und sexuellen Andeutungen, mit Berufs- und Wappenzeichen, Genrebildern, Allegorien etc., daß wir aus ihnen schon auf eine längere Übung schließen können. Die früheste Überlieferung eines Scheibenschießens ist uns bereits aus dem Jahre 1423 in Nürnberg bekannt, ein weiteres folgte 1430 in Augsburg. Wie aber diese Zielbilder ausgesehen haben, wissen wir nicht; wir können nur aus der Zierfreude der damaligen Künstler schließen, daß rasch ein eigener Zweig der Scheibenmalerei mit festen Traditionen und Kompositionsschemata entstanden sein muß. Der Süden und Mitteldeutschland, ohnehin bildfreudiger als der Norden, mögen hier führend gewirkt haben. Mit den später immer zahlreicher werdenden Scheibenbildern, die uns dann etwa seit Mitte des siebzehnten Jahrhunderts erhalten blieben, sind uns kulturgeschichtliche Zeugnisse bedeutenden Ranges überkommen. Man kennt sonst das Bürgertum dieser Zeit nur aus den zunehmend häufiger auftretenden Porträts, bei denen aber doch die gewollte „Reputation" des eigenen Abbilds im Vordergrund steht.

Hier auf den Schießscheiben sehen wir jedenfalls ernste und heitere Vorkommnisse aus Kriegs- und Friedenszeit, aus dem Gemeinde-Alltag, Hochzeitspaare, Werkstattbilder, Gastlichkeit, Sportliches wie Jagd, Fechten, Reiten und vieles, was sonst als zu profan in der Kunst der Zeit selten anzutreffen ist. Viel Privates und das ganze Vereinsleben auf dem Schießstand werden transparent.

Betrachten wir nun die Malerei auf den Schießscheiben etwas genauer, so sollte einiges Grundsätzliche vorausgeschickt werden. Meist findet sich im volkstümlichen Schaffen noch lange ein Nachklingen der Stilepochen der Hochkunst, dem Echo gleich, das erst vernehmbar wird, wenn von den schöpferischen Eliten her längst schon neue Töne angeschlagen wurden. Dafür kommt aber diesen volkstümlichen Kunstübungen mit ihrem konstanten Vokabular und den Anklängen an die Traditionen ein besonderer Reiz zu. Heute gilt uns dies oft mehr als die vergleichsweise kühle Routine der höfischen und großbürgerlichen Kunst. Gehören diese Schießscheiben also zur Volkskunst? Wir gebrauchen diesen Begriff Volkskunst mit immer mehr Vorbehalten, wie sie bei einem so schillernden Konglomerat angebracht erscheinen. Mit mehr oder weniger Berechtigung werden darin zusammengefaßt: der verschiedenartigste Bildschmuck und die Dekore auf Handwerkserzeugnissen städtischer Provenienz und ländlicher Manufakturen, außerdem die Produkte der Kreativität einfacher Leute und der begabten Laien aus allen Schichten, dazu noch die Erzeugnisse „fürs Volk", die dem Geschmack, mehr noch dem schmalen Geldbeutel der unteren Volksschichten angepaßt waren. Auf diesen unterschiedlichsten Sachgütern fußend und an ihnen manifest, kann man eine künstlerische Potenz ablesen, die regional aus vielerlei Gründen, auf die hier nicht näher eingegangen

Schießscheibe mit Schützenliesl in Schlierseer Tracht, 1887; Königlich privilegierte Feuerschützengesellschaft Schliersee

werden kann, ganz unterschiedlich ausgeprägt ist. Wie instabil diese Bildproduktion aus dem Volkstümlichen ist, erweist sich in der zweiten Hälfte des 19. Jahrhunderts im Heraufkommen des Maschinenzeitalters, an dessen Massenproduktion das kleinbürgerliche und ländliche Kunsthandwerk bald stirbt. Alle Lebenskreise orientieren sich zu den modernen Bedürfnissen hin, das alte Gut wandert auf den Abfallhaufen, wenn es schlicht – oder in die Stadt, d. h. zu den Museen und Sammlern, wenn es aufwendiger war. Gerade also zu Zeiten, in denen sich die wirtschaftliche Lage der Bauern und Kleinbürger wieder zu bessern beginnt, endet das naiv schöpferische Ingenium, da sich die Käuferschichten der alten Handwerksprodukte und einer dörflich beschränkten Kunst neu orientieren. Mit dem Aufhören eines begrenzten, allgemein kulturalen Kontinuums wird es noch problematischer, von Volkskunst zu sprechen.

Das Schützenwesen, haben wir festgestellt, ist seit seinen Anfängen Ausdruck städtischer Gesinnung und Lebensform, politische Waffe des Bürgertums, das hier auch in Auftraggeberfunktion an Künstler tätig wird, die Selbstdarstellung sucht und vorantreibt. In diesem Zusammenhang müssen die niederländischen Schützengilden an erster Stelle genannt sein, denkt man an die großen Gruppenporträts, mit denen sie ihre Schützenhäuser und Festsäle schmückten. Als frühestes Schützenstück gilt das 1529 von Dirck Jacobsz (1495–1567) gemalte im Besitz des Rijksmuseums Amsterdam. Ebenfalls dort befindet sich das als „Nachtwache" bekannte riesige Gemälde der Schützenkompagnie des Hauptmanns Cocq, 1646 von Rembrandt (1606–1669) gemalt. Aber auch Cornelis Ketel (1548–1616), Cornelis van Haarlem (1562–1638), Frans Hals (1581/85–1666) und Thomas de Keyser (1596/97?–1667) haben in dieser Gattung der „Schützenstücke" bedeutende Werke geschaffen, so daß in der Kunstgeschichte dieser Begriff zu einem Gattungsnamen wurde. In Deutschland liegen die Schwerpunkte solcher bildnerisch faßbarer Aktivitäten in den Zentren der Schützenbewegungen Franken und Sachsen. Aus diesem Raum kennen wir eine Reihe von Schützenporträts in Nürnberg und Coburg. Es ließen nämlich die gute Dotierung und die zahlreichen Wettbewerbe schon bald ein professionelles Schützentum entstehen. Nicht wenige „Meisterschützen" zogen von einem Treffen zum anderen, um die Prämien zu gewinnen. Im Germanischen Nationalmuseum in Nürnberg sind mehrere solcher Bildnisse aufbewahrt. So stellt sich einer im Text des Bildes vor: *„Jörg Wirtt bin ich genandt uf fremben Schiessen woll bekant, meines anfangs diss schiessen 1541 jar, 1578 jar ward ich abgemalt, Meins Alterß 50 jar."* Der Schütze weist auf elf Preiswimpel großer Schießen mit dem Wappen der Austragungsorte und hat einen Goldpokal im Arm. Oft waren die mit allen Feuerwaffen vertrauten Büchsenmacher solche erfolgreichen Schützen, die durch Kunstfertigkeit der Herstellung und der Handhabung der Waffen sich gleich gut in Szene setzen konnten.

Der Ruhm des Schützen, als Scheibenthema verwendet oder auf den Scheiben vermerkt, zeigt uns die hohe gesellschaftliche Stellung, die dem „vortrefflichen Schütz", insbesondere natürlich einem Schützenkönig, zukam. Die Würde wurde oft mit der Befreiung von allen Abgaben belohnt, und nicht selten hatte der Sieger auch Freitrunk in den Gasthöfen der Stadt. Daß daraus des Guten zuviel wurde, geht jedenfalls aus einem Dekret aus Coburg hervor: *„... auf daß wir wegen allzustarken Wein- und Bierzapfens die Schützenfreiheit aus sonderbaren, bedenklichen Ursachen aufheben, 1623".* Die Königswürde und damit verbunden die Übergabe der Schützenkette mit dem „Kleinod" der Gesellschaft an den glücklichen Gewinner war eine besondere Auszeichnung. Hier liegen auch die demokratischen Traditionen des Schützentums, denn jeder konnte den Preis erringen, der „ehrlicher Herkunft" (gemeint war eheliche Geburt) und Bürger des Gemeinwesens war. Dazu muß angemerkt werden, daß natürlich auch in der Differenzierung der bürgerlichen Gesellschaft die Schützen ihre geselligen Zusammenschlüsse gegeneinander abgeschottet haben. Auf der einen Seite fanden sich Patrizier zu eigenen Schießaktivitäten zusammen, auf der anderen Seite die Zunftmäßigen. Dennoch, die großen Schießveranstaltungen der Städte kannten keine Standesschranken außer der Mindestanforderung an den Schützen nach eigener Ausrüstung und Startgeldeinlage (was schon die finanziellen Möglichkeiten des kleinen Mannes überstieg). Der Schützenkönig hatte das Recht, meistens die Pflicht, die Schützenkette um einen Silberanhänger zu erweitern, der sein Wappen oder Handwerkszeichen, Namen und die Jahreszahl tragen sollte. Im Laufe der Zeit sammelten sich trotz der Verluste in der jahrhundertelangen Geschichte mancher Schützengesellschaften hohe Silbergewichte an den Ketten. Natürlich seien die Nachteile solcher Bünde nicht verschwiegen, die oft gewaltige Schuldenlast, die jungen Schützenkönigen dadurch entstand, daß sie ganze Gesellschaften freihalten mußten, Repräsentationspflichten wie das Stiften neuer Scheibenbilder und ähnliches, und nicht zuletzt der Alkoholkonsum, ohne den Männergesellschaften offensichtlich nicht auskommen. Aus Scheibenbildern erfährt man öfters auch von der psychischen Streßsituation, der so gut wie jeder Schütze beim Schuß, mehr noch bei Schußserien ausgesetzt ist. Manch einer rühmt auch das Glück, das ihm beistand, seinen Meisterschuß zu tun.

Nicht anders ist zu erklären, daß der Aberglaube so häufig in Sagen und Märchen, die vom Schießen und vom Schützen handeln, seine Spuren hinterlassen hat. Am bekanntesten ist gewiß das Freischütz-Thema. Aber neben höllischen Freikugeln gab es ebenso heimlich geweihte oder durch magische und alchemistische Praktiken aufgewertete Geschosse.

„Gebirgsschütz", Ausschnitt aus einer Schießscheibe mit der Devise „Frey und treu", 1. Hälfte 19. Jahrhundert; Königlich privilegierte Feuerschützengesellschaft Schliersee

Die deutsche Renaissance als prägende Zeit für so viele Formen bürgerlichen Lebens führt in ihren humanistischen Ambitionen ganz neue Bildungsinhalte und Denkformen ein. Bis weit in die Handwerkskreise reichen solche Anregungen, man denke nur an gesellige Ausprägungen wie die Meistersinger von Nürnberg oder andere poetisierende Laiengruppen. Allegorien und Bilder, die schon aus Astronomie und Astrologie bekannte griechisch-römische Götterwelt und der antike Sagenschatz mit seinen Heroen wurden vielfach auf Scheiben dargestellt; diese Thematik war also auch beim Bürgertum nicht unbekannt. Oft auch sind aus dem Lateinischen entlehnte Wahlsprüche und Zitate gegeben. In die auf dem Rand der Scheibe umlaufenden Texte wurden kunstvolle Chronogramme eingearbeitet, das sind aus dem Text sich ergebende Daten in lateinischen Ziffern. Diese pompöse Welt, von mehr oder minder geschulten Malern als Scheibenthema behandelt, behält ihren Platz bis ins späte 17. Jahrhundert. Dann lichtet sich das barocke Gepränge zum Rokoko hin zu leichterer Eleganz und tändelnder Erotik. Natürlich findet sich auf den Scheiben kein höfisches Raffinement, aber die rosigen Amoretten, die taillierten Damen, die Schnörkelfreude und die klaren hellen Farbtöne in blau-weiß-rosa Akkorden verleugnen diese Fernwirkungen des Höfischen keineswegs.

Das Empire im Schock der von Sieg zu Sieg eilenden französischen Volksheere brachte in Deutschland eine forcierte Neubelebung des alten, etwas verzopften Schützenwesens mit sich. Auch auf dem Dorf wurde nun Schießen und Waffenbesitz gefördert, wie dies in der Schweiz und in Tirol schon lange selbstverständlich war. Der Elan der Freiheitskriege, dem wir im Scheibenbild in vielen Beispielen begegnen, macht deutlich, daß in der Ablösung alter Söldnerkontingente und vielfach zusammengekaufter Truppen nun im Zuge zum Nationalstaat landsmannschaftlich geschlossene Verbände traten, mit Dienstpflichtregelungen bis hin zur Wehrpflicht. Nach dem Biedermeier, in dem noch sozusagen Intimeres und die kleineren Belange der überschaubaren Kommunen und der Schützen bildlich fixiert wurden, gewinnen ab 1860 nun Scheiben an Raum, die nationales Pathos und das Dynastische verherrlichen.

Selbstverständlich waren schon früher Scheiben, die das heimische Herrschergeschlecht und dessen familiäre Stationen betrafen, nicht selten; eine lange aufeinander zugehende Entwicklung zwischen Souverän und Schützenverbänden setzte bereits seit der Wende zum 16. Jahrhundert sichtbare Zeichen. Die Fürsten, die erst mißtrauisch der paramilitärischen Macht der Stadtbürger gegenüberstanden, sahen bald ein, daß die Schützengruppierungen der Städte als Potential zur Landesverteidigung besser taugten als Söldnertruppen, deren Einsatzwille wie bei professionellen Kämpfern immer ganz wesentlich von der pünktlichen Bezahlung und von der Fourage abhing. Die Landeskinder dagegen waren ja an der Erhaltung der Heimat interessiert, auch wenn der oberste Kriegsherr schlecht bei Kasse oder sogar ihr Schuldner war, wenn Hunger, Not und Seuchenjahre jedes Maß überstiegen. Die Bürger verteidigten neben dem Thron eben auch den eigenen Herd, Weib und Kind.

Die Fürsten begannen sich also aktiver der Pflege des Schützenwesens zu widmen, was auf mancherlei Art geschehen konnte, so durch Privilegien, Anlage von Schießstätten, durch Freigabe von Gelände und Holzspenden zum Bau. Weiter konnten durch die Preise und die Auslobung großer Schießen und sonstiger Ehrenanreize die Schießtüchtigkeit und die Bereitschaft der Schützen, viele Sonntage auf dem Schießstand zu verbringen, wesentlich gesteigert werden. In Tirol haben Erzherzog Sigismund und der spätere Kaiser Maximilian das Schützenwesen besonders gefördert. Sie bewilligten den Innsbrucker Feuer- (= Büchsen-)Schützen die sogenannte Hosentuchspende jeden Sonntag im Sommer. Es wurde „lindisches Tuch", d.h. Londoner Wolltuch, das schon damals

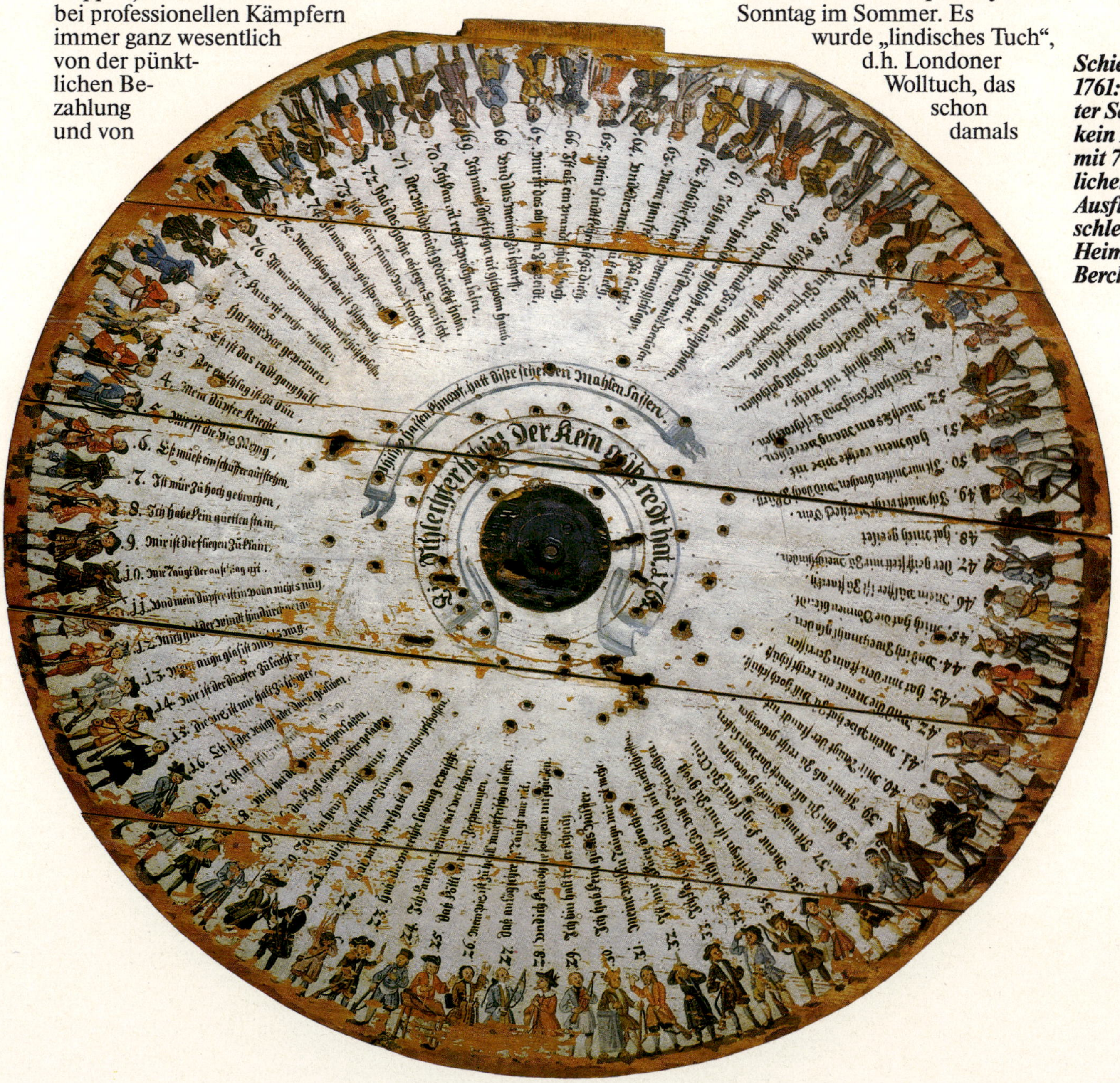

Schießscheibe 1761: „Ein schlechter Schütz, der kein Außredt hat" mit 77 gebräuchlichen Schützen-Ausflüchten bei schlechtem Schuß; Heimatmuseum Berchtesgaden

Hochzeitsscheibe mit Hochzeitspaar, Brautjungfern und Hochzeitsbitter auf dem Chiemsee, im Hintergrund rechts die Fraueninsel, 1872; Königlich privilegierte Feuerschützengesellschaft Freising

Weltruf genossen hat, ausgeschossen. Durch die Großzügigkeit dieser Fürsten entstanden neben den älteren Nordtiroler Gilden in der Bergwerkstadt Hall und in Innsbruck, Anfang des 16. Jahrhunderts auch in Rattenberg und Kufstein neue Schützenvereinigungen. Tirol ist auch deshalb für das Schützenwesen von so großer Bedeutung, weil dort die von den Schützen angestrebte demokratische Entwicklung als verfassungsmäßige Rechte in die Tiroler Landesfreiheit eingingen, die als das „Landlibell“ (1511) bekannt ist. In keinem anderen Land (außer in der Eidgenossenschaft) erreichte die Selbstbestimmung der Schützenbünde gleiches Ausmaß. Diese früheste Form einer Landwehr-Verfassung legte auch die Rechte der Schützen fest, wenn sie zur Landesverteidigung auszogen. Es begrenzte die Diensttage und die Marschleistungen und gipfelte darin, den Schützen einen Anführer ihrer Wahl zuzugestehen, wie etwa im bekannten Fall, als Napoleon 1809 in Tirol einfiel, den Sandwirt aus dem Passeiertale, Andreas Hofer. Am revolutionärsten war die Bestimmung, daß der Landesfürst nie ohne Einwilligung des Landes, d.h. des Landtags, einen Krieg anfangen dürfe. Diese Vorrechte und das bürgernah gehandhabte Regime hatten in Tirol ein besonders aktives Schützenwesen

Schießscheibe mit springendem Einhorn, um 1650, Tirol; Landes-Schießstand von Tirol, Innsbruck

zur Folge. Auch der Bestand an alten Schießscheiben, als traditioneller Schmuck der Schießstände und der Schützenhäuser hochgehalten, wird wohl nur in anderen österreichischen Bundesländern, in Teilen Württembergs, weniger in der Schweiz, aber vor allem in Bayern erreicht, wo sich regional noch ähnliche Fülle findet.

Natürlich sollte hier klargestellt sein, daß heutige Besitzstände nicht unbedingt verbindliches über frühere Schützenaktivitäten auszusagen vermögen. Sicher hat oftmals ein einziger Brand im Schützenhaus eine Vielzahl historisch bedeutsamer Scheiben vernichtet.

So vielen Schießscheiben-Themen, geboren aus bürgerlichem Geist und städtischem Kunstverständnis stehen verschwindend wenige wirklich naive Scheibenbilder gegenüber. Ein Schützenwesen auf dem Land gab es bei uns eben erst im 19. Jahrhundert und auch dort haben meist die Honoratioren Arzt, Apotheker, Förster, Lehrer und Pfarrer den Ton bestimmt und ihre Scheibenwünsche in Auftrag gegeben. Ohnehin gab es im 19. Jahrhundert schon Maler, die aufs Land gingen – zu bedenken ist auch der Zug zum Landhaus, der seit der Mitte des Jahrhunderts einsetzte. Die Städter machten die Pseudo-Wildschütz-Mentalität salonfähig, an der die Schießscheiben in steter Wiederholung von Brunfthirsch und verhoffendem Gams verarmten.

Die alte Pracht der Schießscheiben tröstet uns über den späteren Abstieg in einen anscheinend unausweichlichen Folklorismus – auf ihnen überrascht so oft pralle Schützenfreude, ein zupackender Humor, der nie zimperlich war, und die nachdenkliche Lebensweisheit, die uns auch heute noch anspricht. Der vitale Schwung der Schützen ließ ihre Gesellschaften trotz des Wandels der Zeiten und der Lebensformen als die ältesten bürgerlichen Zusammenschlüsse bestehen, deren wir uns bisher erfreuen können.

Literaturauswahl:

W. Ewert, „Wir Schützen" Duisburg 1938

S. v. Förster, „Die Schützengilden und ihr Königsschießen" Berlin 1856

Josef Gasser, „Festschrift aus Anlaß des 450jährigen Bestandes der Schützengilde Kufstein" Kufstein 1958

Franz J. Grieshofer, „Eine kleine Kulturgeschichte der Schießscheibe" in „Schießscheiben, Volkskunst in Jahrhunderten" Rosenheimer Verlagshaus 1976

A. Christl, „Chronik sämtlicher deutscher Bundesschießen" München 1927

A. Edelmann, „Schützenwesen und Schützenfeste der deutschen Städte" München 1890

Claus und Liselotte Hansmann, „Triff ins Schwarze" Verlag F. Bruckmann München 1960

Walther Heins, „Festschrift 600 Jahre Coburger Schützen" Coburg 1954

C. Hobusch, „Deutsche Schützenkleinodien" Zerbst 1927

E. Jacobs, „Die Schützenkleinodien und das Papageienschießen" Wernigerode 1887

Heinrich Kohlhaußen, „Das Coburger Scheibenbuch" in der „Festschrift 600 Jahre Coburger Schützen" Coburg 1954

K. Mautner, „Alte und neue Scheiben am Grundlsee" Zeitschr. f. österr. Volkskde. 1911

A. Peltzer und J. Blatner, „Nürnberger Schützenbildnisse aus dem 16. Jahrhundert" München 1927

Leopold Schmidt, „Schützenscheiben" in „Volkskunst in Österreich" Wien-Hannover 1966

Schießscheibe „Jägerglück", gemalt von Gabriel Seidl 1904; Sammlung Dr. Heinrich Roeckl

Kabinettscheiben

Abb. Vorderseite: Kapitäns-Scheibe des Hans Reimers; 1733; St. Annen Museum Lübeck

Detail einer Wappenscheibe der Stadt Nürtingen (Baden), Wildholzmann als Schildhalter, 1568; Württembergisches Landesmuseum Stuttgart

Auf dem Weg zu den Kabinettscheiben sind einige bemerkenswerte Stationen der abendländischen Kunstentwicklung zu beobachten, wenn man Wert und Bedeutung dieser besonderen Fensterkunst beurteilen will:

1. Was sind Kabinettscheiben?
2. Die Anfänge der Glasmalerei als Bildform des Hohen Mittelalters
3. Die Technik der Fensterkunst
4. Das Menschenbild wird zum Bildnis. Die Lösung aus der Idealität des Mittelalters, der Gewinn des Individuellen und die Ausweitung der Kunst über den Sakralraum hinaus
5. Der Mensch zwischen Mittelalter und Neuzeit
6. Das Wappen in seiner Funktion der Stellvertretung und die Zeichenfülle der Heraldik
7. 15. und 16. Jahrhundert als Blütezeit bürgerlicher Repräsentation
8. Zum Ausklang: die volkstümlichen Fensterbierscheiben

Was sind Kabinettscheiben?

Die Kabinettscheiben, deren Name sich von ihrer Schmuckfunktion im bürgerlichen Repräsentations- und Geselligkeitsraum, dem Kabinett, herleitet, wurden lange Zeit unter ihrem Wert angesehen. Ebenso erging es den Sammlungen und Publikationen, die sich bemühten, das noch Vorhandene dieser Kunst zu erfassen, einzuordnen und zu deuten. Die ganze Gattung stand im Schatten der überwältigenden kirchlichen

Fensterkunst und ihrer auf die mittelalterliche Weltsicht gerichteten religiösen Konzepte. Wegen des Schwergewichts der Produktion der Kabinettscheiben in der Schweiz betrachtete man sie zudem als eine Art nationale Schweizer Angelegenheit, ein wenig auch als etwas deftige Repräsentation der auf allen Kriegsschauplätzen Europas zu Geld gekommenen Schweizer Reisläufer und des Patriziats. Dabei wurde übersehen, daß hier Zeugnisse künstlerischen Ausdruckswillens vorliegen, wie sie in ihrer Verbreitung und im Wert für die Menschen jener Zeit (seit Mitte des 15. Jahrhunderts) von wesenhafter Bedeutung waren. Sie sind auch in der Kunstgeschichte als Erscheinungsform wichtig für die Loslösung der Bildenden Kunst aus streng hieratischer Bindung. So könnte man sie mit einer anderen großen Welle bürgerlicher Emanzipation in der Kunst – der niederländischen Malerei – vergleichen, wenn auch, das braucht wohl nicht betont zu werden, auf einer ganz anderen Ebene. Aber wie diese wird sie aus den Quellen eines bürgerlichen Standesbewußtseins der oberdeutschen Spätrenaissance gespeist als Zeichen der eigenen Stärke und des wirtschaftlichen Erfolges. In diesen Glasmalereien verkörpert sich ebenso ein Schweizer Selbstverständnis in einem zur damaligen Zeit unvorstellbar freien Gemeinwesen mit neuen ständischen Organisationsformen, darin auch der Bauer schon frühzeitig mitreden durfte. Hier liegt der revolutionäre Zug dieser Gesellschaft; ist doch der „Bauerntölpel" beinahe überall noch dem lieben Vieh gleichgestellt und bestenfalls Objekt des Spottes und der blasierten Neugier. Die ganze Gattung Kabinettscheiben ist eine wahrhaft volkstümliche Kunst und in ihrer privaten Sphäre brechen

2 Rundscheiben und Ausschnitt einer Rundscheibe mit allegorischen Figuren (vielleicht Jahreszeiten-Darstellungen), Ende 16. Jh.; im Kreuzgang des Klosters Muri/Kanton Aargau (Schweiz)

sich die Strahlungen von Leben und Zeit anders als in der religiösen Kunst. So hat diese Bildform im Licht gleichfalls ihre großen Leistungen, wie aber auch verständlicherweise eine Fülle des recht Handwerkmäßigen und des Routine-Werkes, das aber dennoch ablesbar den bedeutenden bildenden Künstlern der Zeit verbunden bleibt.

Wo sich diesseits der Alpen Entwicklungen gesellschaftlicher Art entfalten, die den Schweizer Bedingungen ähnlich waren, überall dort hat die bürgerliche Fensterkunst ebenfalls Fuß gefaßt: in den freien Reichsstädten, die sich aus der Abhängigkeit der Feudalwelt zu lösen verstanden, in den reichen Handels- und Küstenzentren im Norden Deutschlands ebenso wie in den Niederlanden, und zuletzt als Abglanz davon noch bei den wohlhabenden Bauern und Seefahrern im niederdeutschen Raum bis ins 18. Jahrhundert reichend.

Die Sitte der Fensterschenkung, die sich angesichts des prächtigen Bildschmucks, aber auch wegen der hohen Prestige-Bedeutung ausgebreitet hatte, führte natürlich auch andernorts zu bildnerisch gestalteten Scheiben; meistens handelt es sich jedoch dabei um Wappenscheiben, die jene eng gezogenen Grenzen überkommener Heraldik selten überschreiten und heute nur noch genealogisches und lokalhistorisches Interesse zu wecken vermögen.

Die Anfänge der Glasmalerei als Bildform des Hohen Mittelalters

Glas als Werkstoff wie als Bildträger übte auf die Menschen der frühen abendländischen Kultur eine Faszination aus, die wir Heutigen im Besitz eines in Jahrhunderten gewachsenen Kunst- und Materialreichtums und einer fast perfekten Technologie kaum mehr nachvollziehen können. Neben der Fülle natürlicher Werkstoffe waren aber Metalle und Glas noch Sinnzeichen des Künstlichen, Wunder einer neu aufstrebenden Technik. Der transluciden Farbigkeit bunter Gläser und Glasflüsse kam der Wert von Edelsteinen zu. Selbst in der Deutschen Kaiserkrone (westdeutsche Arbeit 10./11. Jahrhundert), dem Hauptstück

der Regalien des Hohen Mittelalters, sind eine Anzahl solcher Glassteine unter den Edelsteinen gefaßt worden.

In den alten Römerstädten Germaniens und Galliens haben spätantike Handwerkstraditionen die Wirren der Völkerwanderungszeit überdauert. Dort hat sich auch das Wissen um die Glaszubereitung und die Glasschmelzfarben erhalten. Als mit dem 5. Jahrhundert die (damals noch geeinten) Frankenstämme eine westeuropäische Hegemonie aufrichteten, war der Boden für die späteren großartigen Kulturleistungen schon vorbereitet. Wie wir wissen, hat die Antike vielfach Fenster aus Glas gekannt. In Pompeji wurden in Holz gerahmte Fensterscheiben mit fast durchsichtig grünlichem Glas bei den Ausgrabungen gefunden. Gleichfalls in Italien hat sich uns aus frühchristlicher Zeit auch die zweite Art des Fensterverschlusses erhalten: dünne, geschliffene Marmor- oder Alabasterscheiben, bei denen man gekonterte Gesteinsstrukturen als Schmuck zu nutzen verstand. Besonders in Ravenna kann man diese Fensterart noch bewundern. In Urkunden und Briefen der Zeit von 300 bis 1000 nach der Zeitenwende finden sich auch Andeutungen über Zeugnisse von Glasfenstern, doch sind die Hinweise so spärlich, daß sie keine

„Die Schlacht bei Novara (1513)", Oberbild der Allianzscheibe Nägeli-May von Hans Funk, nach einer Visierung von Niklaus Manuel (Deutsch), nach 1532; Historisches Museum Bern

Scherzbild, Narr gießt Wein aus der Kanne um zwei gekreuzte Ritterlanzen; Detail des Oberbilds (Turnierdarstellung) der Wappenscheibe des Konrad von Schellenberg (Kifingen), 1521; Augustiner Museum Freiburg

genaue Datierung des Aufkommens von Bildfenstern erlauben. Es ist wohl eine rein ornamentale Kunstverglasung vorausgegangen. Wir wissen nicht, wo zum erstenmal Glasmalerei in unserem Sinne ihre leuchtende Bildkraft ausgebreitet hat. In Deutschland weisen die Urkunden auf die sogenannte Frühromanisch-deutsche Schule mit den Benediktiner Klöstern als Strahlungszentren. Der Tegernseer Schule sind die gewaltigen Augsburger Dom-Fenster (um 1150, von manchen auch früher angesetzt) zuzuordnen. Gleichzeitig oder sogar

vorgeordnet Regensburg und etwas später, ebenfalls im benediktinischen Filialzusammenhang, Hildesheim. Es scheint, daß dieser Orden schon von Italien her in seinen Kirchen die Kunstverglasung gepflegt hat, mag sie dort noch auf den erwähnten, rein ornamentalen Charakter beschränkt gewesen sein. Wie weit sich dieses kunstgeschichtliche Bild von den Zufällen einzelner Fenstererhaltungen beeinflußt zeigt, läßt sich wohl nicht mehr ergründen. Erwägenswert ist vielleicht die Tatsache, daß Scheibenfragmente aus kleineren Kirchen erhalten sind, so die Madonna aus dem Bergkirchlein zu Flums (1150), heute im Schweizer Landesmuseum Zürich, oder der Christuskopf aus der Abtei-Kirche Weißenburg/ Elsaß, Mitte 11. Jahrhundert, heute im Dombau-Museum Straßburg. Wenn schon abgelegene Kirchen mit Glasmalereien aufwarten konnten, müßten eigentlich die größeren Bischofskirchen damit in anderem Ausmaß und bereits früher geziert gewesen sein.

„Dem erlauchten Grafen Arnold senden Abt Gozbert und der Konvent der ihm unterstellten Brüder den Ausdruck anhaltender Fürbitten und Gruß im Herrn. Mit Recht bitten wir Gott für Euch, die Ihr unser Kloster mit solch ehrendem Werke verherrlicht habt, wie wir weder früher geschaut haben, noch in Zukunft zu sehen hoffen durften. Die Fenster unserer Kirche waren bisher mit Tüchern verhängt. In Euren glücklichen Zeiten aber strahlt die goldhaarige Sonne zum erstenmal durch verschiedenfarbige Gläser von Gemälden auf den Fußboden, und alle die, die dies sehen, erfüllt große Freude, die sich über die Mannigfaltigkeit des ungewohnten Werkes wundern. Darum wird, solange

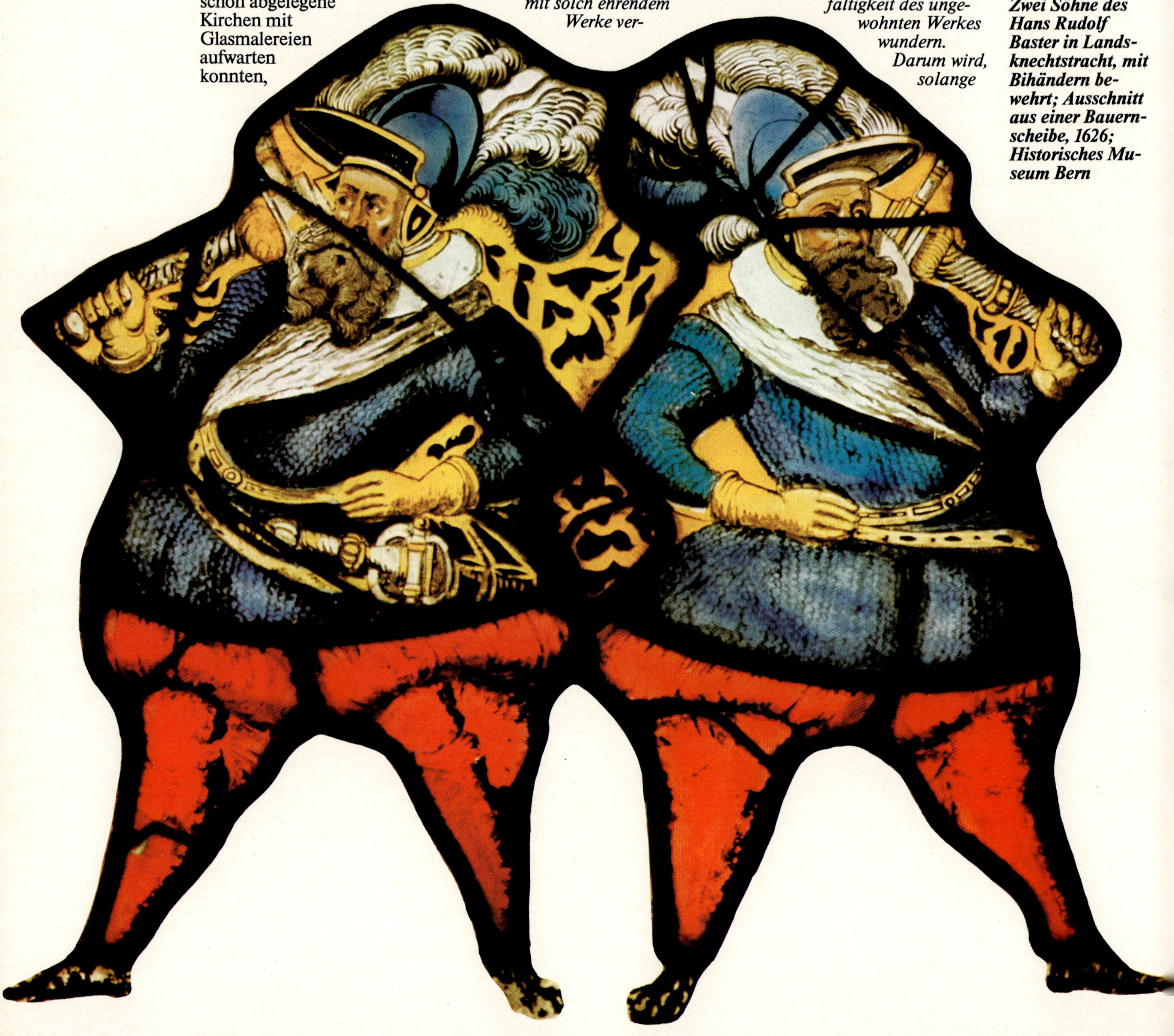

Zwei Söhne des Hans Rudolf Baster in Landsknechtstracht, mit Bihändern bewehrt; Ausschnitt aus einer Bauernscheibe, 1626; Historisches Museum Bern

Dekor aus der Kabinettscheibe des Anton Langenegger, Gerichtsherr zu Weggis (Schweiz), 1631; Historisches Museum Bern

man diesen Ort mit solchem Schmuck ausgezeichnet sieht, Euer Name dem Tag- und Nachtgebet einverleibt. Eurem Gutdünken stellen wir die Prüfung der jungen Männer anheim, ob sie zu dem genannten Werk schon derart geeignet sind, wie es für Euch ehrenvoll, für uns aber nötig ist, oder wenn ich irgendeinen Mangel an ihnen entdecke, so möge es mir erlaubt sein, sie zwecks Vervollkommnung zurückzusenden.
Lebet wohl!"

(Petz, Thesaurus anecdotum, Tom VI. Pars I, pag. 122.)

Dieser Brief des Abtes Gozbert von Tegernsee (Abt von 982–1000) über Glasfenster und Handwerker an seinen Gönner ermöglichte lange Zeit unseren Forschern, einen Prioritätsanspruch der deutschen Glasmalerei zu postulieren. Inzwischen sind noch frühere Mitteilungen aufgetaucht und man neigt heute allgemein dazu, Frankreich als führend in der Entwicklung der Glasmalerei anzusehen.

Wie kein anderes Werk der Kunst ist die Glasmalerei ans Tageslicht gebunden, ersteht erst der Glanz der Scheiben zu leuchtender Brillanz im Wechsel des Tages. Das strahlende Licht gilt in der christlichen Symbolsprache als die erhabene Wahrheit Gottes und die Fenster sind deshalb nicht von ungefähr Träger solch bildlich formulierter Glaubenswelt im Kirchenraum. Damit öffnen sich die Schleusen einer überwältigenden Bilderfülle. Die plastischen Programme der Kirchenportale und Fassaden außen, die Fresken und die Bildfenster im Inneren wurden zum mystischen Sinnbild der auf eine Welt-Totale hindrängenden Vorstellung. Papst Gregor der Große (540–604, regiert ab 590) hat in den Bilderstreit eingegriffen mit folgendem Ausspruch:
„Bilder sind für die ungebildeten Laien das, was die Schrift für den Lesenden ist".
Doch ein erster weltlicher Gedanke tritt hier schon bald zur religiösen Einfriedung des sakralen Raumes: das Bildnis des Königs. Wohl wird er noch ganz als der göttliche Statthalter auf Erden begriffen, aber es ist doch die irdische Person gemeint, wenn auch porträthafte Züge vorerst noch fehlen. Er findet seinen Platz in der Reihe der alttestamentarischen Könige und Propheten, die als seine Ahnherren gleichsam um ihn gruppiert sind. Zwar kennen wir schon früh, z.B. aus Chartres und Bourges, ganze Handwerkszyklen, die, sei es in der Skulptur, sei es im Glasfenster, den Dialog Gottes und der Heiligen irdisch unterbrechen. Doch ist bei solchen Bildfolgen die Arbeit als Gottes Werk und Gebot gemeint; auch wenn Tun und Werkstatt der Zeit in liebevoller Schilderung gegeben sind, soll hier die Berufung und nicht der Beruf des Menschen sinnfälligen Ausdruck erhalten.

Berner Bannerträger von einer Scheibe mit den Ämter-Wappen, Ausschnitt, von Hans Funk, Bern, um 1520; Historisches Museum Bern

Die Technik der Fensterkunst

Nach einer Farbskizze, die die Komposition des Fensters festlegt, wird ein detaillierter Karton in Originalgröße angefertigt, nach ihm werden die farbigen Glasstücke zugerichtet. Zu Beginn der Fensterkunst hat man diese Gläser mit glühenden Eisen oder Kohlestücken geritzt und mit besonderen Zurichtezangen in ihre endgültige Form gebracht. Viele gläserne Wunderwerke der Frühzeit der Fensterkunst in Europa (also vom 12. bis 14. Jahrhundert) zeigen, daß die Meister sich nicht scheuten, selbst kleine Details

Schießende Reiter aus der Fensterbierscheibe des Andreas Müller, 1661, niederdeutsch; Bomann Museum Celle

der Zeichnung mit eigenen Glaszuschnitten wiederzugeben. Man hat auf dieser Stufe mehr der Mosaikwirkung als der Malerei vertraut. Erst ab 1500 wird zum Glasschneiden der Diamant gebraucht, mit dem man die einzelnen Schablonenstücke nachfährt. Die zugerichteten Gläser werden dann mit Wachs auf eine Holztafel geklebt und nun mit dem „Schwarzlot" (das ist wäßriges Metalloxyd mit Glasstaub vermischt) die gewünschte Binnenzeichnung aufgetragen. Über alle diese Werkvorgänge sind schon aus früher Zeit Rezepte erhalten, an der Technik hat sich bis auf den heutigen Tag nicht viel verändert. Schattierungen des Glases hat man mit dünnen Lösungen aus Schwarzlot erzielt, wobei die Lichter herausgewischt oder in mehr graphischer Manier mit Pinselstiel, Federkiel oder Schabeisen herausgekratzt wurden. Das Aufbrennen dieser Lösungen erfolgte in einem sogenannten Muffelofen zur Erzielung gleichmäßiger Erhitzung des Glases. Das Brenngut liegt in einer Muffel (gemauerte

Musizierendes Paar mit Allianzwappen; Rundscheibe, Jan Swart van Groningen zugeschrieben, um 1530; Rijksmuseum Amsterdam

Schamott-Kapsel) und ist dadurch dem Rauch und den Gasen im Brennofen nicht direkt ausgesetzt. Bei einer Temperatur von ca. 600°C schmilzt der Farbauftrag auf der Oberfläche des Glases fest. In den Anfängen der Fensterkunst hat man nur diese Form der Glastönung gekannt. Später, mit dem 15. Jh., kommt die Malerei mit Silberlot auf, das sich durch Steigerung der Brandtemperatur vom hellen Zitronengelb über Orange bis zu Brauntönen hin verändern läßt. Zu leichte Brände (bei niedrigen Brandtemperaturen) gefährden das Haften der Farbe, während hohe Brände unerwünschte Verfärbungen zur Folge haben können. Die sogenannten Email- und Aufschwemmfarben (ihr Name stammt daher, daß sie in wäßriger Verdünnung auf die Gesamtfläche farbiger Gläser aufgetragen werden) dienen der Veränderung des Farbtones insgesamt, mit ihnen wurden weitere Möglichkeiten der Nuancierung erschlossen. Die bedeutendste Erweiterung der ursprünglichen Technik brachten aber die sogenannten Überfanggläser: farbloses Glas wird mit einer dünnen Schicht farbigen Glases verschmolzen, die nun stellenweise herausgeschliffen oder geätzt, die Farbe bis zum Weiß hin variabel macht. Die fertigen Einzelstücke werden sodann mit sogenannten Bleiruten (Bleibänder mit doppelseitigem U-Profil) zu den Bildflächen zusammengefügt. Die Nahtstellen werden mit Zinn verlötet und große Fenster mit sogenannten Windeisen gegen den Druck von außen gesichert. In ältester Zeit hat man die Fenster direkt in die Maueröffnung eingepaßt, während in der Renaissance, ganz besonders bei den Kabinettscheiben, im Butzenscheibenverband Holzrahmen allgemein üblich wurden. Durch die technischen Unzulänglichkeiten der frühen Glasherstellung, durch chemische Verunreinigungen, Schlieren- und Bläschenbildung entstand bei den alten Gläsern eine wunderbar opalisierende und lebendige Farbwirkung, die den überrascht, der alte Fenster aus der Nähe betrachten kann.

Zu Beginn der Glasmalerei in den Klöstern lagen Herstellung des Glases, Entwurf und Ausführung der Fenster vermutlich in einer Hand,und die strenge Geheimhaltung der Rezepturen sollte gewisse Monopole sichern. Die Bildfenster präsentierten einen bedeutenden Handelswert und Einnahmen durch Aufträge von weither. Aus diesen frühen Werkstätten, deren Fensterexport wir heute oft über weite Entfernungen nachweisen können, gingen dann Glashütten hervor, die mit ihren Rohprodukten auch entfernt arbeitende Glasmaler belieferten. Im Verfolg der spätmittelalterlichen Entwicklung greift bekanntlich eine fortschreitende Spezialisierung Platz durch den zunehmenden Einfluß der Zünfte, die eifersüchtig bestimmte Bereiche als eigene Domäne fixierten und hüteten. Von nun an wurde die Arbeitsteilung zwischen Glasmacher und Glasmaler mehr gebräuchlich, wenngleich wir andererseits auch von Werkstätten wissen, die Entwurf und Ausführung bestritten.

Das Menschenbild wird zum Bildnis

Lange vor den frühen Blüten des Tafelbildes und einer Öffnung der Kunst für Privates erscheinen erste Stifterfiguren auf kirchlichen Fenstern. Damit hält eine personale Zeichensetzung Einzug in die Kunst des Nordens. Personal, weil der Gläubige sich selbst im Bewußtsein eines frommen Werkes dem Schutz Gottes im Bild anheim stellt. Damit greift in den transzendierenden

Patrizier-Fräulein als Schildhalterfigur einer Wappenscheibe im Rathaus zu Endingen (Kaiserstuhl), um 1530

Kopf einer Stifterin; Fragment einer Scheibe von Peter Hemmel von Andlau, 1478; Bayerisches Nationalmuseum München

Gebetsraum der ganzen Kirchengemeinde das Anliegen eines Einzelnen als Dokumentation Platz. Diese Entfaltung des Patronatsgedankens im Bild gewinnt von nun an immer stärkere Betonung. Die Stifter lassen sich in der unteren Randzone der Bildkomposition als winzige Miterlebende in demütiger Gebetshaltung abbilden, so teilnehmend an dem in den Bildern verkörperten Heilsgeschehen, das mit seiner mystischen Gegenwart immer neu begriffen wurde. Das Bild ist das Medium der Verknüpfung des Ewigen mit der Wirklichkeit des Erfahrbaren von Sünde und Erlösung. Das Stifterbildnis behält immer solchen geistigen Gehalt, auch wenn schon bei Jan van Eyck (1385/90–1441) sich deutlich erkennbar im 15. Jahrhundert die Gewichte verschieben. Sein berühmtes Werk „Die Madonna des Kanzlers Rolin“ (1535/36) zeigt uns hier die volle Wirkungsbreite der Verschiebung. Der einzelne erringt eine neue Stellung im Bildgefüge. Wie zu einer Privataudienz empfangen, kniet der reiche Kanzler von Burgund im intimen Gegenüber vor der Madonna mit dem Kinde. Neben anderen neuen Errungenschaften der Malerei ist hier ein ungeheurer Schritt zum selbstbewußten Menschen der Neuzeit vollzogen. Aber noch aus einer anderen Richtung dringt Irdisches und Subjektives in die Formensprache von Tafelbild und Glasmalerei ein. Von der Buchmalerei, in den sogenannten Stundenbüchern, ist diese Herausforderung in stetem Vordringen, wenn auch noch im Gewand von Religion und Erbauung. In diesen Schöpfungen für kunstsinnige Auftraggeber lag das weiteste Experimentierfeld für den bildenden Künstler der Gotik. Hier war er nicht von strengen ikonografischen Leitlinien und formalen Traditionen beengt. Im fröhlichen Besitzergreifen von Landschaft und Atmosphäre, in erstem perspektivischen Bemühen und im Beginn einer Genremalerei sind diese Werke ohnegleichen.

Der Einzelmensch rückt nun in einem ungestümen Emanzipationsprozeß ins Zentrum bildlicher Darstellung. Es wäre falsch, daraus den Schwund von Frömmigkeit und Glauben oder die Verweltlichung allein ablesen zu wollen; im sakralen Bereich bleibt für das Bildnis bestimmend, daß sich der Dargestellte seinem Gott und den Heiligen an sichtbarer Stelle zu Beistand und Fürsprache anheimstellen will. Macht und Reichtum werden gerade auch dazu gebraucht, das Heil der Seele einzukaufen. In welchem Ausmaß dies geschehen konnte, zeigt letzten Endes die Tatsache der Reformation. Der revolutionäre Teil der Christenheit rückte damals entschieden vom Ämterschacher, Ablaßkauf und der materiellen Auslegung erreichbarer Seligkeit ab.

Der Mensch zwischen Mittelalter und Neuzeit

Das stete Auf und Ab von Machtdemonstration und Zerknirschung, von Prunkentfaltung und Askese kennzeichnet für uns diese späte und verunsicherte Welt. Im Soziologischen spiegeln sich diese Vorgänge so: Der Teil des Adels, der nicht in die Städte zieht, bleibt bis ins 16. Jahrhundert gefangen in seinem Gesellschaftsspiel vom ritterlichen Ideal; er zeigt sich unfähig, mit dem realistischen Bürgertum Schritt zu halten. Der lebensnahe, auf praktische Bewältigung der vielen handwerklichen und planvollen Aufgaben geschulte Menschentyp des Städters spielt zwar die Repräsentationsformen des Adels und sein Mäzenatentum nach. Das ist vor allem ersichtlich im Wappenkult, in der Bewaffnung, im Auftreten mit Gefolge, in der Geselligkeit, in Wohnraum, Mode und Schmuck. Aber es ist doch ein säkularisiertes Spiel auf dem Boden nüchternen Gewinnstrebens und des Willens zur Selbstbehauptung. Es kommt dann auf dem Weg über die Organisations- und Finanzkraft des Bürgers, der damaligen Sitte entsprechend, zu einer ständigen Umformung des Adels. Erfolgreiche kaufen sich von den Herrschern Adelsbriefe, um ihrerseits das Leben der großen Herren zu führen und im Ausmaß des Abrückens vom tätigen, selbstverantwortlichen Leben schließlich auch einem geistigen und genealogischen Verfall zu erliegen. Während das Patriziertum solche Degenerationserscheinungen erleidet, entfaltet der Handwerkerstand durch einen Regenerationsprozeß von immer neu aufsteigenden Schichten seine aktiven Ideale und bildet das eigentlich kulturschaffende Element.

Im Bild des gotischen Menschen, wie es der Künstler sieht und gestaltet, können wir deutlich den Prozeß verfolgen,

Fensterbierscheibe mit säendem Bauern, 1766, niederdeutsch; Bomann Museum Celle

9 Fensterbierscheiben im Verbund mit volkstümlichen Sprüchen und dem Namen des Gebers, 1745, niederdeutsch; Bomann Museum Celle

„Die Gerechtigkeit", Ausschnitt aus einem Glasfenster im alten Rathaussaal zu Emden, niederländisch, 1587

der von der Geste einer großen Devotion in ihrer expressivsten Form immer mehr zum Porträt führt. Erst beten die adligen Ritter im schweren Prunk ihrer kalten Eisenrüstung, die Bürger in ihren würdigen Zunfttalaren in kindlich reiner Andacht. Und Spruchbänder rufen ihr „Erbarme Dich meiner" und „Wollest mir gnädig sein" hinauf vor Gottes Richterthron. Ihnen gegenüber knien die Frauen, mit den Faltenkatarakten ihrer Gewänder die Scheiben füllend. Mit der Ausweitung des Heiligenkultes im 13. und 14. Jahrhundert übernimmt das Volk, Erlösung heischend, den Heiligenbegriff von der Kirche, um ihn sogleich auszuschmücken und zu vulgarisieren. Die Religion durchdringt so sehr den Alltag, daß ihre Bilder, ihr Gehalt verflacht und verbraucht wird. Form wird zur Formel. Es entstehen die festen Zuständigkeitsbereiche der einzelnen Heiligen und die Schar der „Vierzehn Nothelfer" beginnt sich zu gruppieren. Demgemäß gewinnt auch im Bildkanon die Heiligendarstellung immer breiteren Raum, auf den Altären ebenso wie in der Fensterkunst. Jetzt lassen sich viele Stifter zusammen mit ihrem Schutzheiligen verewigen oder Engel reichen stellvertretend das Wappen dar. Diese Identitätsvorstellungen des damaligen Menschen und ganzer Gruppen kennzeichnen das Mittelalter.

Abb. Doppelseite Herakles erschießt den Kentauren Nessos, auf dessen Rücken Deianeira reitet (die Gattin des Herakles); Ausschnitt aus einer Scheibe der Hirschvogel-Werkstatt in Nürnberg, 1. Hälfte 16. Jh.; Germanisches Nationalmuseum Nürnberg

Das Wappen als Idee der Stellvertretung

Wappen lassen sich zwar erst mit dem frühen Mittelalter nachweisen, wie auch der Begriff hierfür dem mittelhochdeutschen Wort wapen = Waffe entlehnt ist. Die Wurzeln gehen aber sicherlich auf frühgeschichtliche Archetypen zurück (auch bei vielen Naturvölkern gebraucht der Krieger ein bestimmtes Tier oder Zeichen einer Tat als Totem). Die homerischen Götter und Helden führen bereits bestimmte Schildsymbole. Die Göttin Athene etwa trägt das Gorgonenhaupt als übermächtige apotropäische Schreckmaske am Schild. Zu diesen Wehrzeichen und Trutzbildern gehört auch die Kraftsymbolik der Tiergestalten, die zum Wahrzeichen gewählt wurden. Meistens handelt es sich um Raubkatzen, Raubvögel und Tiere mit außergewöhnlicher Stärke und Bewehrung wie Stier, Hengst, Hirsch, Steinbock, Bär, Wolf und Eber; aber auch Fabeltiere und Mischwesen wie Einhorn, Greif, Basilisk. Die negative Umkehrung, so das „Hasenpanier", zeigt ja deutlich, wie man solche Kampfeigenschaften als persönliches Attribut bewertet wissen wollte. War bis zu den Kreuzzügen die Bewaffnung des Ritters im allgemeinen noch diejenige der Spätantike, so trat im 12. Jahrhundert zu den bis dahin herrschenden einfachen Helmformen die immer mehr Bedeutung gewinnende Helmzier als weiteres Erkennungszeichen des Ritters. Der Kampf spielte sich ja noch in den Formen einer strengen Verpflichtung des Einzelstreiters ab; bei größeren Kampfhandlungen wurden auch die Gefolgsleute mit dem Wappen ihres Herrn gezeichnet. Friedrich Barbarossa (1122–1190) hat während seiner Regierungszeit (1152 gekrönt) die Wappenverleihung als kaiserliches Recht in Anspruch genommen.

In den folgenden Jahrhunderten ist den Herrschern Europas daraus eine unerschöpfliche fiskalische Einnahmequelle erwachsen.

Der Schild als Wappenträger wird im extrem formalistischen Denken des Mittelalters zum Sinnbild der Ehre stilisiert. Er repräsentiert in Stellvertretung den Ritter und gilt als Zeichen des Lebens seines Trägers. Sein Verlust im Kampf ist der denkbar größte Schimpf. Der verwundete Ritter wird auf dem Schild vom Schlachtfeld getragen, der umgekehrte Schild zeigt den Tod seines Besitzers an. Vorschriften und Regeln waren diesem Ehrenkodex des Wappens gewidmet, und zahllose Herolde und Wappenämter wachten über die Einhaltung und die heraldische Rechtmäßigkeit der Grundformen, der Farben und der Attribute.

Die meisten frühen Kabinettscheiben sind aus einer so verstandenen Stellvertretung mehr oder weniger reine Wappenzeichen für Ratsstuben und Festräume gewesen. Da aber allerorten die Bildfreude zur Spätgotik hin aufzuquellen scheint, entwickeln sich auf den Scheiben – zunächst als Beiwerk – die schildhaltenden Figuren zum Nebenthema, die nun die Wappen fast in den Hintergrund zu drängen scheinen. Schon bald wird das Schema Schildhalter und Wappen vor einem einfach damaszierten Hintergrund (= mit Schablonen aufgetragene stoffmusterartige Flächenfüllung) zugunsten weiterer Bildanreicherung verlassen. In den Randzonen werden Putten und immer mehr Darstellungen in sogenannten „Zwickelbildern" eingesetzt, die nun einem

„Das Glück", Mittelbild der Kabinettscheibe des Mathias Landolf, Gerichtsschreiber zu Zürich, 1631; Historisches Museum Bern

Manieristische Maskarons von der Umrahmung der Kabinettscheibe des Hans Brieschwein aus Reutlingen, 1593; Badisches Landesmuseum Karlsruhe

ungehinderten Einströmen des Genremäßigen Vorschub leisten. Hier wird eine andere wichtige Komponente der Bildenden Kunst des 15. und 16. Jahrhunderts immer stärker spürbar: Der Einfluß der Druckgraphik auf die Angewandten Künste.

Es ist reizvoll auszukosten, wie die spätmittelalterliche Fülle durch ein stetes Höherdestillieren einer noch beschränkten Zahl von Bildvorwürfen gekennzeichnet ist. Frühe Scheiben zeigen die Wappen im Zentrum mit wenigem Beiwerk, umlaufendem Schriftband oder strengem tektonischem Rahmenwerk gehalten. Im letzten Drittel des 15. Jahrhunderts treten häufiger Engel, Knappen oder heraldische Tiere als Schildhalter auf. Diese werden um 1500 oft abgelöst durch „Wildmänner“, Edelfräulein, exotische und nackte Schönheiten. Auch die Rahmung wird üppiger durch feudale Säulenordnungen bis hin zu wahrhaftigen Triumphtoren. Neben diesen Formen einer heraldischen Präsentation gehen Städte und Stände dazu über, Bannerherren mit dem Signum der Stadt auf Fahnen darstellen zu lassen. Dies gibt Gelegenheit zur Abbildung gewappneter Junker in prunkvollen, geschlitzten Gewändern von enormer Stoffülle. Eine weitere Unterform der Kabinettscheiben bilden die Allianzscheiben, die aus Anlaß einer Eheschließung gestiftet wurden. Sie zeigen meist das Paar mit seinen Wappen, wobei die Ehefrau ihrem Mann in seiner martialischen Wehr einen „Willkomm“, das heißt einen weingefüllten Pokal oder Becher darbietet; eine ebenfalls weitverbreitete Gattung stellen die sogenannten Gesellschaftsscheiben dar.

Die Stifter gehörten meist einer Bürgervereinigung an oder waren Zunftgenossen, die ihre Wappen und Handwerkszeichen um eine Allegorie ihres Standes abbilden ließen. Als Beispiel sei eine Scheibe des Schweizer Landesmuseums Zürich angeführt: Zürcher Zimmerleute, Steinmetze und Maurer wählten sich das Bild vom Turmbau zu Babel als gemeinsames Signum – oder die Metzger von St. Gallen, die ihre Hauszeichen auf der Scheibe um die Schlachtung eines Ochsen gruppiert zeigen.

Das Bürgertum erlebte seine große Zeit, wie wir sehen, ziemlich bewußt; zwar in stetem Streit um die Erhaltung seiner Rechte begriffen, aber noch offensiv und im Aufbruch eines humanistischen Optimismus: *„Es ist eine Lust zu leben!“* Mit diesem Ausspruch feierte ja bekanntlich Ulrich von Hutten sein Jahrhundert.

Das 15. und 16. Jahrhundert als Blütezeit bürgerlicher Repräsentation.

Bei den Kabinettscheiben steht die große bürgerliche Repräsentationsfreude des 15. Jh. Pate. Zunächst in den Rathäusern, später auch in den Versammlungsräumen wohlhabender Zünfte, war die Bürgerschaft auf wirkungsvolle künstlerische Ausgestaltung bedacht, die weltliche Tugenden wie Bürgersinn, Mut und Gerechtigkeit als Leitbilder vorstellen sollte. Besonders der Gerichtssaal großer Städte erhielt in diesem Sinne allegorischen Bildschmuck, der aus Kunstverglasungen, Tapisserien oder Gemälden bestehen konnte. Solche weit berühmten „Gerechtigkeitsbilder" waren in Brügge „Das Urteil des Kambyses" von Gérard David (um 1460–1523); in Loewen „Kaiser Otto als gerechter Richter" gemalt von Dieric Bouts (um 1410/20–1475); für Brüssel schuf Rogier van der Weyden (um 1399/1400– 1464) seinen Zyklus um „Kaiser Trajan" und „Die Legende des Grafen Herkinbald"; auch Hans Holbein d.J. (1497–1543) hat den Basler Ratssaal in den Jahren 1521/22 mit Fresken geschmückt, welche die Gesetzestreue antiker Herrscher zum Thema hatten (heute bis auf wenige Skizzen verloren). Gemessen an der späteren Entwicklung der Malerei nach dem Desaster des Dreißigjährigen Krieges sind diese Zeugnisse

„Die Pfaffenmühle" aus der Wappenscheibe des Hans Jacob Kilchsperger, 1566; Schweizer Landesmuseum Zürich

selbstbewußt und kraftvoll. Zum Absolutismus hin folgen für das Bürgertum, das durch Reformation und Gegenreformation und deren Auswirkungen zu Untertanen absteigt, nur noch engherziger Pietismus und moralisierender Jesuitengeist. Nachdem die Sitte der Bildfenster in solchem Ausmaß Eingang ins öffentliche Leben und auch als Zierde des Privathauses gefunden hatte, führte der Brauch, sich gegenseitig als Aufmerksamkeit Fenster zu stiften oder in Freundschaft auszutauschen, zu einer enormen Ausweitung des Fensterschenkens und von da zum regelrechten „Fensterbettel". Es konnte ja gar nicht ausbleiben, daß jedermann, unzufrieden mit den primitiven Formen des alten Fensterverschlusses, nun die neuen leuchtenden Gläser besitzen wollte. So berichtete Valerius Anshelm in seiner Berner Chronik, die nach den Reformationsjahren erschien, daß das Prunken mit gemalten Scheiben in den Fenstern eine neue Mode geworden sei, die in der Zeit von 1485 bis 1499 aufkam, und er fährt fort:

„Da noch in Menschen Gedächtnis vor unlangen Jahren in Bern mehr Flom (geschabte Häute als Fensterverschluß) *und Tuch, denn Glas, darnach Waldglasrauten, denn Scheibenfenster gesehen worden waren und aber*

Das Münchner Stadtwappen, von einem Engel gehalten, um 1560, Scheibe aus dem Münchner Dom; Bayerisches Nationalmuseum München

jetzt, so aus fremden Landen durch das verruchte Kriegsvolk fremde Sitten, besonders böse und üppig, fremde Ringe, flüßiges Geld, fremde Künste und Kostbarkeiten, besonders in Gebäuden, Kleidungen und bei Tisch, in alle Eidgenossenschaft gekommen war, wollte sich schier niemand mehr hinter kleinen flömenen Fensterlein verbergen oder durch Glasrauten sehen lassen; aber schier jedermann sich hinter großen Scheibenfenstern verbergen und in gemalten Fenstern allenthalben, besonders in Kirchen, Rat-, Wirt-, Trink-, Bad- und Scherstuben sehen lassen, also daß der Glasergewinn ein Maß haben mußte...“

(er läßt dann Preisnormen für Fenster und Wappen folgen). Wie aber andererseits eine solche Sitte auch den bedeutenden Säckel einer großen Stadt belasten konnte, geht etwa aus den Haushaltsbüchern des Stadtrats von Bremen hervor. Dort läßt sich in den Jahren um die Mitte des 16. Jahrhunderts feststellen, daß manchmal bis zu 1500 Scheiben pro Jahr an Kirchen, Konvente, Klöster, befreundete Städte, verdiente Bürger, ja bis hinaus auf die Dorfkirchen verschenkt wurden. Doch wie bei Prunk und persönlichem Aufwand der Zeit regte sich auch hier ständig religiöses Unbehagen gegen „den übermäßigen Aufwand“. Kunst als vom Sakralen gelöstes Zeichen von Luxus und Lebensfreude wurde immer auch als sündige Entartung gegeißelt und verfolgt. 1445 spricht ein niederdeutsches Rechtsbuch von Glasfenstern, die mit Bildwerken geziert sind: „... to eyner sunderlichen Wollust“; so wurde an manchen Orten gegen dies Überhandnehmen der Glasfensterschenkungen durch drastische Maßnahmen eingeschritten. Die Scheiben durften nun nicht mehr an Privatpersonen gegeben werden, nur an Zünfte, Schützengesellschaften, von Stadt zu Stadt, allenfalls noch an Wirtshäuser, Badstuben und ähnliche öffentlich zugängliche Stätten. Weiter erschienen Richtlinien über Größenmaße der Fenster, Ausführungsvorschriften und Preisgrenzen. Sicherlich ist auf dieses Reglementieren zurückzuführen, daß die Kabinettscheiben in den Maßen ziemlich einheitlich gehalten sind und selten eine Höhe von 50 cm überschreiten.

Dudelsackspieler im dekorativen Rollwerk einer Wappenscheibe im Rittersaal Schloß Heiligenberg (Bodensee), Ende 16. Jh.

Ohne die erstmals in Erscheinung tretende Auflagenpotenz der Druckgraphik wäre die bedeutende Popularisierungs- und Innovations-Welle der Kunst im 15., mehr noch im 16. Jahrhundert gar nicht denkbar. Die wohlfeilen Holzschnitt- und Kupferstichblätter veränderten die Kulturlandschaft durch eine Beschleunigung im Stilistischen bis zum Modischen hin. Gerade die Graphik schaffenden Meister haben seit der zweiten Hälfte des 15. Jahrhunderts auf die Entwicklung der Kabinettscheiben einen ablesbaren Einfluß gewonnen. So lassen sich vom oberrheinischen Kupferstecher, dem Meister E. S. (um 1420 - um 1467) viele Anregungen, vom Hausbuchmeister (um 1445 - um 1505) vielleicht auch selbst entworfene Scheiben aufspüren. In „Peter von Andlau“ (Peter Hemmel von Andlau/Elsaß, um 1420/25-1501) begegnen wir dem größten namentlich bekannten Spezialisten der Fensterkunst. Peter Hemmel war nicht nur ein unerreichter Glasmaler im Vollbesitz aller technischen Möglichkeiten, sondern auch ein für seine Zeit bedeutender organisatorischer Kopf. Er war der erste, der eine Gruppe Elsässer Glasmaler zu einer Art Genossenschaft zusammenführte - er hatte auch, wie man heute als sicher annimmt, den jungen Matthias Grünewald (um 1475-1530) für einige Zeit als Mitarbeiter zu gewinnen vermocht. Die Scheiben des Peter Hemmel waren außerordentlich gesucht und die Werkstatt mit Aufträgen geradezu überhäuft. Die Bestellerstädte warteten oft viele Jahre auf die Fertigstellung der Fenster. Seine Arbeit läßt sich im ganzen oberrheinischen Raum, in Schwaben und Württemberg, in Nürnberg, im Münchner Dom auch und in Salzburg nachweisen.

Wenn man die Engherzigkeit des damaligen Zunftregiments in Rechnung stellt, im eigenen Bereich keinen auswärtigen Meister zu dulden, so war das ein außergewöhnlicher Erfolg des Künstlers. Auch die Handschrift Martin Schongauers im Elsaß (1450-1491) ist in der Fensterkunst manifest. Und das graphische Genie Albrecht Dürer (1471-1528) ist in seiner auf den ganzen deutschen Sprachraum, ja sogar auf Italien

Felix Brunner, Baumeister und Ratsherr in Zürich; Ausschnitt aus einer Rundscheibe aus dem Neuen Schützenhaus, 1571; Schweizer Landesmuseum Zürich

zurückwirkenden Fruchtbarkeit der überragende Anreger. Durch seine Holzschnittfolgen, und durch sein großes Kupferstich-Œuvre hat er wie kein anderer der altdeutschen Meister auch auf das gestaltende Handwerk eingewirkt. Überhaupt ist die erstaunlich dichte Folge großer Maler und Graphiker zu keiner Zeit wieder in Deutschland festzustellen. All diese Meister haben auch in direkter Entwurfspartnerschaft zu Glasmalerwerkstätten gewirkt. Lukas Cranach d.Ä. (1472–1553) hinterließ in seinem graphischen Werk ebenso Scheibenvorlagen, wie diese bei Albrecht Altdorfer zu finden sind. Hans Baldungs (1480–1545) Zusammenarbeit mit der Ropstein-Werkstatt in Freiburg führte zu seinem bedeutenden Fensterzyklus für das Freiburger Münster (heute im Augustiner Museum Freiburg); es gibt aber auch weltliche Scheiben-Visierungen von ihm. Noch deutlicher ist Hans Holbeins d.J. Einfluß auf die Entwicklung der Kabinettscheiben zu noblen Figuren und zur Renaissance-Kulisse hin. Von ihm sind auch ganze Serien von Fensterentwürfen erhalten geblieben, und eine Reihe von Arbeiten aus der Umgebung von Basel wie auch im Kreuzgang des Klosters Stella Maris in Wettingen (Aargau) tragen deutlich seine Handschrift. Holbein, der ja schon in jungen Jahren seinen Wirkungskreis von Augsburg nach Basel verlegte (1515), wurde zum Vorbild ganzer Generationen von Schweizer Glasmalern und Werkstätten. Nun hatten natürlich schon vor Holbeins Schaffen bedeutende Werkstätten in der Nordschweiz bestanden, denn seit dem frühen 15. Jahrhundert sind dort Kabinettscheiben nachgewiesen. Berühmte Meister des Fensterentwurfs waren die Zürcher Lux (Lukas) Zeiner (1479 erstmals vermerkt, bis um 1515) und Hans Funk (1470–1539), der später in Bern arbeitete und etwa seit 1520 unter Holbeins Einfluß großartige Renaissancescheiben entworfen hat. Die bekannteste Kabinettscheibe von ihm, geschaffen für die „Gesellschaft zum Affen" (heute im Historischen Museum Bern) zeigt im oberen Teil die Schlacht von Novara (1513) zwischen Schweizer und deutschen Landsknechten. Die vehementen Kampfszenen voll Dramatik und starkfarbiger Akzente sollen auf eine Zeichnung des Berner Malers Niklas Manuel (Deutsch) (1484–1530) zurückgehen. Manuel und der abenteuerlustige Solothurner Urs Graf (1485–1529), dem die rassigsten Landsknechtdarstellungen gelangen, haben am nachdrücklichsten auf die figürliche Prägnanz der Schweizer Fensterkunst eingewirkt.

Für die zweite Hälfte des 16. Jahrhunderts sind noch zwei überaus fruchtbare und vorwiegend graphisch tätige Schweizer Künstler Paten der Glasmalerei: Tobias Stimmer (1539–84) aus Schaffhausen, der seit 1570 in Straßburg arbeitete und ein riesiges Holzschnitt-Œuvre

Susanna am Brunnen, Ausschnitt aus einer Wappenscheibe des Lienhart Holtzhalb, Schweiz, 1534; Schweizer Landesmuseum Zürich

hinterlassen hat, und der Zürcher Jost Ammann (1539–1591), der seit 1561 in Nürnberg ansässig, hauptsächlich dort seine bedeutende Graphik-Produktion geschaffen hat. Beide Künstler haben durch ihre unzähligen Graphik-Blätter und Ornament-Vorlagen der zur Mitte des 16. Jahrhunderts verflachenden Fensterkunst noch einmal zum Ende dieses Jahrhunderts neue Impulse verliehen.

In der späteren Entwicklung, auf den Barock zu, lassen die Kabinettscheiben oft den Elan und die Noblesse der Renaissance-Fenster vermissen. Der neue Stil einer Malerei des Lichtes vor allem und die geschmäcklerische Wendung in Richtung auf den Manierismus hin waren ohnedies den starkfarbigen Glaskompositionen alten Stils ungünstig. Es finden sich dann noch in der abschließenden Produktion des 17. Jahrhunderts die sogenannten Grisaille-Scheiben und lichte Rondelen (Rundscheiben) in den zarten Gelbtönungen einer ausgereiften Silberlot-Technik. Später, zur Wende des 17. Jahrhunderts und noch lange danach, sind allein die Schliffscheiben von Interesse; Scheiben, die nur mit der Technik der Glasätzung und des Glasschleifens Bilder und Wappen ins Licht zauberten. Diese erlangten eine gewisse Perfektion in oft auch volkskunstartigen Schliffdekoren – doch hier ist ohnehin das Gebiet der klassischen Glasmalerei auf Fensterscheiben verlassen.

Dem Wissen um den wertvollen genealogischen Besitz verdanken wir es, daß trotz der Zerbrechlichkeit des Glases eine Fülle historischer Glasmalereien auf uns gekommen sind. Voll lebendiger Aussage spiegeln sie das Heraufkommen der Idee eines freiheitsbewußten Bürgertums und sein Streben nach Bildung im Aufblühen des Humanismus ebenso wider wie auch die Reformation, die kriegerischen Wirren Europas und nicht zuletzt Sitte und Brauch im Volk. Die Bildfenster waren die erste Kunstäußerung, deren sich das Bürgertum und die freien Bauern zur Selbstdarstellung bedienten. In die dunkel getäfelten Stuben brachten sie – zugleich Schmuck und diaphanes Abbild des Lebens – sprühendes Licht und Farbenfreude. Den Künstlern verhalfen sie zu einer neuen Auftraggeber-Schicht und damit zu Selbständigkeit durch wirtschaftliche Unabhängigkeit in einer Zeit, da die großen Kirchenaufträge zurückgingen als Nachwirkung der religiösen Unruhe durch die Reformation.

Zum Ausklang:
Die volkstümlichen Fensterbierscheiben

Wie ein burleskes Nachspiel mutet die späteste Blüte bürgerlicher Fensterkunst an. Im norddeutschen Raum ist nach der Reformation keine nennenswerte religiöse bildende Kunst mehr anzutreffen, da ja der Protestantismus in Abkehr von der Bildverehrung seine Feindschaft bis zum Bildersturm steigerte. Im Künstlerischen immer mehr von Holland abhängig und seiner barocken Porträt- und Stilleben-Malerei, vom ausgedehnten Delfter Kachelimport auch, entwickelte sich ein Wohnstil praktischer Gediegenheit in nobler Sachlichkeit. Die große Zeit der Bildfenster, die auch in den Hansestädten zu einem stattlichen Anwachsen der Glasmeister

Kartusche mit der Widmung einer Wappenscheibe der Kaufleute; Ausschnitt aus einer Grisaille-Scheibe 1736 im alten Rathaussaal der Hansestadt Bremen

Zinken blasende Engel von der Architektureinfassung der Wappen-Scheibe „Susanna am Brunnen“ des Lienhart Holtzhalb, Schweiz, 1534; Schweizer Landesmuseum Zürich

geführt hatte, erlebte nun im Norden seit der Mitte des 17. Jahrhundert eine Wandlung zum Kleinbürgerlichen und Bäuerlichen hin. Die Sitte der Fensterschenkung führte zu einem festgefügten Komment. Beim Neubau eines Hauses, zur Hochzeit oder beim Einzug des jungen Paares, aber auch sonst zu festlichem Anlaß stifteten Nachbarn und Freunde die Fenster für das Haus, wobei sich der Schenkende in einer kleinen bemalten Scheibe verewigte. Die vielen Bezeichnungen wie „Fensterbier“, „Fensterbeer“, „Fensterteer“ (von verzehren), „Giften“, „Fensterköst“ etc. gehen alle zurück auf den Brauch der Beschenkten, sich in einem großen Festschmaus für die Gaben zu revanchieren.

Beim Fensterbierfest, das mit dem Richtfest nichts zu tun hat, ging es meist hoch her. Alle Nahestehenden wurden geladen. Oft brachten die Gäste außer den Fensterscheiben auch noch Speisen mit und das Fest endete erst, nachdem alles verzehrt war, was in guten Erntejahren bis zu acht Tagen dauern konnte. Die Einladung zu diesem Fest stellte deutlich in Aussicht: „Een Mund voll Schnack, een Piep Taback, een kohlen Drunk un’n lustigen Sprung“. Die vielen Verordnungen und Rügen der Obrigkeit zeigen, daß bei solchen Gelegenheiten ein „vernünftiges“ Maß häufig überschritten wurde. Da das bäuerliche Leben in der Dorfgemeinschaft nach strengem Herkommen auf Gegenseitigkeit aufgebaut war, konnte keiner zurückstehen, der nicht „ins Gerede“ kommen wollte. So mußte es der wenig begüterte Bauer den größeren gleichtun. Dazu sagt ein ostfriesisches Sprichwort:

Einhorn-Wappen des Hans von Rümlang, aus der Werkstatt Lukas Zeiner, Zürich, 1502; Schweizer Landesmuseum Zürich

„Hogtied gaan un Vadderstaan un Fenstergeven het mennig buur van de Plaats ofdreven“
(Auf Hochzeit gehen und Gevatter stehen und Fenstergeben hat manchen Bauern vom Hof vertrieben).

Bereits im Mittelalter nahmen die freien Bauern Hauszeichen und Wappen an und wir erleben in späteren Jahrhunderten ein munteres Wuchern dieser Form, da man sich anscheinend nicht an die üblichen heraldischen Regeln gehalten hat. So haben die bäuerlichen Heroldsämter unbekümmert eigene heraldische Vorstellungen verfolgt. Nachdem schon zur Mitte des 17. Jahrhunderts geschlossene Helme und Helmdecken auf ihren Wappen auftraten, kam um die Mitte des 18. Jahrhunderts die Grafenkrone hinzu und zu Anfang des 19. Jahrhunderts finden wir sogar die Königskrone. Es war ja auch der Dorfglaser, der die kleinen Ziergläser gestaltet hat und meist dem Wunsch des Auftraggebers folgend die Embleme wählte. Der Besteller konnte in Musterbüchern, von denen sich eine Reihe erhalten hat, eine Vorlage aussuchen, und er hatte eine große Wahl zwischen Wappen, Handwerkszeichen, handwerklichen und bäuerlichen Berufsbildern. Es gab auch Soldatenbilder, Schützen, Grenadiere, Kanoniere und die von jeher beliebten Reiter. Sehr erwünscht waren aber auch religiöse und besinnliche Sprüche, die in Ernst und Scherz mit so mancherlei Lebensweisheit über die Generationen hin wirkten. Hier ist nun eine gesicherte Trennung von Stadt und Land nicht mehr durchzuführen, denn bei dem lebendigen Austausch und gesellschaftlichen Zusammenhalt zwischen

Nackte Dame als Schildhalterin, Kabinettscheibe, gestiftet von dem Glasmaler Christoph Stimmer, 1525; aus dem Rathaussaal Pfullendorf (Baden-Württemberg)

kleinstädtischem Bürgertum und Großbauerntum decken sich Sitte und Brauch durchaus. In der Nähe der Küste tauchen in steigendem Maße Schiffsbilder auf. Handelsherren, Kapitäne und Seeleute wollten ihre Standesherrlichkeit damit dokumentieren. Das Schiff als Sinnzeichen der Weltoffenheit und des weiträumigen Handels spielt schon seit frühen Zeiten als Glückssymbol eine eigene Rolle.

Zeugnisse volkstümlichen Bildschaffens haben die Eigenart, daß mehr das Sinnbild als ein naturgetreues Abbild gemeint ist. Dem Dargestellten genügen meist einfache Attribute zur Kennzeichnung seiner Person. Wie schon bei der Schweizer Kabinettscheiben-Entwicklung sich gewisse Typen durchsetzen, so: gespreizte Männlichkeit im Prunk geschlitzter und gebauschter Gewänder, Wehrhaftigkeit mit Halbarte, Schwert und Dolch, und in der Frauentracht wenig Wert auf individuelle Gewandung gelegt wird, so sind erst recht hier im Bereiche rein bäuerlicher Kunst die Wiederholungen der Mustervorlagen über Generationen hin erkennbar, ohne etwa einem Wandel im Modischen Rechnung zu tragen.

Die Fensterbierscheiben, deren Größe selten ein Maß von 10 x 15 cm überschreitet, waren einzeln, manchmal auch paarweise, in den Verband der Gläser eingesetzt, die bis ins 19. Jahrhundert hinein aus zahlreichen verbleiten Scheiben zusammengefügt wurden. Sie hatten im Bauernhaus ihren Stand zumeist an den Seitenfenstern des „Flett", da in der ursprünglichen Raumordnung des sogenannten friesischen Hauses das Flett (der Teil des Einraumes, der die Feuerstelle beherbergt) zum allgemeinen Aufenthalt diente. Unterteilungen in Stuben sind erst in späterer Zeit, vom Stadthaus her kommend, übernommen worden.

Wie wir im Süden Deutschlands Kenntnisse von Tracht, Volksleben und Zeitumständen aus den Votivbildern gewinnen können, bietet uns im Norden dieses bäuerliche Nachleben der alten großen Glasmalertradition ein Bilderbuch vom Brauch, von Spruchweisheit und Volkswitz, wobei im Zusammenklang von Wappen, Bild und Inschrift diese kleinen Zierscheiben eine Art Chronik der Familien, der Freundschaft und der Gesinnung bilden.

Literaturauswahl:

Ellen J. Beer, „Die Glasmalereien der Schweiz v. 12. bis zum Beginn des 14. Jh.", Basel 1956

Paul Boesch, „Die Schweizer Glasmalerei", Basel 1955

A. van der Boom, „De Kunst de Glazeniers", Amsterdam 1960

Josef Ludwig Fischer, „Handbuch der Glasmalerei", Leipzig 1937

Otto Lauffer, „Niederdeutsches Bauernleben in Glasbildern der neueren Jahrhunderte", Berlin und Leipzig 1936

Hans Lehmann, „Zur Geschichte der Glasmalerei in der Schweiz", Zürich 1906

MD-Kalender (Einführung: Liselotte Hansmann) 1974

Hermann Schmitz, „Deutsche Glasmalerei der Gotik und Renaissance, Rund-und Kabinettscheiben", München 1923

Jenny Schneider, „Die Standesscheiben von Lukas Zeiner im Tagsatzungssaal zu Baden/Schweiz", Basel 1954

Jenny Schneider, „Kabinettscheiben des 16. und 17. Jahrhunderts aus dem Schweizer Landesmuseum", Bern 1956

Michael Stettler, „Alte Glasmalerei in der Schweiz", Zürich 1953

Elisabeth von Witzleben, „Bemalte Glasscheiben, volkstümliches Leben auf Kabinett- und Bierscheiben", München 1977

Rose von einer Fensterbierscheibe mit dem Motto „Wie ein Roße unter den Doren (Rose unter den Dornen), so bin ich unter den Leuten", 1701, niederdeutsch; Bomann Museum Celle

Wappen der freien Reichsstadt Pfullendorf aus dem Rathaussaal, mit Landsknecht als Schildhalter, 1524/25

Wirtshausschilder und Gastlichkeit

Abb. Vorderseite: „Zum Adler". Doppeladler auf einer Ranke mit Weintraube, flankiert von 2 Bären (Wappen des Kantons Bern) und 2 Burgen. Holz bemalt, 18. Jh., aus Erlenbach/Kanton Bern; Historisches Museum Bern

Aus der gewohnten Umgebung aufzubrechen, dem Alltag, dem täglichen Arbeitsplatz, den eigenen vier Wänden und allem, was „Heimat" bedeutet, für eine gewisse Zeit den Rücken zu kehren, ist heute zum Bedürfnis fast jedes Menschen, vor allem des Städters, geworden. Er begibt sich freiwillig seiner Gewohnheiten, vertraut sich einem fremden Land und dessen Gastlichkeit an. Länder, die bevorzugt das Ziel solcher Sehnsüchte sind, haben dies längst erkannt und sich mit mehr oder weniger Geschick darauf eingestellt, Reisende zu bewirten; vielfach ist der fremde Urlauber sogar ihre große Hoffnung auf Arbeit und Brot.

Ursprünglich war das durchaus nicht so – keiner brach ohne zwingenden Grund aus dem Schutz seiner Heimat auf, und das Wort „Gast" – im Lateinischen „hostis" – bedeutete zunächst auch: Fremdling. Dem unbekannten, ungebetenen Ankömmling schlug nicht selten eine Welle der Zurückhaltung und des Mißtrauens entgegen, bis er durch Gruß und Zeichen – ein Geschenk, einen Schutzbrief – seine friedfertige Gesinnung kundtat.

Vorsicht und Verpflichtung zur Aufnahme des Unbehausten hielten sich in frühen Zeiten – in „unwirtlichen", kaum besiedelten Gegenden auch noch in unseren Tagen – die Waage. Neugierde, aber auch ein gewisses frommes Schaudern erfüllte den antiken Menschen dem Fremden gegenüber. Der Gastgeber erfährt durch den Fremden himmlischen Segen: verborgen in dem unbekannten Wanderer speist Gott mit ihm. Bei den griechischen Schriftstellern Homer, Herodot, Plato, Hesiod u. a. steht der Fremde, der um Aufnahme bittet, unter dem Schutz der Götter; ihm darf nicht die Tür gewiesen werden. Wie bei den Griechen, so gab es auch bei den Juden des Alten Testaments und bei den Germanen mythische Erzählungen, die davon berichten, wie sich Götter in Gestalt eines Fremdlings prüfend unter die Irdischen mischten. Voll Bewunderung äußert sich Tacitus über die großmütige Aufnahme, die der

Fremde bei den Germanen fand:
„Zu Bewirtungen und gastlichem Leben hat kein anderes Volk eine so unbeschränkte Neigung. Irgendwem, wer es auch sei, seine Türe zu verschließen, gilt für ein Unrecht. Jeder bewirtet den Gast an dem nach Kräften reichlich besetzten Tische. Gebrichts an Vorrat, so macht der bisherige Wirt den Wegweiser zu einer neuen Herberge und geht mit seinem Gast ungeladen ins nächste Haus . . ."

Begabung zur Gastfreundschaft und die Notwendigkeit, die sie in Gebieten mit Naturalwirtschaft darstellt, trafen in Germanien zusammen. Die freie Gastlichkeit wurde obendrein gesetzlich gestützt in den Rechtsverordnungen der einzelnen Stämme, und auch Karl der Große gab in seinen Capitularien eine gewisse kaiserliche Garantie für Leib und Leben des Ortsfremden.

Die Pflicht zur Bewirtung konnte allerdings auch zur drückenden materiellen Last und zur Behinderung im täglichen Arbeitsablauf werden. Als sich der Übergang von der Natural- zur Geldwirtschaft vollzogen hatte, waren auch die Lebensmittel nicht jederzeit frei verfügbar. Wo der Gastwirt die Nahrung selbst kaufen mußte, war die Basis der allgemeinen freien Bewirtung nicht mehr gegeben. Als sich die Menschen auf engem Raum hinter den schützenden Mauern der Städte zusammenfanden, schien es auch für den einzelnen nicht mehr zumutbar, Durchziehende aufzunehmen. Dies mußte Aufgabe der Gemeinschaft werden, der Stadt oder des Staates, kirchlicher oder beruflicher Einrichtungen. Mit der Verdichtung der Siedlungen, der Zunahme des Verkehrs, dem Ausbau des Handels und der Handelswege war auch die Notwendigkeit erwachsen, ein

„Zum Stern". Eisenblech geschnitten, bemalt, Ende 18. Jh., Schloß-Gaststätte Leutstetten bei Starnberg/Obb., Hängeschild, bzw. Ausschnitt.

„Zum Gockel". Eisenblechschild in Herzform, bemalt, 18. Jh.; Landschaftsmuseum des Niederrheins, Burg Linn

Netz von Beherbergungs- und Bewirtungsmöglichkeiten zu schaffen. Außerdem schien es dem vermögenden Reisenden nicht angemessen, als Bittsteller aufzutreten, wenn er in der Lage war, die Leistungen des Gastgebers mit barer Münze, mit international anerkannten Zahlungsmitteln, zu entgelten.

Zu allen Zeiten war ein gut funktionierendes, möglichst dichtes Netz von Kommunikationsmöglichkeiten die Voraussetzung für ein starkes staatliches Leben: günstig angelegte, schnelle Verbindungen zu allen Landesteilen, Kurierstationen, Rasthäuser für Boten und Kontrollbeamte, Unterkünfte und Sammelstationen für Postsendungen, Unterkünfte für den reisenden Herrscher selbst.

So entwickelte sich bereits in der Antike und im Mittelalter ein staatlich eingerichtetes Etappen- oder Relais-System mit festen Herbergsplätzen in verschiedenen Teilen der Welt. Das gewaltige assyrisch-babylonische Reich war durch befestigte Heerstraßen verbunden und über Tausende von Kilometern hinweg lagen an ihnen die vom Staat unterhaltenen Gaststätten. – Auch das römische Weltreich konnte nur deshalb so lange Bestand haben, weil die Organisation durch ein mustergültig angelegtes und gepflegtes Straßennetz funktionierte. Im Abstand von 25 km – das entsprach etwa einem Tagesmarsch – reihten sich an den Straßen die „mansiones": diese Bleiben (mansiones von lat. manere – bleiben) für Mensch und Tier waren oft große Gebäude mit Stallungen, Küchen, Weinkellern, Magazinen und Bädern. Und zwischen diese Unterkunftshäuser schoben sich längs der Straßen kleinere Rasthäuser im Abstand von ca. 15 km („mutationes"), in denen der Durchreisende einen Imbiß einnehmen konnte, während die Pferde gepflegt oder gewechselt wurden. Diese staatlichen Einrichtungen standen auch Kaufleuten und Privatreisenden zur Verfügung.

Aus den Berichten des Marco Polo wissen wir, daß es im

„Zum Storchen". Schmiedeeisen mit reich verziertem Auslegerarm, teilweise bemalt, teils vergoldet, Mitte 18. Jh.; Freiburg.

chinesischen Großreich des ausgehenden Mittelalters ähnliche Institutionen gab, eine Kette von Rasthäusern an den Poststationen, und das straff verwaltete Inkareich Südamerikas kannte die sog. Tampus, Stationshäuschen am Straßenrand, von denen manche auch in der Neuzeit noch der Beherbergung dienten.

In all diesen Fällen kann man feststellen, daß sich viele der vom Staat geschaffenen Häuser der Gastlichkeit im Laufe der Zeit zu gewerblich betriebenen Herbergen oder Wirtschaften wandelten. Auch in Deutschland entwickelten sich aus ursprünglich von Fürsten und ihren Beamten auf Grund alter Rechte beanspruchten Häusern (Pfalzen, Adels- und Patrizierhäuser) häufig vornehme „Fürstenherbergen", die eigentlich normale Gasthöfe waren (und z. T. sind), in denen die Prominenz gegen Entgelt abstieg. Der „Riese" in Miltenberg, das „Goldene Kreuz" in Regensburg, die „Drei Mohren" in Augsburg, „Zum Goldenen Hirsch" in Ulm, „Der große Braunfels" in Frankfurt a. M. sind nur einige Namen aus der großen Zahl solcher Nobelherbergen. Neben der ursprünglich frei geübten Gastfreundschaft und der Gastlichkeit im öffentlichen Dienst ist noch eine andere Wurzel für die Entwicklung des Gasthofes von Bedeutung: die Aufnahme der Pilger, die zu allen Zeiten und verschiedenen Glaubensgemeinschaften zugehörend an heiligen Stätten zusammenströmten. Gastlichkeit als göttlicher Auftrag ließ auch im christlichen Abendland eine große Zahl von Beherbergungshäusern entstehen. Der Christ fühlte sich verpflichtet, den Fremden aufzunehmen als sei er „der Herr" selbst, der das Wort gesprochen hat:

„Ich war hungrig, und ihr habt mich gespeist; ich war durstig, und ihr habt mich getränkt; ich war ein Fremdling, und ihr habt mich beherbergt."

An jedem Anklopfenden muß sich die Nächstenliebe bewähren. Den Gast wie Christus selbst zu behandeln, hatte bereits der heilige Benedikt um 530 in seiner „Regel" gefordert. Neben Hospitälern bei Domkirchen traten mehr und mehr die

Tiroler Postillion auf galoppierendem Schimmel. Blechschnitt bemalt, Ende 18. Jh.; Bekrönung des Wirtshausschildes vom Gasthof zur Sonne, Rattenberg/Tirol

klösterlichen. Sie nahmen sich der Reisenden aller Stände an, der Mächtigen und der Schwachen, der Kaufleute und Studenten, der Politiker und der Pilger.

Vor allem dort, wo staatliche und private Initiative ausblieben, in gefährlichem Gelände, in abgelegenen Gegenden, sprang die klösterliche Gastfreundschaft ein. So führte der Weg nach Rom, zum Mittelpunkt der Christenheit, über die gefürchtete Gebirgsstrecke der Alpen, die seit dem Verfall der Römerstraßen nur unter großen Gefährdungen passierbar waren. Da war es ein großes Verdienst der Benediktiner, daß sie Hospize auf den Pässen anlegten: sie gründeten St. Peter auf dem Septimer, St. Christoph auf dem Arlbergpaß, das Hospiz auf dem Grimselpaß und das Hospital auf dem Großen St. Bernhard.

Nicht selten war es der Fall, daß sich aus Pilgerherbergen reguläre Gasthäuser entwickelten. So wandelte sich z. B. das Hospital in Soest (1309 beurkundet) zur Gaststätte „Pilgrimshaus", dem späteren Hellweger-Hof. Kloster Andechs über dem Ammersee in Oberbayern gehört zu den berühmten bayerischen Wallfahrtsorten, die heute noch von Pilgerscharen angesteuert werden. Zu seiner aus gotischer Zeit stammenden Anlage gehört auch ein Gasthof, in dessen Obergeschoß früher Pilgersäle eingerichtet waren; heute werden dort Privatzimmer vermietet. Die während des Mittelalters

Rückseite eines Wirtshausschildes vom Gasthof zur Sonne, Nyon/Kanton Waadt.

Holz, gemalt 1877 von Gustave Courbet (1819-77); Historisches Museum Nyon/ Schweiz

in größeren Städten gegründeten Spitäler für Fremde, Alte und Arme bestehen zum Teil heute noch fort in ihrer alten Funktion und als Gasthäuser. Wir erinnern an das Heiliggeistspital in Nürnberg, das Bürgerspital in Würzburg, an viele gastliche Häuser im traditionsbewußten England wie z. B. „St. George and Pilgrims Inn" in Glosterbury.

Wieder andere Gasthöfe gingen aus Einrichtungen hervor, die sich bestimmte Berufsstände schufen, um ihren Leuten auf Reisen ein standesgemäßes Unterkommen zu sichern. Diese Gastfreundschaft auf Gegenseitigkeit galt unter dem Adel genau so wie unter den Kaufleuten und Handwerkern. Zunftstuben und Gesellenherbergen unterlagen einem strengen Zeremoniell. In München erzählt noch das Schild des alten Hackerhauses von der ursprünglichen Bestimmung des Gebäudes als Schäfflerherberge. – Die älteste Handwerkerstube in Frankfurt am Main war das „Haus zum Stift", das erst den Fischern und dann den Weißgerbern gehörte. – In einmaliger Weise hat sich die genossenschaftliche Gastlichkeit über Jahrhunderte hin in dem „Haus der Schiffergesellschaft" zu Lübeck (Breite Gasse) erhalten, das heute noch Gasthaus und obendrein im Besitz der Gesellschaft ist. Dem Schifffahrtsheiligen St. Nikolaus zu Ehren und den Schiffern „zu Nutz und Wohlfahrt" wurde das Haus von der religiösen Genossenschaft 1535 errichtet. Mit

Pinte „Au Vin de Pully, 1763" (Zum Wein aus Pully). Holz bemalt; Musée Pully, Kanton Waadt/ Schweiz

seinen massiven Eichentischen, den mit Wappenschnitzereien versehenen Bänken, den von der Decke hängenden Schiffsmodellen u. a. hat der Gastraum sein Gesicht als zünftiges Versammlungslokal stilvoll bewahrt.

So wie die Handwerker darauf sahen, daß sich keine fremden Elemente in ihre Kreise mischten, so hielten auch die Patrizier der Städte auf Exklusivität: Mitglieder der „Herrentrinkstuben" konnten nur alte Geschlechter des städtischen Großbürgertums werden. An der Spitze der Gemeinschaft stand der Stubenherr, der in vielen Fällen zugleich Bürgermeister war. Oft befanden sich diese Geschlechterstuben im Rathaus oder im Ratskeller, und diese Tradition haben noch zahlreiche Gaststätten bewahrt, die sich im Erd- oder Untergeschoß von Rathäusern befinden. Berühmt sind viele Ratskeller in Norddeutschland, vor allem die der Hansestädte. In Hamburg bestand seit dem 13. Jahrhundert das „Einbecksche Haus" als täglicher Versammlungsort der angesehensten Bürger und Stadträte, als Stätte des Umtrunks und festlicher Empfänge. – Auch in Lübeck und Bremen war das Rathaus von Beginn an der gesellige Mittelpunkt der Stadt, Treffpunkt der Patrizier und der Stadtgäste. In Bremen führt eine Treppe von den prächtigen Rathausräumen im Obergeschoß

zu den Trinkstuben in den Kellergewölben. Für manche große Handelsunternehmung wurde hier der Grund gelegt, weltweite Beziehungen und diplomatische Fäden gesponnen, gegensätzliche Meinungen durch die Wirkung ausgezeichneter Weine einander angenähert.

Alle diese Einrichtungen staatlicher, berufsständischer und religiöser Art lebten in irgendeiner Form neben der frei geübten Gastlichkeit durch die Jahrhunderte hin fort. Im allgemeinen wurden sie in Europa vom 10./11. Jahrhundert an allmählich von der beruflich ausgeübten Bewirtung abgelöst.

Der Streuungsbreite in der Bestimmung der Gasthäuser entsprach die unterschiedliche Art, Gäste anzulocken, den Blick des Einkehrwilligen auf ein bestimmtes Haus zu ziehen. Noch ehe man zu diesem Zweck auffällig angebrachte Schriften benützte, verwendete man allgemein verständliche Symbole, Zeichen, die auch den, der nicht lesen konnte, eindeutig auf die Bestimmung des Ortes hinwiesen, die eine jedem Fremden zugängliche Sprache führten.

Als ursprüngliche Sinnbilder geselliger Freuden und gastlicher Aufnahme gelten Bäumchen und grüne Äste, die man in einem Kübel mit Wasser vors Haus stellte, oder – bereits verarbeitet als Maienstrauß oder Kranz – vor die Fassade hängte. Wo frisches Grün – das Zeichen des Lebens – nicht zur Hand war, behalf man sich mit einem Strohbuschen oder Besen; die Griechen nahmen einen Pinienzapfen, den sie als Zeichen des Weingottes Dionysos verstanden. Die Römer steckten Kränze oder Buschen zum Zeichen des Ausschanks vor die Tür; ihre Schenken erkannte man aber auch an dem grünen Efeu, der sich an der Hauswand emporrankte; er galt als Mittel gegen Trunkenheit – die moderne Medizin bestätigt seine belebende Wirkung.

Der Pinienzapfen lebt noch fort in der berühmten Pariser

Kanonier. Ausschnitt aus dem Gasthof-Schild „Zur Kanone" in Weinfelden/Kanton Thurgau. Holz bemalt, um 1830; Schweizer Landesmuseum Zürich

Schenke „Pomme de pin“; zahlreiche Dichter haben sie besungen, als erster Villon Ende des 15. Jahrhunderts. Saint-Armand rühmt das Schild-Motiv:
„Der Pinienapfel ist mehr wert als der aus Gold, der, wie man lehrt, der Götter Frieden hat gestört.“

Weit häufiger ist heute noch das Bäumchen- oder Buschen-Motiv vertreten: Mancherorts herrscht die Sitte, daß Winzer oder Brauer, die eigene Getränke ausschenken, grünes Laub in Form von Buschen oder Kränzen ausstecken. Man kann diese „Buschen- und Straußenwirtschaften“ in allen größeren Weinbaugebieten antreffen, z.B. in der Wachau, im Burgenland, in der Rheinpfalz. Sie gehen auf das alte Recht zurück, zu gewissen Zeiten das in der eigenen Hausbrauerei hergestellte Bier und den in eigenen Weinbergen gewonnenen Rebensaft für die Allgemeinheit auszuschenken; denn diese Getränke waren nicht länger haltbar und mußten jedes Jahr weggetrunken werden.

Auch die Fahne als Friedenszeichen diente dazu, Herberge oder Ausschank anzuzeigen. Wenn in einem Gasthof oder in einer Metzgerei geschlachtet wurde, brachte man – auch in unserem Jahrhundert konnte man das noch beobachten – eine Fahne, eine Schweinsblase oder auch eine blaue Schürze über dem Eingang an. Schild und Fahne pflegte man in alten Zeiten an jedem Rastplatz aufzupflanzen, um sich unter den Schutz dieses Symbols zu stellen. – Die blaue Schürze des Schlachters galt mehr im norddeutschen Raum als Gastzeichen. Im ehemals westpreußischen Thorn z. B. gab es ein weithin bekanntes Gasthaus „Die blaue Schürze“, das aus dem 15. Jahrhundert stammte.

Vorder- und Rückseite des Wirtshausschildes „Zum gälben Hörndli“. 1718. Posthorn, umgeben vom Schweizer Kantonals-Wappen.

Die Erinnerung an den alten Brauch hat sich noch in den Wirtshausbezeichnungen „Zum grünen Baum“, „Zum grünen Kranz“ erhalten. Bis 1886 bestand in München an der Ludwigsbrücke die alte Flößerwirtschaft „Grüner Baum“. Die Isarflößer brachten zu diesem Umschlagplatz Holz und Bruchsteine, Kalk und Holzkohle aus dem Alpenraum. Viel Volk amüsierte sich an dem lebhaften Treiben, Künstler und Könige – Ludwig I. und Max II. von Bayern – kehrten hier ein. Ein gewaltiger lebender Baum spendete Schatten auf der Terrasse, wie uns ein Kupferstich von Franz Xaver Jungwirt (1767) zeigt. Ähnlich war es bei vielen anderen Wirtschaften, wo man im Schatten der Bäume rasten und trinken konnte. Es ist daher oft nicht nachzuweisen, ob sich die Namen „Zur Linde“, „Zur Erle“, „Zur Eiche“, „Zu den drei Tannen“ auf den alten Brauch des grünen Buschens beziehen, oder ob sie auf eine ganz konkrete Situation, nämlich auf Bäume vor dem Haus oder im Garten hinweisen wollen.

Noch einige ganz alte Zeichen der Gastlichkeit sind uns erhalten geblieben, und wieder müssen wir zu den alten Römern zurückschauen. Im ganzen Bereich des Imperium Romanum trifft man auf Wirtshaus- und Ortsnamen, die antiken Ursprungs sind. So stammen das Schweizerische „Tafers“ und das im Elsaß und in der Pfalz anzutreffende „Zabern“ vom lateinischen „taberna“; auf das Wirtshaus „Ad tabernam frigidam“ geht der italienische Ort Frigido in der Toskana zurück. Auch zu den heute noch üblichen Wirtshausschildern mit dem Hahn, dem Adler, dem Kranich usw. gibt es antike Entsprechungen. Die römischen Schenken „Ursus pileatus“ (Zum Bären

Holz bemalt, aus dem Kanton Zürich; Schweizer Landesmuseum Zürich.

„Zur Galeeren, 1768". Hölzernes Wirtshausschild aus Meienried, Kanton Bern; Historisches Museum Bern

mit der Haube) und „Ursus togatus" (Bär mit der Toga) hatten einen Bären vor der Tür hängen. Der Bär ist also ein hochbetagtes Wappentier, und es nimmt nicht Wunder, daß er einem der ältesten Gasthöfe auf deutschem Boden den Namen gab: Der „Bär" von Freiburg im Breisgau besitzt Kellermauern, die auf die Zeit der Stadtgründung durch die Zähringer (12. Jahrhundert) zurückgehen. Ein „wirt zem Rotenbern" wird am 25. Oktober 1390 in einer Gerichtsurkunde genannt, und seither können die Namen aller Bärenwirte lückenlos durch die Jahrhunderte nachgewiesen werden. Hochgeachtete Leute waren das, bei denen Fürsten aus aller Herren Ländern abstiegen. – Rote Bären, Goldene Bären, Schwarze Bären! Aus der Fülle der so benamsten Gasthöfe seien der „Schwarze Bär" zu Jena genannt, der zu den berühmten Luther-Häusern gehört und das gleichnamige Wirtshaus in Göttingen: Aus dem gotischen Fachwerkbau, der zunächst als Ausspannwirtschaft für Fuhrleute gedient hatte, entwickelte sich eine Studentenkneipe von Rang. Das einträchtige Nebeneinander von Studenten und Lehrern förderten tüchtige, hilfsbereite Wirtinnen, von denen besonders die „Bärenmutter" Dorothea Schepeler Berühmtheit erlangte. Die Corporationen der Friesen, der Holzminda und der Lüneburger „tagten" hier, und diese nahmen aus Anhänglichkeit zu dem Lokal den Bären sogar in ihr Wappen auf. Mitte des 19. Jahrhunderts wurde hier der „Bären-Klub" gegründet, ein Stammtisch von beachtlichem Niveau, wobei den leiblichen Genüssen gefrönt und über gelehrte Vorträge diskutiert wurde.

Selbstverständlich hat der Bär am meisten Terrain in der Schweiz erobert.
„Der helvetische Wappenbär, auf zwei oder vier Füßen, die rote Zunge im Wind, zweiter in der Rangordnung der Schweizer Schilder, hat etwas Eroberndes an sich, aber auch etwas Gutmütiges, und so erweckt er gleichzeitig eine leise Furcht und ein leicht spöttisches Lächeln. Alles in allem ist er wohl der ‚Mutz' unserer Kinder, der besänftigend die Schilder schmückt, wo er an seinen eingewurzelten Ruf als Schlemmer gemahnt, an seine sagenhafte Trägheit, an seine Freude an der Bequemlichkeit, deren Kennzeichen sein dicker, die überquellenden Formen schützender Pelz ist. Er ist ein Großherr, doch dick und gemütlich; manchmal wohl zu furchtbarer Wut aufbrausend, im allgemeinen aber ein wenig

„Alhier zur Cronen 1758", oben der Name des Wirtes „Carly Anthony Hautly". Aus Kronengarten, Kanton Appenzell; Historisches Museum Appenzell

„Gasthoff zu Heinzebanck, Anno 1552", Öl auf Fichtenholz; Staatl. Museum für Volkskunde, Dresden.

Alhier Zür Cronen

„Zum Bären, 1639". Kupferblech bemalt mit dem Reichsadler (oben) und verschiedenen Kantonalswappen. Aus Zofingen/Kanton Aargau; Museum Zofingen

verschlafen und zerstreut. Dieser liebenswürdige Tolpatsch verleiht seinen Herbergen die Anziehungskraft von guter Küche und Geruhsamkeit ...“
So schreibt René Creux in dem poetischen Buch „Schilder vor dem Himmel“.

Nicht immer war das Signum für ein Wirtshaus bei den Römern und ihren Nachfahren so harmlos wie das des Bären. Schilder, aber auch Statuetten und Reliefs aus gebranntem Ton kündeten spaßhaft und oft in obszöner Offenheit von dem Treiben hinter der Fassade. Auch Flaschen, Fässer, Kannen und Faßreifen dienten als Anreiz zum Eintreten, und das Mühlrad über der Kneipe zeigte den Zustand derer an, die des Genossenen so voll waren, daß sich alles in ihrem Kopf drehte. Das bei den Römern so beliebte Schachspiel soll sich auch in den Wirtshausschildern ausgedrückt haben, und solche trifft man heute noch eine ganze Reihe im traditionsbewußten England an („Chequers“).

Mit der Verbreitung des Christentums im Abendland kamen auch neue Symbole der Gastlichkeit zur Anschauung. Freilich ist nicht immer eindeutig festzustellen, welchem Gedankenbereich ein Wappentier entstiegen ist. Der Adler und der Löwe können sowohl als Zeichen römischer Weltherrschaft gedeutet, als auch von den Evangelistensymbolen hergeleitet werden. Auf jeden Fall waren religiöse oder magische Vorstellungen mit im Spiel. Bei dem Schild mit dem „Goldenen Löwen“ – das Motiv steht an erster Stelle in Europa! – war für die Zeichengebung die Verbindung des königlichen Metalls mit dem König der Tiere ausschlaggebend. – In der Oberstadt von Lausanne kündet heute nur der Straßenname „Rue du Lion-d'Or“ von der seit 1526 hier bestehenden Herberge zum „Goldenen Löwen“, die gegen Ende des 18. Jahrhunderts der Philosoph der Kochkunst, Brillat-Savarin, in den höchsten Tönen besang.

All die Löwen-Wirte konnten den Hl. Markus als ihren Schutzpatron betrachten; die Gasthöfe „Zum Lamm“ oder „Zum guten Hirten“ erwählten Christus selbst zum höchsten Protektor, und jene Herbergen, die eine goldene Rose im Schilde führten, wollten auf die christliche „Rose ohne Dornen“, die Muttergottes, hinweisen. Auf das Alte Testament beziehen sich Namen wie „Arche Noah“, „Löwengrube“, „Walfisch“ (mit dem Propheten Jonas); die „Traube“ riesigen Ausmaßes, geschleppt von zwei Männern, meint vermutlich jenes köstliche Exemplar, das die jüdischen Kundschafter aus dem gelobten Land mitbrachten. Für den „Riesen“ kann die Davidgeschichte oder auch die Christopheruslegende zum Anreiz gedient haben. Die „Goldene

Wappen mit halbem Doppeladler und Schlüssel, Ausschnitt aus einem Wirtshausschild „Au Rouge Coq", Holz, bemalt; Musée d'Art et d'Historie, Genf

Sonne“, sichtbarer Ausdruck göttlicher Gnade, könnte ebenfalls religiös gedeutet werden, aber für manchen auch einfach Licht, Wärme und Lebensfreude symbolisieren. „Krone“ und „Stern“ riefen in der Regel biblische Assoziationen hervor: Sie gehörten den „Drei Königen“ zu, den „Drei Mohren“ (oft auch nur: „Zum Mohren“), jenen großen Reisenden aus fernem Land, die im Hinblick auf das Ziel die Gefahren der Fremde nicht achteten, bis sie endlich anlangten, wo der „Stern“ stehen blieb. Diese Bildersprache war dem Menschen bis vor hundert Jahren noch so geläufig, daß sprechende Wirtshausschilder genügten und jede weitere Beschriftung des Hauses überflüssig machten.

„Zur Sonne". Blechschnitt vergoldet und bemalt, Ende 18. Jh.; in Rattenberg/Tirol

Ebenfalls dem biblischen Bereich gehörten Kamel und Elefant an; sie gaben manchem Absteigequartier im Mittelmeerraum Zeichen und Namen – auch das volkreiche Pompeji kannte sein Wirtshaus zum Elefanten. Diese Tiere waren ja die wichtigsten Transportmittel zu jener Zeit, und später wurden sie – als kaum mehr verstandene Zeichen – auch in Schildern nördlicher Länder aufgegriffen, wo sie einen Hauch von exotischer Ferne bewahrten. An einer vielbefahrenen Straße lag der große „Gasthof zum Elephanten“ in Brixen (Südtirol). Stellwagen gingen nach Innsbruck, Bruneck und Bozen; kaiserliche und königliche Majestäten fuhren vor, Staatsminister und Bischöfe; aber auch die „Ordinari Post“ hatte hier Station und nicht wenige Postillione ihr Heimatquartier. So verbirgt sich hinter dem Elefanten eigentlich der Aushänger „Zur Post“.

Wie schon angedeutet, entstanden Herbergen und Verpflegungsstätten für reisende Fremdlinge vor allem an

Springender Ochs. Ausschnitt aus einem Wirtshausschild „Zum Ochsen", Holz, bemalt, 1804. Aus Munsingen/Kanton Bern; Historisches Museum Bern

L'AGNAU PASCAL
1696

'L'agneau Pascal, 1696" (Das Osterlamm). Bemaltes Holzsschild; Musée Gruérien, Bulle/Kanton Fribourg

vielbegangenen, berittenen, befahrenen Straßen. In rhythmischer Folge – meist im Abstand einer Tagesreise – reihten sich die Unterkünfte, und sie entstanden selten „aus wilder Wurzel", sondern waren geplant und von der Obrigkeit mit wichtigen Rechten versehen, so wie es auch bei Städtegründungen zu geschehen pflegte. Große Kaufherren waren schon in früheren Jahrhunderten nicht in der Lage, alle ihre Handelszüge selbst anzuführen. Sie beauftragten Männer ihres Vertrauens mit diesen Unternehmungen. Die Fuhrleute mußten verantwortungsbewußte Männer sein, die sich in Gefahrensituationen klug und mutig für den Besitz ihres Herrn einsetzten. Viele Wirte waren zugleich Fuhrherren und boten in ihren ausgedehnten Gebäuden Fuhrleuten Bleibe und Wohnung. Unter den Fuhrmannshöfen trifft man einzelne, frei stehende Häuser an Fernstraßen und Kreuzungen; in der Regel liegen sie aber vor größeren Orten oder zu Seiten der Stadttore. Mann, Roß und Wagen mußten hier untergebracht werden, Platz zur Anfahrt und zum Laden war nötig. Große, solide Häuser mit ausgedehnten Stallungen sind in allen bevorzugten Handelsplätzen anzutreffen, nicht selten gekennzeichnet durch Embleme und Namen wie „Zum Roß", „Goldenes Rössel", „Zum Rößli", „Zum Hufeisen".

Entlang der Wasserwege, besonders an Furten und Brücken, wo sich oft bei größerem Andrang Wartezeiten ergaben, wurde das Bedürfnis von geschäftstüchtigen „Brückenwirten" wahrgenommen. „Zur Forelle" konnte der Name des Hauses lauten, und ein Fisch war nicht selten im Wappen. War der Ort zusätzlich Anlegeplatz für Schiffe, so wurden Quartiere und Lagerräume angekündigt: „Zum Anker", „Zum Schiff", „Schiffereinkehr" u. a. Oft war der Wirt selber beteiligt am Umschlag, ja er konnte sogar „kaiserlicher Erzschiffmeister" sein wie jener Tiroler Gastwirt Nikolaus Kreuzweger, der im 18. Jahrhundert das Schwazer Silber zu den Hütten von Brixlegg transportierte.

Eine große Zeit für rührige Wirte an Straßen aller Art brach an, als gegen Ende des 16. Jahrhunderts ein Netz von Poststationen über ganz Europa geworfen wurde, und besonders als um 1700 neben der Warenbeförderung auch ein regelmäßiger Personendienst eingerichtet wurde. Die Wirte der Postgasthöfe hatten meistens zugleich das Amt des Posthalters inne, das oft viele Generationen vom Vater auf den Sohn weitergegeben wurde, großes Ansehen, aber auch großes Risiko mit sich brachte. Jeder größere Ort erhielt seine „Post", und so manches behäbig-repräsentative Gebäude hat die Jahrhunderte überdauert. Reich wie die meisten dieser Gasthöfe und phantasieanregend wie das Lied des Postillions waren die Ausleger, die über der Tür in die Straße vorsprangen. Ein goldenes Posthorn war oft im Kranz zu sehen, ein blasender „Schwager", ein Pferd, eine Kutsche oder sogar ein ganzer Postzug mit mehrfachem Pferdegespann wie auf dem prächtigen Schild des Hotels „Post" in Nagold (Schwarzwald) oder im historischen Fuhrmannswirtshaus an der Lahn. Als Mitte des 19. Jahrhunderts das Eisenbahnwesen seinen Anfang nahm, schlug für viele Straßenwirtschaften und Postmeistereien,

„Zum Ochsen". Holzschild mit tafelndem Paar, Ende 18. Jh. Aus Berchtesgaden; Heimatmuseum Berchtesgaden

„Bei Heinr. Halfes". Bemaltes Holzschild, um 1900.

für Stallmeister und Postillione die letzte Stunde. Manche allerdings – wie der „Elephant" in Brixen – wußten sich den neuen Verhältnissen anzupassen und daraus Gewinn zu schöpfen. Der Aufschwung des Bahnverkehrs, des Wirtschaftslebens und damit der Geschäftsreisen ließ einen ganz neuen Typ des Gewerbes entstehen, das Hotel am Bahnhof.

Schilder, die nüchtern auf die Bestimmung des Hauses hinweisen, entsprechen dem aufs Irdische gerichteten Blick des neuzeitlichen Menschen: „Brückenwirt", „Zur Post", „Zur Kanne", „Zur Rast". Dazu kommen Namen und Zeichen, die mit berühmten Gästen renommieren wollen wie „Der Landgraf", „Hotel Barbarossa", „Zum Kaiser". Auf landschaftliche Besonderheiten wies man gern im 19. Jahrhundert hin: „Zur schönen Aussicht", „Alpenblick", „Überfahrt", „Waldesruh". Der Geist bürgerlicher Aufklärung brachte Bezeichnungen aus dem Bereich moralischer und philanthropischer Lebensdeutung in Mode, und nun stand auf den Schildern: „Zur Eintracht", „Zur Redlichkeit", „Zur Toleranz", „Paritätswirt", „Bürgertugend".

Seit der Mitte des letzten Jahrhunderts beschränkten sich die Bezeichnungen für Gasthöfe und Hotels häufig auf den Namen des Besitzers oder auf Fassaden-Beschriftungen, die nationale oder geopraphische Beziehungen der Gäste aufnahmen: Russischer-, Englischer-, Alpen-Hof, Hotel Hungaria, Hotel Bristol u. a.

Das Ende des Wirtshausschildes schien gekommen. Aber merkwürdig: Je weitere

Landschaftsmuseum des Niederrheins, Burg Linn

Fortschritte die Nivellierung des Hotelstils machte, je perfekter der Service der Riesenkonzerne wurde, um so größer wurden auch die Chancen für den Gasthof alten Stils, wo Behaglichkeit und ganz persönliche Betreuung noch zu finden sind. Man weiß sie wieder zu schätzen, die einfachen, gemütlichen, nicht allzugroßen Räume alter Wirtschaften, und die Schilder über dem Eingang haben ihren Zauber von neuem gewonnen. Liebevoll umfaßt der Blick die bemalte Tafel, das getriebene Blech oder die kunstvoll geschmiedeten Zeichen – da er sonst so wenig Liebenswertes in der modernen Welt aufzunehmen vermag. So ist es dem alten Signum wieder vergönnt, seine ursprüngliche Funktion auszuüben: „Das Wirtshausschild prangt am Haus, es ist ein Schmuck, nicht unähnlich den Blüten am Stengel der Pflanze, die die Bienen, Mücken, Hummeln, Libellen und Fliegen locken, um ihnen im Inneren der Kelche den Nektar zu reichen. Tag und Nacht hängt es draußen ... winkt als verlängerter Arm des Wirtes den Hungrigen und Durstigen ... Wirtshausschilder sind lieblich und gefährlich. Die schönen Gestalten locken und versprechen, sie singen und betören. Wir wissen keinen Vergleich, der besser dartun könnte, der es schalkhafter sagte, was das Wirtshausschild ist: eine Sirene." (R. Creux)

Die wichtigste Literatur:

Benker, Gertrud: „Der Gasthof", München 1974

Creux, René: Schilder vor dem Himmel, Paudex/Schw. 1962

Hoffmann, Moritz: Goldener Anker und Schwarzer Walfisch, Berlin 1940
ders., 2000 Jahre Gaststätte, Frankfurt a. M. 1954

Leonhard, Walter: Zeichen guter Gastlichkeit, München 1973

Rauers, Friedrich: Kulturgeschichte des Gasthofes, Berlin 1941

Die bemalte Spanschachtel

Abb. Vorderseite:
Die klassische Berchtesgadener Spanschachtel in Bindung und farbiger Fassung, 18/19. Jahrhundert; Heimatmuseum Berchtesgaden

„Schachtelmacher haben ein freies Handwerk . . .
Sie spalten das Holz sehr dünn und vorteilhaft, nachmals zu den größeren Gattungen die Schienen über eine hölzerne, zu den kleinen aber über eine eiserne Form zu biegen, damit die Schachteln jeder Sorte in einer gleichen Größe gemacht werden können, dann zusammenleimen oder aber mit Schienen abzubinden und die Böden einzuleimen.
Die Schachtelmacher pflegen auch, die Zargen zu den Sieben zu machen . . .“

(Aus Johann Heinrich Zedler „Großes Vollständiges Universal-Lexikon aller Wissenschaften und Künste“, Halle-Leipzig, 1732–54)

Bemalte Spanschachtel mit Liebespaar und Spruch, Ende 18. Jh.; Museum für deutsche Volkskunde, Staatliche Museen Preußischer Kulturbesitz Berlin

Solange Papier noch ein seltener Werkstoff war, dem Schreiben, dem Malen und Zeichnen und dem gedruckten Wort vorbehalten – und mehr noch in den papierlosen Zeiten davor –,gab es nur spärliche Möglichkeiten der Verpackung. Die gebundene Spanschachtel ist eines der schon früh gebräuchlichen Behältnisse, die neben Korb, Rinden-Eimer, neben Netz und Ledersack bei den alten Bauernkulturen des Nordens zur Bronzezeit in Guldhoi in Schweden belegt sind. Im Schwedischen heißt Schachtel noch heute „ask“; dasselbe Wort gilt auch für Esche und gibt damit einen Hinweis auf das zunächst verwendete Rohmaterial.
Aber auch in Niederdeutschland wurde das Wort im gleichen Sinnzusammenhang mundartlich gebraucht. Das Wort Schachtel dagegen stammt aus dem Süden und wird unserer Sprache über Tirol vermittelt. „Scatel“ im Mittelhochdeutschen enthält das italienische „scatola“ = Behältnis, lateinisch „scatula“, das noch in unserem Begriff „Schatulle“ weiterlebt, der ja ebenfalls einen Behälter, allerdings gehobener Art meint.
Neben der Esche hat man auch andere leicht spaltbare, langfaserige und geschmeidige Holzarten zur Spanschachtel verarbeitet: voran Tanne und Fichte gaben zur Spänung das rechte Holz. Es wurden auch viele „salchene“ gefertigt aus dem besonders elastischen Holz der Salweide (salix caprea).

Mit dem unaufhaltsamen Wachstum der Städte im hohen Mittelalter als Zentren von Handwerk und Handel, mit voranschreitender Arbeitsteilung und Spezialisierung wurden allerorten Gebinde notwendig, um Waren aufzunehmen, die nun zwischen den Produktionssorten und von dort zum Verbraucher bewegt wurden.
Neben Faß, Kiste und Sack war dies für feinere Ware eben die sorgfältig geglättete und durch die tiefe Zarge auch gut abschließende Schachtel.

Das Schachtelmachen als Gewerbe entstand zunächst als eine Art bäuerlichen Zuerwerbs der meist notleidenden Bevölkerung in den Waldgebieten Deutschlands, den Alpen und den Mittelgebirgen mit dem besonders früh belegten Zentrum Berchtesgaden.

Gearbeitet wurde an Regentagen, als Feierabendbeschäftigung bis tief in die Nacht und den Winter über. Schon im Jahre 1535 setzte Probst Wolfgang des Klosters Berchtesgaden den „Gadelmachern" (von Gaden = kleiner Raum) eine erste Handwerksordnung mit zunftmäßig geregelten Kompetenzen.

Auswandernde Schachtelmacher haben auch in Nordamerika ihre Fertigkeit geübt und nicht von ungefähr hat diese Art einer „absoluten Zweckform" die aus den Quäkern hervorgegangene Sekte der Shaker, die im 18. Jahrhundert tätig wurde, angeregt, in ihren Werkstätten ebenfalls Spanschachteln herzustellen und in den Vertrieb ihrer so betont funktionalen Produkte aufzunehmen. Aber auch im Thüringer-, im Bayerischen- und im Böhmerwald sind seit dem 17. Jahrhundert schon Zusammenschlüsse von „Schachtlern" verbürgt, welche die sogenannten Verleger belieferten, die den Vertrieb übernahmen. Die Schachteln wurden satzweise verkauft, also ineinandergepaßt 8 bis 18 Stück. Aus den Warenlisten dieser Grossisten kennen wir die Verwendung bis ins einzelne. Da gab es Pulver-, Pillen- und Latwerge-Schachteln für die Apotheken, runde und „glangate" (längliche) Konfekt-Schachteln, „Schachterl" für Gewürze, Kräuter und Spezereien und für alles Modische, speziell für Federn, Handschuhe, Hüte, Perücken, sowie besonders große für Kleider, Wäsche und Aussteuer.

Bis in die Mitte des vergangenen Jahrhunderts wurden noch über einen Meter lange Schachteln angefertigt, sie dienten als stabile Reisetaschen oder Koffer und konnten schon eine lange Fahrt auf der nicht eben gut gefederten Postkutsche aushalten. Für Kinder barg die Spanschachtel die ganze Welt: alles was als „Nürnberger Tand" gehandelt wurde, die vielen Arten von Spielzeug wie Zinnsoldaten, Tragantfigürchen, geblasenes Glas, Drechselarbeiten, Puppen und Spielfiguren und Spiele. Mit dem Öffnen der hübschen Schachtel offenbarte sich dem Kind seine Welt der Phantasie. Ebenfalls in Holzschachteln verkauft wurden auch Käse, Butter, Schmalz, Seife und Stiefelwichse.

Anders als beim Hinterglasbild oder dem Ex Voto, wie viel mehr noch im Bereich der Kabinettscheiben, wo Bildvorlagen geschulter Maler Anregungen gaben und Traditionsgerüste setzten, und diese dann von Laienmalern und handwerklichen Produktionsgemeinschaften nachgeahmt wurden, sind die Dekore der Spanschachteln Zeugnisse reinen volkstümlichen Bildens. Zwar kommen auch hier gewisse Entwicklungslinien von den kleinen Truhen, hölzernen Laden und sogenannten Minnekästchen (kleine Liebesgaben in Form von bemalten Holzschatullen), die mit der als „Wismuthmalerei" gekennzeichneten Technik seit dem späten Mittelalter handwerksmäßig angefertigt wurden. Doch auch auf diesen ist schon soviel ausgesprochen volkstümliche Motivik zu sehen, daß hier keine höheren künstlerischen Ambitionen mehr erfüllt werden.

Spanschachtel von 1796 mit naivem Liebespaar. Die Datierung der Schachtel

Im Gegensatz dazu steht die oberitalienische Tradition; von den großen führenden Kunststädten Florenz, Mailand, Venedig ausstrahlend, lebte die Sitte, für die Ausstattung der prunkvollen Hochzeits-Truhen der Nobilität berühmte Meister zum Fassen und Bemalen zu verpflichten. Eine ganze Anzahl bekannter Gemälde der frühen Renaissance sind solche (heute meist zerlegten) Truhenbilder. Oft wurden allegorische Bildinhalte gewählt, etwa ein „Triumph der Liebe", ein „Sieg der Keuschheit" mit dem gefesselten Amor auf einem antikischen Prunkwagen, Aufzüge, Jagdszenen und dergleichen. Man erkennt diese Truhenbilder noch an den extremen Querformaten, auch an den dreigliedrigen, durch Arkaden unterteilten Bildflächen. Diese Form einer opulenten Möbelmalerei, die im 16. Jahrhundert auch in Italien wieder verschwindet zugunsten geschnitzter, vergoldeter oder intarsierter Dekore, hat vielleicht auch im alpenländischen Raum befruchtend auf die Möbelbemalung eingewirkt, ebenso wie auf die der kleinen Behältnisse, Schachteln, Schatullen und ähnlichem. Allerdings kommt die hauptsächliche Blüte dieser Faßmalerei (von farbig fassen) erst, vom Rokoko her bestimmt, in der Zeit nach 1700 voll zum Tragen. Man sieht also in der Spanschachtelbemalung eine quasi autonome Provinz des volkstümlichen Schaffens.

weist diese mit ziemlicher Sicherheit als Brautschachtel aus; unbekannt

Spanschachtel mit blühendem Herz, Minnegabe mit Papier und Samtabschnitten appliziert, Anfang 19. Jahrhundert; Heimatmuseum Berchtesgaden

Volkskunst im Begriffsinstrumentarium der Ästhetik ist eine späte, ja sozusagen postume Setzung, die dann nötig erschien, als im Industrialismus absterbende Produktionen bäuerlich und handwerklich gestimmter Sachgüter gesammelt wurden. Zunächst in Liebhaberweise, sind sie dann später aus wissenschaftlicher Sicht dokumentiert und erforscht worden. Bildungen und Produkte, die zu ihrer Zeit eben nicht als Kunst angesehen wurden, erscheinen in der Rückbesinnung auf das Ursprüngliche plötzlich als Gebilde hoher Qualität. Sie werden als „forme pure" erlebt und auch die bescheidenen Ornamente und bildlichen Anreicherungen gewinnen aus einer vom Akademismus des 19. Jahrhunderts befreiten Sicht den Reiz des Spontanen, des Naiven, der unreflektierten Freude am Farbenfrohen in einer einfachen, fest umrissenen Motivreihe, die auch das bescheidene Gut um die Kategorien des Liebenswerten und Gefühlvollen erweitert. Dabei ist zu bedenken: Werke der Volkskunst

Bemalte Spanschachtel: zwei Engel halten ein Herz mit der Inschrift „Anno Domini 1712"; unbekannt

entsprechen nicht so sehr besonderen „Bewußtseinslagen des Volkes", sondern sie sind meist und weitaus bedrängender von der finanziellen Limitierung her geboten, von Einkommensverhältnissen, die eben jenen Käuferschichten zwingend gesetzt waren. Die sogenannten niederen Schichten verstanden ja auch die anspruchsvollste Kirchenkunst ihrer Zeit, mit der sie doch gleichfalls in Berührung kamen. Es ist also gar nicht allein die Affinität zum Primitiven und zum naiv Ungeschulten, vielmehr haben elementare Bildfreude und Schmuckbedürfnis als einziges Ventil: eben solche Schlichtwaren zu kaufen oder selbst etwas hervorzubringen, in dem die Träume von Formanreicherung und Farbe, von gedanklichem Inhalt und Welt abbildender Kraft, die Teilhabe am Schönen verwirklicht werden können. Stadt und Land lagen nie so weit voneinander entfernt, um nicht aufeinander einzuwirken; auch vom Einödshof zum nächsten Schloß führte ein Weg. Man erinnere sich doch, wie viele begnadete Künstler und

Bemalte Spanschachtel mit Paar, evangelischem Geistlichen und dessen Frau, 1. Hälfte 18. Jh., aus Berchtesgaden; Bayerisches Nationalmuseum München

geniale Verwirklicher stilistischer Wandlung sind in bescheidenen Hütten mit ihrem kargen Inventar aufgewachsen.

Der Traum zu allererst macht den Künstler, den naiven wie den bewußten.

Ohne zunächst sichtbare Veränderungen im „Volkskörper" stirbt die bildnerische Produktion der bäuerlichen Hausgewerbe, der dörflichen und kleinstädtischen Handwerker im ersten Ansturm der „Bildfabrik", die durch die Lithographie möglich geworden war. Dank der Auflagenhöhe dieser Druckvorlagen überschwemmten nun die städtischen Produkte als Wandschmuck die Wohnstuben. Die bekannten Motive vom Herrscherporträt zum Elfenreigen, vom Brunfthirsch bis zum Wildererbild, später der nationale Kitsch, wurden überall und billig angeboten. Damals wie heute (etwa in der Frage des Erhaltens alter Bauernhöfe) half kein „Eingebundensein in den bäuerlichen Lebenskreis" oder wie ähnliche

Setzungen aus heimattümelnder Sicht lauten mögen. So tötete die Möbelfabrik die alten Kastenmacherwerkstätten fast ganz; die Großweberei entwurzelte die Handweber, die Blaudrucker und Färber und mit ihnen Garnhersteller und Farbstoffanbauer. Es vergingen Keramik, Irdenware und Fayencen im Ansturm von Billigporzellanen und emailliertem Blechgeschirr. Auch die beseelte bunte Spielzeugwelt des Biedermeier wurde verdrängt durch mechanisches Blechspielzeug und die frühe Puppenfabrikation, deren Erzeugnisse heute wiederum nostalgisch verklärt hoch im Kurs stehen. Erst mit dem späten Einsetzen eines bäuerlichen Selbstverständnisses, das auch zunächst in der Stadt zubereitet und von dort aufs Land getragen wird, kann Weniges kurz vor dem endgültigen Verschwinden bewahrt werden. Das andere ist die museale Hinneigung der Liebhaber und Sammler, sind die lieb gewordenen Versatzstücke aus einem geschwundenen Kulturkreis. Doch weiter zu den Bedingtheiten der Volkskunst: zunächst erscheint Schlichtheit mit ihrem bescheidenen Marktwert als unerläßliche Voraussetzung einer kollektiv bestimmten Produktionsweise. Dabei werden oft Grenzwerte einer Vereinfachung erreicht mit dem Ziel, Gebrauchsgut, das wir heute funktional nennen, herzustellen. Diese letzte Vereinfachung ist durch eine Fließproduktion im Familien- oder Arbeitsverband notwendig; doch auch im Schlichtesten kann durch ein paar Farbtupfer, durch eine leuchtende Glasur, ein paar Fingereindrücke oder dergleichen mehr, die Behandlung des Gegenstandes mit Elementen einer genau kalkulierten Wirkung dem Produkt etwas mitgeben, was den potentiellen Käufer lockt und zum Erwerb anregt. Solche Sachgüter mit bekanntem Bildschmuck vom Frommen zum Alltäglichen, mit volkstümlicher Spruchweisheit, Witz und Sentimentalität angereichert, besaßen zudem eben jene Reize der Ausstattung, die auch den so erwünschten Repräsentationscharakter im bescheidenen Besitz verkörpern konnten. Gerade dieser wichtig genommene Wert führte in den bäuerlichen Gebrauchsgütern mitunter auch zu ganz hybriden Formen. Denkt man etwa an die großen niederrheinischen, rein dekorativ gemeinten Irdenschüsseln mit ihren plastischen Bildern, an Brautkrüge, Brautstühle, Aussteuer-Spinnräder, an Hochzeitsbetten, Truhen und Kästen, an Paradekissen und Paradetücher, die also einmalig auf dem Kammerwagen (Aussteuerwagen) zur Schau gestellt, dann als Stücke der alltäglichen Nutzung entzogen, in der sogenannten guten Stube ihren Platz fanden.

Gerade auch Spanschachteln zeigen häufig solche Aspekte des festlich gemeinten einer einmaligen Ausstattung und doch blieben diese als praktische Behältnisse für Festgewänder, Brautkränze, Hochzeitskronen und dergleichen mehr in der allgemeinen Gebrauchszone. Schon die Auszier mit den

Bemalte Spanschachtel, heraldisch aufgefaßter Löwe von zwei Kavalieren flankiert und Inschrift: „Da ist unsserr Löbe (Löwe) mit uns", süddeutsch, Mitte 18. Jahrhundert; Altonaer Museum, Norddeutsches Landesmuseum Hamburg

Bemalte Spanschachtel mit Liebespaar und dem Spruch: „Wer sich recht rethlich und aufrichtig hält, Der gefällt bey gott und aller Welt", Mitte 18. Jahrhundert, Berchtesgaden; Germanisches Nationalmuseum Nürnberg

Liebespaar-Typen, wie sie von den Wachs- und Gebäckmodeln her eine lange Ahnenreihe besitzen, gleicherweise die Sprüche, die solche Darstellungen begleiten, weisen die Schachteln als weitverbreitete Form der Liebesgabe aus. Auf jedem Jahrmarkt und von Hausierern wurden solche Schachteln feilgeboten. Besonders die noch aus dem 17. Jahrhundert stammenden Spanschachteln zeigen eine Bemalung mit steifen, flächig aufgefaßten, fast zum Ornament geronnenen Paaren. Man geht wohl nicht fehl in der Annahme, daß solche Arbeit Frauenwerk gewesen ist und auch ebenso die einfachen Bänderungen, die „geschwämmelten" Zargen und die bescheidenen Blumenrapporte Kinderarbeit war. In allen bäuerlichen Hausmanufakturen wurden Kinder als notwendige Hilfskräfte angelernt; die vielen Arbeitsgänge, die man für ein Produkt ohne maschinelle Hilfe brauchte, machten ja ohnehin zahlreiche Mitarbeiter notwendig, wenn Serienfertigung rationell bewältigt werden sollte. In einer Zunftordnung von 1669 wird für die Berchtesgadner Drechsler besonders hervorgehoben, daß die Meisterstöchter, die bis dahin das väterliche Handwerk erlernen konnten, nicht mehr darin tätig sein durften, daß ihnen aber das Fassen und Bemalen gestattet sei. Von professionellen Schachtelmalern einmal abgesehen, wurde der Schmuck der Spanschachteln vorwiegend von den weiblichen Mitgliedern der Schachtler und Gadlerfamilien besorgt. Unmittelbar darauf verweisen auch die vielen rein ornamentalen Lösungen solchen Schachteldekors. Flächenornamente verkörpern vom Sticken, Stricken und Häkeln her ja fast immer das weibliche Element der Volkskultur. Das Ornamentale unterliegt neben gewissen Konstanten besonders auch landsmannschaftlicher Tradierung, sodaß es uns heute nicht schwer fällt, mit dieser Hilfe Zuordnungen des Herstellungsgebietes oder -ortes vorzunehmen.

Durch die Serienherstellung – die immer mit der ländlichen Hausindustrie Hand in Hand geht – wurde die Malerei in allen wichtigen Einzelheiten festgelegt. Der Anspruch der arbeitsteiligen Fertigung erforderte eine klare Trennung in wenige wirkungsvolle Farben und Formen. So kamen fast keine Halbtöne vor und zeitraubende Details wurden gemieden. Alles war abgestellt auf gedrängte, klar voneinander abgesetzte Komplexe. Erst dadurch entstanden die heute so beliebten kraftvollen Kompositionen und jene ungekünstelte Sprache, die aber dennoch durch lange Einübung und oftmalige Wiederholung flüssig war und sich in den Grenzen naiven Ausdrucks bis zum Meisterhaften steigern konnte. Da die gesamte Familie, also Menschen jeden Alters oft an einem Stück zusammen wirkten, kam es zudem zu qualitativ voneinander abweichenden Partien, etwa sichere Zeichnung bei holperigem Farbauftrag. Gerade diese scheinbaren Schwächen sind aber in Wahrheit Stärken der Volkskunst und das abgeschliffene Motiv behält durch solche Unwägbarkeiten seine faszinierende Spontaneität. Dadurch, daß die Produkte auf den Jahrmärkten mit denen anderer Fertigungsgebiete im Wettbewerb standen, vollzog sich sehr rasch durch guten oder schleppenden Absatz ein Regulativ mit differenzierender Wirkung.

Als Geschenk- und Schmuckverpackung sind seit Mitte des 18. Jahrhunderts Spanschachteln und ganze Sätze davon häufig mit Blumen- und Herzmotiven bemalt worden. Rosen und Tulpen als besonders geschätzt und dekorativ zu verarbeitende Blüten sind hier an erster Stelle zu nennen. Dazu kommt auch für anspruchsvolle bürgerliche Kundschaft eine Deckelauszier mit Strohintarsien, die den Holzvorbildern gleich, aus verschieden eingefärbten Strohpartikeln Bilder und Wappen formten. Mit der Romantik und ihrer Vorliebe für Herbarien und dem Sammeln von getrockneten Blüten und Pflanzen sind ganze Arrangements aus diesem fragilen Material mit Spitzen und Seiden komplettiert, gearbeitet worden, besonders dann, wenn die Schachteln zum Aufbewahren von Galanteriewaren, Fächern, Schleiern, Schmuck und dergleichen bestimmt waren. Es sind aber auch schon früh Spanschachteln mit Druckgraphik beklebt worden, insbesondere Konfektschachteln. Mit Konfekt meinte man im damaligen Verständnis Arzneistoffe aus stark aromatischen Gewürzen, die ihrer Schärfe wegen überzuckert waren. Es haben sich verschiedene derartige Holzschnitte in Rundform vom Anfang des 16. Jahrhunderts erhalten, zum Beispiel in der Bibliothek von Wolfenbüttel und im Berliner Kupferstichkabinett. Diese in Holz geschnittenen oder später

Vogel, Detail einer Spanschachtel-Malerei, Anfang 19. Jh., Berchtesgaden; Altonaer Museum, Norddeutsches Landesmuseum Hamburg

Spanschachtel mit lustwandelndem Pärchen und dem Spruch: „Auch im Traume glaube, mir, Schwör ich treue Liebe dir", norddeutsch, um 1840; Kunsthistorisches Museum Osnabrück

gestochenen Etiketten kann man als die frühesten Werbeträger im merkantilen Bereich ansehen.

Sind wir über die Bedingungen der Verbreitung wie des Wanderns von Volkskunst-Impulsen meistens nur ganz lückenhaft unterrichtet, mitunter völlig auf Vermutung angewiesen, so gibt doch ein politisches Ereignis im 18. Jahrhundert genaue Kunde, Belege und Zahlen zu solch einem Vorgang:

„I bin a armer Exulant,
(= Vertriebener)
A so tua i mi schreibn.
Ma tuat mi ausm Vaterland
Um Gottes Wort vertreibn.
So geh i heut aus meinem Haus,
De Kinderl muaß i lassen.
Mei Gott,
es kimmt mir 's Woana aus
Und wandern muaß i
fremde Straßen."

Mit diesem „Exulanten-Lied" des im Religiösen unbeugsamen Bergmannes Josef Schaitberger zogen die um ihres protestantischen Glaubens willen verfolgten Salzburger und Berchtesgadner aus der Heimat. Sie zogen, auf milde Gaben angewiesen, nach Norden, bis sie nach langen Wanderwegen und Irrfahrten seßhaft, in der Fremde ihr Brot verdienen konnten – ein trauriges, fast vergessenes Kapitel gegenreformatorischer Intoleranz. Evangelische Enklaven hatten sich in der steirischen Ramsau und in Schladming, in Hallstatt, Hallein und im Salzburgischen und Berchtesgadner Land schon kurz nach der Reformation gebildet und im neuen Glauben gefestigt. In Gebirgsländern konnten die heimlichen Zusammenkünfte und Gottesdienste in abgelegenen Berghöfen oder in Heuschobern nicht so leicht kontrolliert und verhindert werden. So hielten die Gemeinden im Vertrauen auf das Reichsrecht und die Dokumente des Westfälischen Friedens (1648) unbeirrbar an ihrem Glauben fest. Die Verfolgungen im Machtbereich der Salzburger Kirchenfürsten nahmen jedoch immer brutalere Formen an. Erzbischof Gandolf ließ im 17. Jahrhundert über neunzig Protestanten wegen angeblicher Hexerei den Prozeß machen und verbrennen. Sein Nachfolger, Freiherr von Firmian (im Amt von 1727 bis 1744) hinterließ in seinem „Geistlichen Vermächtnis" den folgenden Passus:

„So war nach viel Klagen und Weinen, unendlichen Mühen, Sorgen und Kosten das ganze Land von Luthers pestilenzialischer Seuche frei, woran es mehr als zwei Jahrhunderte gelitten. So waren durch festes Vertrauen auf Gott alle Häretiker ausgetilgt, im Laufe eines Jahres wurden über achtzehntausend vertrieben. Gott sei gelobt."

Vielfache Interventionen Preußens, Hannovers und der evangelischen Reichsstädte konnten zwar zeitweise

Gänse, Detail einer Spanschachtel-Malerei, auf der ein Fuchs dem Federvieh das Singen beibringen will.

Bemalte Spanschachtel (Brautschachtel) mit dem Spruch „Kein bessres Glück auf Erden als Braut und Bräutigam werden; um 1840, östliches Niedersachsen; Germanisches Nationalmuseum Nürnberg

etwas Aufschub erwirken; dann, zwischen der völligen Ohnmacht des Deutschen Kaisers und im endlosen Hin und Her der Verhandlungen auf den Reichstagen, erließ Fürst Probst Kajetan Antoni 1732 das Emigrationsedikt für den Ruperti-Gau. Zunächst sollten die Auswanderer nach Ungarn abgeschoben werden. Damit aber den dort ansässigen katholischen Holzschnitzern und Drechslern keine Konkurrenz erwüchse, war vorgesehen, vor der Ausbürgerung den Zunftmäßigen die Finger der rechten Hand abzuhacken. Die Entlassenen sollten sich zudem auch noch frei kaufen, wozu aber nur wenige in der Lage waren. Terror, Auseinanderreißen der Familien bei Mischehen, aber auch immer wieder Hilfe aus dem Norden Deutschlands kennzeichnen die Situation. So kaufte der britische Gesandte Hannovers (Personalunion Hannover-Großbritannien von 1714–1834) siebenhundert Rupertiwinkler für je fünf Gulden aus Berchtesgadner Leibeigenschaft frei, die sich dann um die Städte Hannoversch Münden, Nordheim, Göttingen, Einbeck und Hameln herum niederließen. König Friedrich Wilhelm I. von Preußen unterfertigte ebenfalls 1732 ein Aufnahme-Patent, das allen protestantischen Emigranten, die es wünschten, preußisches Bürgerrecht verlieh: *„Wir Friedrich Wilhelm von Gottes Gnaden König in Preußen, Markgraf zu Brandenburg, des Heiligen Römischen Reiches Erzkämmerer und Kurfürst tun kund und fügen hiermit zu wissen, daß wir aus Christlich-Königlichem Erbarmen und Herzoglichem Mitleiden gegen Unsere in dem Erzbistum Salzburg auf das heftigste bedrängte und verfolgte evangelische Glaubensverwandte ihnen die hülfliche und mildreiche Hand bieten, da dieselben blosz und allein um ihres Glaubens willen und weil sie demselben wider besseres Wissen und Gewissen abzuschwören sich nicht entschliessen können noch wollen, gezwungen werden, ihr Vaterland zu verlassen. Zu solchem Ende haben Wir uns resolvieret, dieselben in Unserem Land aufzunehmen und in gewissen Ämtern Unseres König-Reichs Preußen unterzubringen und zu versorgen ....“*

Um 1830, Odenwald; Germanisches Nationalmuseum Nürnberg

Schon in Nordbayern, besonders in Mittelfranken und um Nürnberg herum, in Thüringen und Sachsen haben Berchtesgadner Schnitzer und Holzwerker neue Wirkungsstätten gefunden. Überall an diesen Orten gedieh ihr Holzwerk und ihre Maltechnik; das Fassen der Ware fand Nachahmer und breitete sich aus. Dazu muß man sich vor Augen halten, daß die Farbzubereitung damals noch weitgehend in der Hand des Verarbeiters selbst lag. Maler mußten sich die Pigmente aus ungereinigten Grundstoffen, die Bindemittel, Firnisse und Fixative selbst bereiten. Besonders für die Gebrauchswaren blieben aber Haltbarkeit und Griffestigkeit der Bemalung von ausschlaggebender Bedeutung. Noch im 19. Jahrhundert schickten zum Beispiel die Grödener Schnitzer ihre Ware aus Südtirol zum Fassen nach Oberammergau, da die dortige Farbtechnik damals unerreicht war.

Trotz des Wanderzwangs der Gesellenjahre im Handwerk lassen sich häufig auch Tendenzen eines unbeirrten Festhaltens beobachten, wirkt oft die heimische Tradition stärker als aussichtsreiche fremde Technik. Mit dadurch verschuldet, kam es häufig zu Zusammenbrüchen ganzer Hausgewerbe-Dörfer, wenn diese dem Trend der großen Messen oder Handelszentren nicht zu folgen vermochten. Die meisten Konkurse solcher vordem blühender ländlicher Manufaktur-Orte sind noch nicht genügend erforscht. Erdrutschartig standen dann durch Mode-Wechsel oder technische Neuerungen, durch Preisunterbieten ebenso und durch Zwänge der Händler und Verleger ganze Dörfer mit ihren Familien vor den Trümmern ihrer Existenz. Als einziges Beispiel sei hier auf das Vordringen der Fayence-Technik verwiesen, die den Irdengeschirr-Herstellern im 18. Jahrhundert das Überleben schwer machte. Die weißgrundigen Zinnglasuren wurden vorgezogen, wie später das Porzellan, als es im 19. Jahrhundert des Kostbarkeitscharakters entkleidet war, die Fayence-Manufakturen entwurzelt hat. Die großen Auswanderungsschübe im 19. Jahrhundert nach Übersee sind ja gerade durch solche wirtschaftlichen Zwänge einer industriellen Gründerzeit erklärbar. Die Finanzkraft der Familienbetriebe reichte nicht aus, um etwa Maschinen einzusetzen und dadurch dank der höheren Stückzahlen konkurrenzfähig zu bleiben.

Durch die auswandernden Berchtesgadner Manufakturisten erlebte die bunte Haubenschachtel jedenfalls neuen Auftrieb, wie auch die Drechselkünste offensichtlich für das erzgebirgische Holzspielzeug Pate gestanden haben. Von dort her wird dann mit dem billigen Miniaturwerk der Markt erobert.

Auch das Schachtelbild gewinnt im 19. Jahrhundert an den norddeutschen Produktionsorten eine gewandelte Behandlung durch Sujets, die weitaus modischer als die traditionellen Berchtesgadner Dekore dem Empire und dem Biedermeier verpflichtet sind. Dagegen blieb man in Berchtesgaden bei den alten Ornamenten, Herz- und Liebespaar-Darstellungen dem Flächigen treu.

Noch im Jahre 1900 wurden durch die Heimatforschung von Marie Andree-Eysn (1847–1929) im Berchtesgadner Land aus dem Kreis der „Gadelmacher“ siebzig Meister ermittelt, denen

Bemalte Spanschachtel mit Jäger auf der Pirsch und Spruch: „Bei Liebe, Jagt und Spiel, giebt es Vergnügen viel“, um 1830, norddeutsch; Altonaer Museum, Norddeutsches Landesmuseum Hamburg

Bemalte Spanschachtel mit Biedermeier-Herren und apportierendem Hund und mit dem Spruch: „Mein Hund, das treue Thier bringt gern verlornes mir“, um 1830, norddeutsch; Kunsthistorisches Museum Osnabrück

dreißig Gesellen und die Familien als Hilfskräfte zuarbeiteten, außerdem vierzig nicht in der Zunftrolle aufgeführte sogenannte Pfuscher. Zu dieser Zeit, als schon lange die Kartonagen, Falt- und Stanzschachteln ihren Siegeszug angetreten hatten, ging der größte Teil der Produktion an gemalten Spanschachteln auf dem Wasserweg in die Länder an der Donaumündung nach Griechenland und in die Türkei. Sicher, wie bei so vielen anderen Spezialitäten exportierter Volkskunst, haben sie dort gleichfalls volkstümliches Bilden angeregt.

Und heute werden in Berchtesgaden immer noch Spanschachteln hergestellt. Vom Vater auf den Sohn übergegangen, arbeitet dort eine Gruppe von zehn bis fünfzehn Schachtlern, die sich im treuen Andenken an die frühere Gewerbeform auch noch Zunft nennen. Wie von altersher suchen sie sich aus dem eingeschlagenen Holz des Forstamtes die schönsten Bäume aus, gerade gewachsen, astfrei und zäh, um nach der Spänung Schachteln zu binden; vor der Formung wird das dünne Holz gekocht, um ihm größere Geschmeidigkeit zu geben und damit auch die verwerfungsfreien, gut passenden Zargen um die Formen zu legen und auf ihnen trocknen zu lassen. Aber nicht nur das alte Handwerk lebt noch, auch die Frauen der Familien verstehen sich aufs zunftgerechte Bemalen; die alten Ornamentfüllungen verraten die in langer Übung geschulte Sicherheit, wenn auch modernes Farbempfinden neue Varianten schafft.

Sorgen bereitet den Verantwortlichen vom Heimatwerk „Berchtesgadner Handwerkskunst" allerdings der Nachwuchs, denn natürlich sind den Erlösen für derartig liebevolle Ausstaffierung der Schachteln Grenzen gesetzt, die manchen verlocken könnten, sich leichteren Erwerbsmöglichkeiten zuzuwenden, die der Kurort bietet. Doch wächst heute wieder die Freude am Besitz solch schöner Behältnisse. In jüngster Zeit finden sich sogar zunehmend Liebhaberschichten, die sich dem laienhaften Bemalen von Spanschachteln zuwenden. Diese Schachtelmalerei gewinnt vielfach die Züge einer regelrechten Hobby-Kunst für Jung und Alt.

Literatur:

Marie Andree-Eysn, „Das Gadelmachen, eine Hausindustrie im Berchtesgadner Land", Mitt. a. d. Mus. f. Deutsche Volkstrachten I, Berlin 1900

Otto Lauffer, „Wesen und Wirken der Volkskunst mit besonderer Berücksichtigung auf die Schachtelmalerei", Wossidlo Festschrift, 1939

Fritz Meingast, „Exulanten aus Berchtesgaden", Hörbild des BR, „Land und Leute" 1976

Heinrich Schmid, „50 Jahre Evangelische Kirche Berchtesgaden", Augsburg 1949

Galoppierender Husar, Detail einer Spanschachtel-Malerei, Anfang 19. Jh., norddeutsch; Museum für deutsche Volkskunde, Staatliche Museen Preußischer Kulturbesitz Berlin

Ex Voto
Das Verlöbnis im Votivbild

Abb. Vorderseite: Ex Voto 1843: Marien-Erscheinung im Baum; aus Maria Larch, Tirol. Sammlung Tobler, Stäfa/ Schweiz

Ausschnitt aus einem Ex Voto 1811: Die Himmelsmutter reicht dem Jesuskind einen goldenen Apfel; aus Dürnberg in der Wachau. Sammlung Kriss, Bayerisches Nationalmuseum München

Der Mensch in äußerster Not und Bedrängnis erfleht das Wunder seiner Errettung. Ihm zu Frommen sollen Naturgewalten gebannt, Krankheit, Feuer und Krieg den letzten Schrecken aussparen; Jesus und Maria oder alle Heiligen sollen ihm und den Seinen hilfreich zur Seite stehen; selbst der Tod soll die Knochenhand noch einmal zurückziehen. Wahrlich, das Wunder ist des Glaubens liebstes Kind und der, dem es widerfahren ist, will schuldigen Dank abstatten, damit der sein Verlöbnis erfülle; *„Ich habe angerufen in äußerster Todsgefahr unsere liebe Frau und mich verlobt allhero zu Maria Mutter aller Gnaden mit einer Heiligen Mess und Opfer in Stock und Tafel malen lassen. Ich hab wunderbare Hilf erlangt! Gott und Maria sei Dank!*
Ex Voto“

Weihegabe und Weihebild im glaubensgeschichtlichen Aspekt.

Weit zurück in die Vorzeit und die frühesten kulturalen Manifestationen der Menschheit reicht der Brauch, durch Niederlegen oder Anbringen eines personalen Zeichens am numinosen Ort ein Bindeglied vom Ich zur Gottheit zu schaffen. Das Stiften solcher Weihezeichen oder Weihebilder findet in seiner Vielgestaltigkeit nur eine Parallele in den reich ausgestatteten Opferbräuchen, die solch sakrale Begehung (das Vollziehen einer rituellen Handlung) ergänzen, bedingen oder auch diese ablösen können. So wie in den Kulthöhlen des Aurinacien (Begriff für die späte mittlere Steinzeit, nach dem Fundort Aurinac in Südfrankreich) Hand- und Fußzeichen von der Anwesenheit der frühen Wildbeuter im Dunkel der Tiefe, im heiligen Schoß der Erde Kunde geben, und damit die Bilder der wichtigsten Jagdtiere Wisent, Auerochs, Pferd, Hirsch, Steinbock oder Bär als Spuren des Persönlichen begleiten, so ist im folgenden immer dies festzuhalten: Wenn auch der Streit um die Bedeutung der Tierbilder noch nicht entschieden ist oder nicht mehr entschieden werden kann (ob Mehrungszauber vorliegt oder diese als Zeichen einer weit über derart gemeinte Tierabbildungen als kosmisch religiöse Archetypen verstanden wurden), so ist doch in der Zeichensetzung des Individuellen (Hand, Fuß, Gestalt) immer das „Ich“ gewollt, das mit dem als mächtiger Geglaubten sichtbar in Verbindung zu treten wünscht. Erst recht in den Früh-Religionen führen glaubensgemäße Ritualisierungen, Kulthandlungen also, die zu festen Traditionen verwachsen, zu einem normativen Rahmen des religiösen Ergriffenseins. Allgemein sind diese in jenen Bereichen zu suchen, wo neben dem Opfer im materiellen Sinne das Bild oder Zeichen als Dank oder in der Form einer ideellen Selbstopferung gesehen wird. Dieser Dank gewinnt in kindhaft erlebter Beziehung zur Gottheit den Rang tradiierter Frömmigkeitstypen. Solche weit gesteckten

Ex Voto 1828: Die Mutter Gottes der Sieben Schmerzen (Schwerter) als Gnadenbrunnen; östliches Oberbayern. Germanisches Nationalmuseum Nürnberg

und natürlich variierten Ritualbereiche sind allgemein in den meisten Kultäußerungen der Menschheit anzutreffen.

Der Mensch wünscht für sich, seine Familie und seinen Hausstand oder was die soziokulturalen Bedingnisse auch immer sein mögen, er wünscht sich Hilfe oder lebt in der Gewißheit, solche empfangen zu haben. Die Abstattungen von Dank und Devotion fordern Zeichensetzung anderer Art als solche eines regulären Opfers an Festen und Weiheorten. Die „Anheimstellung" im geistigen Konnex zur Gottheit verlangt nach einem Bild, das den einmaligen, quasi historischen Tatbestand verewigt, den Votanten (= sich Gott Verlobender) signifikant wiedergibt und auch in den mannigfachsten Kurzformen die Art des Anliegens und der Gnadenhilfe festhält. Zu diesem Festhalten tritt in allen des Schreibens mächtigen Kulturen auch der Text, der das Bild zu begleiten hat; dieser kann in formelhafter Weise gekürzt auftreten oder auch das Bild vollständig ersetzen. Das Abbild des Votanten zeigt ihn im Gestus der Bitte, der Verehrung, der Unterwerfung unter den höheren Willen im Gebet, häufig auch in einer Station seiner Bedrohung oder der von ihm erlebten Hilfe.

Weihebilder mit Weihe-Inschriften finden sich in fast jeder Früh- und Hoch-Kultur Eurasiens zuhauf. Im Vorderen Orient sind schon bei den Sumerern solche Zeichen gesetzt. Neben den ersten Ton-Idolen des 5. und 4. vorchristlichen Jahrtausends treten bald schon zur Wende im dritten Jahrtausend in Flachreliefs festgehaltene Opferszenen auf.

Ex Voto 1774: Georg Paumgartner verlobt sein Vieh der Heiligen Katharina; Wasserburger Umkreis. Heimatmuseum Wasserburg am Inn

In kultischer Nacktheit bringen Könige und Gefolge Opfergaben zum Tempel; dort nimmt sie die Göttin oder in Stellvertretung die Priesterin entgegen. Die Archäologen entdeckten in den heiligen Städten der Sumerer, in Ur, Lagasch und Mari eine Fülle von Figuren-Stiftungen. Mit ihren weit geöffneten Augen scheinen die Statuen vom Überirdischen ergriffen zu sein. Dieser Typ des Adoranten und Opfernden, noch völlig ohne individuelle Gestalt, stehend mit gefalteten Händen oder eine Opferschale an die Brust gepreßt, ist Ausdruck des Schauders vor dem gewissen rätselhaft Göttlichen. Mit diesem Habitus des Ergriffenseins scheint für kommende Zeiten das Bild des Gläubigen überhaupt vorgegeben zu sein. Könige, Königinnen oder Priesterinnen und Würdenträger in Ton und Stein – als solche meist durch Insignien oder ihr Schriftsiegel ausgewiesen – stehen in Stellvertretung des ganzen Volkes im Heiligtum. Dort wurden sie über viele Jahrhunderte verehrt und als Heroen bewahrt oder mit ihren Göttern von fremden Eroberern zerschlagen, so daß sie im Schutt auf uns gekommen sind.
Die Völker des Vorderen Orient, aber auch Ägypter, die frühen Griechenstämme und das Alte Rom wuchsen aus Kultgemeinschaften zusammen in Bindungen, wie wir sie uns heute nicht mehr vergegenwärtigen können. So zerfiel auch oft mit dem Raub der Götterbilder oder deren Schändung durch fremde Usurpation die ethnische Kraft solcher Gemeinwesen. Die eigene Niederlage im Politischen wurde als die Überlegenheit der fremden Götter begriffen und als Fatum hingenommen. Dem Siege aber wurden Zeichen gesetzt. Tempel wurden an solchen Orten sichtbarer göttlicher Hilfe gegründet, das orientalische Gott-Königtum und der ganze spätere kriegerische Despotismus feierte sich selbst als den legitimen Vollstrecker des Willens eines persönlichen Gottes.

Die große bilderschaffende Devotion Ex Voto – aus einem Verlöbnis also – stand auch hier Pate. In diesen machtpolitischen Verlöbnisorten, an denen die kriegerische Hektik der vorderasiatischen Völkerdrehscheibe so reich ist, hat sich uns die Geschichte dieses Raumes fast lückenlos erhalten, bzw. sie wurde wieder ans Licht gehoben. Wir sind über Funktion und geistigen Hintergrund in einem erstaunlichen Ausmaß unterrichtet, und Stein für Stein, Tontafel für Tontafel erschließt sich uns ein historisches und religiöses Mosaik. Neben den Zeugnissen des „Offiziösen" sind, wenn auch nicht von gleicher Monumentalität, die Zeichen des Privaten wieder aufgedeckt worden. In ungezählten Weihe-Objekten und kleinen Figurenbeigaben verkörpert sich diese Religiosität im Selbstverständnis der Opfernden als Ausdruck eines Hilfe erheischenden Anliegens oder des frommen Dankes.

Ex Voto 1743: Paulus Gerner und sein Weib haben Hilfe erlangt, als sie ihr Vieh Maria und allen Heiligen anverlobten zur Wallfahrtskirche Allerheiligen bei Warngau/Oberbayern

Ausschnitt aus einem Ex Voto 1769: Boots-Unglück auf dem Gardasee. Der Heilige Antonius als Fürsprecher. Österreichisches Museum für Volkskunde Wien

In Europa zeigen bronzezeitliche und eisenzeitliche Felsgravierungen noch den Typus des einfachen Weihezeichens. Auf den glatten Granitklippen in Bohuslän/Westschweden und auf den Gletscherschliffen der lombardischen Vorgebirge am Lago d'Iseo im Val Camonica sind sie zu tausenden erhalten geblieben. Heute von den sie verbergenden Moosen und Pflanzen befreit, berichten sie in naiven Kürzeln von den Nöten und Erfolgen der Menschen jener Zeiten; Zeremonien, Kampf und Jagd, Herden, Pflüge, Kultbeile, Schiffe, Szenen von Tausch und Handel, und vieles andere, was nicht eindeutig bestimmt werden kann.

Antike Wallfahrt und Heilserwartung

In der griechischen Antike sehen wir den Votivbrauch schon in die Nähe unserer eigenen Traditionen gerückt, wir kennen die Wallfahrtsorte der Hellenen und deren kultische Bedeutungsgeschichte aus vielen Quellen literarischer Zeugnisse der Zeit und moderner Forschung. Drei dieser Orte sollen von der Archaik

Ex Voto 1801: Katharina Forsprächerin verlobt sich bei einem Floß-Unglück auf der Isar nach Rudlfing; aus der Wallfahrtskirche St. Maria, Rudlfing/Oberbayern

zur Spätantike zeigen, wie der Werdegang späterer abendländischer Wallfahrtsbräuche schon vorgegeben ist:

DELOS: Ursprünglich ein ionischer Kultort (in der Frühzeit wurden dort mykenische Heroen-Gräber verehrt), erhob sich die Insel zur „heiligsten Stätte der Hellenen“. Nach Delphi war sie auch das glanzvollste und reichste Heiligtum der Griechenwelt. Bis zur Hegemonie Athens befand sich hier auch die „Bundeskasse“ des attischen Seebundes. In den Schatzhäusern, den Thesauroi, lagerten ungeheure Mengen an Gold, Silberbarren und Münzen, dazu Bronzevasen und Dreifüße, denen gleichfalls Geldeswert zukam. Handel und Tausch waren in archaischer Zeit geheiligt. Der Ort frommer Begegnung war gleichzeitig auch ein mächtiges Wirtschaftszentrum als Messe zwischen Hellas, Schwarzem Meer und Syrien mit den Niederlassungen großer Handelsgesellschaften, Reedereien und dem bedeutendsten Sklavenmarkt. Ein nie endender Strom von Pilgern und Gesandtschaften landete mit eigens gebauten Fest-Schiffen auf der Apollon-Insel (dem mythischen Ort seiner Geburt), um vom Gott Glück, Heilung und Befreiung von Seuchen und Not zu erbitten.

Ex Voto 1770: Reit-Unfall eines vornehmen Herrn; aus der Wallfahrtskirche der Heiligen Dreifaltigkeit in Weihenlinden/Obb.

Ex Voto 1813: Brand-Unglück; aus der Innerschweiz. Sammlung Tobler, Stäfa/Schweiz

In Delos fehlten noch Liegehallen, Thermen und Krankenquartiere, welche die späteren großen Asklepios-Wallfahrtsstätten auszeichneten. Im Kult nahm das heilende heilige Wasser, der See mit den Schwänen des Apoll eine besondere Stellung ein. Zudem wurde die numinose Kraft berühmter Reliquien verehrt: neben dem Keraton (der von Gott selbst errichtete Hörner-Altar, eines der Wunder des frühantiken Weltkreises) waren hier die Heilige Palme, der Silberbogen Apolls, das Halsband der Eriphyle, das Ruder des Agamemnon und als Heiligstes die rätselhaften Erstlingsfrüchte der Hyperboräer (= die Nordleute), von denen Pausanias (ca. 110–180 n. Chr.) noch berichtet.

EPIDAUROS: Im Heiligtum des göttlichen Arztes Asklepios begegnet man am klarsten den Formen einer Heil-Wallfahrt, wie sie für die klassische Antike typisch ist. Im 6. vorchristlichen Jahrhundert gewinnt die Asklepios-Anrufung zunehmend an Bedeutung. Am Ende der mythenschaffenden Periode vom 7. zum 6. Jahrhundert gilt, von örtlichen Varianten abgesehen, folgende Version der Abstammung: Asklepios entspringt einer Verbindung des Apoll und der Koronis und wird, wie im Dionysos-Mythos, aus dem Leib der toten Mutter geschnitten. Heilkräfte, die ihm vom Vater zuflossen, vervollkommnete er im medizinischen Sinne in der Erziehung durch den weisen Kentauren Cheiron (die Kentauren galten als Mischwesen dem Quell der Naturkräfte näher). In regionalen Mythologemen wird Asklepios durch den Blitzstrahl des Zeus getötet, da er Tote zum Leben erweckt und damit in das Walten der Moïra (Schicksalsmacht) eingreift. So vielgestaltig schillernd die Persönlichkeit des Asklepios zwischen menschlicher und göttlicher Abkunft gesehen wurde, so verschieden sind auch in den lokalen Traditionen seine Familienangehörigen, die ihm als Heilhelfer zur Seite stehen. In den auf uns gekommenen Bildwerken sind es vor allem seine Tochter (manchmal Gemahlin) Hygieia und der die Heilung vollendende Knabe Telesphoros. Die Asklepios-Personifikationen zeigten in der allgemeinen Frömmigkeit schon messianische Züge. Dies neue Bild stillte die Sehnsucht nach einer Teilhabe an charismatisch heilenden Kräften. Der Arzt-Gott der Seele und des Körpers befriedigte zugleich eine allgemeine Erlösungserwartung. Der Kranke war nicht mehr vom Gott gezeichnet, sondern rückte ihm in persönlicher Zwiesprache im Traume nahe. Im Laufe vieljähriger archäologischer Arbeit hat man in Epidauros über siebenhundert Weihe-Inschriften gefunden, die uns zwar das Wesen des Gottes noch im Dunkel lassen, uns aber über die Heilerfolge und die Erwartungen der Gläubigen hinreichend Klarheit verschaffen. In den Bildwerken tritt uns Asklepios als der gütige, mitleidende Gott entgegen, dessen Bindung an chthonische (der Erde zugehörig, unterirdisch) Heilschichten durch die Attribute Schlange und Hund ikonographisch präzisiert ist. Der um Genesung bittende Wallfahrer kam, um im Heiligen Bezirk zu schlafen und im Traum Heilanweisungen des Gottes zu empfangen. Darin lag das starke persönliche Erlebnis des Kranken begründet, daß der göttliche Arzt ihm erschien und bestimmte therapeutische Maßnahmen vorschrieb. Der Kranke blieb solange am Tempelort, bis ihm heilige Weisung zuteil wurde.

Ausschnitt aus einem Ex Voto 1850: Die Heilige Ursula als Fürsprecherin; aus der Kirche Maria Dorfen in Dorfen/Oberbayern

Der Gesundete dankte mit Votivgaben, die zahlreich im Tempelbezirk aufgefunden werden konnten. Der heilende Gott bestimmte auch mitunter gewisse Spenden, die den Reichtum der Stätte begründeten.

Epidauros erlebte seine erste Blüte im vierten und dritten

Jahrhundert v. Chr. und eine bedeutende Wiederentfachung der Wallfahrt unter dem römischen Kaiser Hadrian (76 bis 138 n. Chr.). Ein gewaltiges Erdbeben im Jahre 375 und die Plünderungen der Goten um 400 n. Chr. ließen den Ort dem Vergessen anheim fallen. Jahrhunderte später siedelte dann dort ein Kult zweier christlicher Heiliger: Cyrus und Joannes, die wiederum in der Form der Inkubation (des Schlafens im Heiligtum) angerufen wurden – ein Zeugnis dafür, wie tief vermeintlich verschüttete Traditionen nachzuwirken vermögen.

ROM: Durch eine verheerende Pestseuche in Rom kam es zu einer der bedeutendsten Kultübertragungen der Spätantike, der Gründung eines Asklepios-Heiligtums auf der Tiberinsel in Rom als Filialstätte von Epidauros im Jahr 291 v. Chr. Diese Reise des Gottes nach Rom schildert Ovid (43 v. – 17/18 n. Chr.) bereits in legendärer Form in seinen berühmten „Metamorphosen“: *„Müde der Leichen, und da man einsah, daß menschliches Handeln / nichts, nichts die Künste der Ärzte vermochten, suchte man Rat / bei den Göttern: man ging zum Orakel des Phöbus, nach Delphi, / das auf der Mitte der Erde sich findet und bat, daß im Elend / Ihnen er helfe mit heilsamem Spruch und das Unglück der großen / Stadt beende. – Da erbebte der Tempel, der Lorbeer, der Köcher, / und der Dreifuß im innersten Tempel gab also die Antwort, / welche die Zagenden tröstete: 'was Du Römer hier bittest, / konntest Du näher wohl finden; jetzt noch kannst Du es näher Dir / Suchen: Apollon ist Euch das Elend zu lindern nicht nötig / sondern Apollons Sohn!'“*

Ausschnitt aus einem Ex Voto 1800: Ausziehende Tiroler Landesschützen; aus Stampfanger in Tirol. Sammlung Kriss, Bayerisches Nationalmuseum München

In Epidauros offenbarte sich der Gott dem Führer der Römischen Gesandtschaft Ogulnius in einem Traumgesicht:

„Wie er im Tempel zu sehen, einen Stab in der Linken / und mit der Rechten das Haar des üppigen Bartes sich streichend, / und als spräche er folgende freundliche Worte: ,Laß fahren / die Furcht! Ich komme zu Euch, die Gestalt hier verlassend; / Die Schlange sieh an, die meinen Stab hier umwindet, / merke sie Dir, daß Du sie wiedererkennst: Ich will in diese / Schlange mich wandeln, doch werde ich größer sein, und so groß / erscheinen, als Himmlische in ihrer Verwandlung sich zeigen‘“.

Ex Voto 1805: Wütende Frauen verprügeln marodierende Soldaten trotz deren blank gezogener Säbel; aus der Wallfahrtskirche Maria Loreto in Ambach/Ndb.

Ex Voto um 1830: Vieh-Verlöbnis zum gekreuzigten Heiland und zum Heiligen Engelmar; aus Engelmar im Bayerischen Wald. Germanisches Nationalmuseum Nürnberg

Ausschnitt aus einem Ex Voto 1801: Ein tollwütiger Hund bricht in eine Viehherde ein, der Heilige Jodokus von Haunswies hat geholfen; Bayerisch Schwaben. Sammlung Kriss, Bayerisches Nationalmuseum München

Abb. Doppelseite Ex Voto 1750: Der Fuhrknecht Wolfgang Schröckhenpaur verlobt sich und sein Gepann beim Fuhr-Unglück im Gewitter zum Heiligen Leonhard; aus dem Wasserburger Umkreis. Heimatmuseum Wasserburg am Inn

Die Tiberinsel wurde schon äußerlich zur Epiphanie des Gottes umgeschaffen in Form eines Heiligen Schiffes. Fragmente des Gottes am Schiffsbug (Kopf und Heilige Schlange) sind noch heute dort zu sehen. Die Kontinuität der Insel als Heilstätte auch im Christentum läßt sich nur noch aus den Fakten ablesen: hier wurde um das Jahr 1000 eine Kirche des Apostels Bartholomäus errichtet und ein weit gerühmtes Hospiz gegründet, aus dem heute ein modernes Krankenhaus geworden ist, das die Barmherzigen Brüder betreuen. Die christliche Umgestaltung bestätigt die Vermutung: spätantike Erlösungssehnsucht sah Asklepios und Christus in verwandtem Licht.

Christliche Bildverehrung

Wie wir aufzuzeigen suchten, war die Erscheinungsform eines Gottes in der Antike schon meist mit örtlich geprägten Glaubenstraditionen verknüpft. Auch im christlichen Verständnis entstanden in der „Gebrauchsfrömmigkeit" ausgerichtete Typen Christi oder der Heiligen, die mit dem Kultbild zwar nicht direkt identifiziert wurden, aber doch durch Habitus und Ausdruck bestimmte Erwartungen der Hilfeleistung oder des glaubensgemäßen Anliegens erfüllten. Im Bestreben, dem Gott nahe zu sein, wurde das Bild in Phantasie und Wundergewißheit als direkter Teil des Gottes oder als die Heilsperson selbst angesehen. Der Gläubige differenzierte auch zwischen den einzelnen Gnadenbildern derselben göttlichen Person, wie das die später entstehenden Wallfahrtsorte deutlich aufweisen. Diese „Spezialisierungen", die in der Volksfrömmigkeit immer wieder vorkamen, sind nur durch das formelhafte Glaubensverständnis von Spätantike und Mittelalter zu verstehen. Ein Christusbild in der Marter (der Typus ist erst im späteren Mittelalter gebräuchlich) erschien dem Bresthaften aus seiner als ähnlich aufgefaßten Situation hilfreicher als etwa ein Gnadenbild des Auferstandenen. Ein wundertätiges Christkind wurde vom Gläubigen als andere Heilsperson gesehen als ein Christkönig. Dagegen sind die Heiligen durch die

vielfältigen Formen ihres Lebensweges oder ihres Martyriums schon früh in der allgemeinen Sicht „Spezialisten" in der Wunschvermittlung als Fürsprecher oder Helfer. Mystische Bildverehrung wurde hier zum praktischen Bildgebrauch umgeformt. Zum Verständnis sei nochmals auf die spätantik-christliche Bildverehrung eingegangen:

Zur Konkretisierung eines religiösen Impetus trat die Gestalt des Gottes im Bildwerk immer erst später in den Vordergrund der Andachtshandlung. Waren es im Verständnis des Glaubens in den frühgeschichtlichen Religionsformen weit mehr die numinosen Orte, an denen die Hierophanie (Erscheinung des Heiligen) des Gottes erwartet wurde, etwa Seen, Quellen, Erdspalten, Höhlen, besonders geformte Steine und Berge mit schon älterer Verehrungstradition (manchmal bis zum Neolithikum zurückreichend), so wurde mit der Entwicklung immer bedeutenderer und kunstvollerer Gott-Statuen mit Haus und Bild des Gottes schließlich er selbst gesehen. Diese ortsgebundenen Formen des Kultes konkretisierten sich an den beiden Faktoren Tempel und Götter-Statue. Mit dem ganzen Opfer- und Zustiftungs-Apparat der religiösen Zentren zeigte sich auch immer stärker der Zusammenhang von Gnade und Bilderreichtum, von Tempelmacht und Gotteskraft.

Das Christentum wuchs aus einer Sektierer-Spiritualität zur Staatsreligion im selben Sinne einer Heilserwartung, die sich von jüdischer Abkehr vom Bild hin zu einem immensen Bilderreichtum und zur Machtdemonstration im Bild wandelte. Die Geschichte der Kirche zeigt,

Ex Voto 1826: Bäuerin verlobt eine Kuh und ihre Gänseherde zur Mutter Gottes von Hampersberg in Oberbayern. Sammlung Kriss, Bayerisches Nationalmuseum München

Ausschnitt aus einem Ex Voto 1883: Schiff im Sturm auf dem Mittelmeer; aus Vernazza, Cinque Terre/Ligurische Küste. Sammlung Tobler, Stäfa/Schweiz

daß den puristischen Glaubensauffassungen im Bilderstreit gewaltige Einbrüche der Bildfeindlichkeit zuzuschreiben sind, daß zwei Kirchenspaltungen aus diesen divergierenden Auslegungen des Glaubens erwuchsen, die das einheitliche Gebäude des Christentums bedrohten. Waren im Umkreis des Judentums und in Kleinasien die bilderlosen Strömungen stark genug, so wucherte in der Nähe der spätantiken Zentren das konträre Element absoluter Bildverehrung am stärksten. Hier wollte der Gläubige eine sichtbare Manifestation erleben, ansehen und auch anrühren können. Von Anfang an war neben der Bildfaszination gleich stark die Anberührung in der Glaubensmagie. Jeder Partikel, der irgendwann mit einer heiligen Person in Berührung stand, trägt nach diesen Vorstellungen immanent einen Teil der himmlischen Kraft in sich, die den Anberührten über das Maß der Vielen hinaushob, ihn in Gnade und im Erwähltsein auszeichnete. Daß diese unzerstörbare Kraft übertragbar sei, gehört zu den kaum festgeschriebenen Glaubensgewißheiten christlicher Volksfrömmigkeit. Ohne diese Gewißheit solcher Kraftübertragungen auch auf den Besitzer einer Reliquie oder durch Anwesenheit am Heiligen Ort zu beleuchten, läßt sich die Entwicklung des abendländischen Wallfahrtswesens und des Begehungsbrauchtums der Gnadenorte nicht verstehen. Der fanatisierte Glaube an die Ausstrahlung der Reliquien und der Orte war ja auch dem Judentum nicht fremd, er wird an vielen Stellen der Bibel ausdrücklich in Heilstraditionen umgemünzt, zum Beispiel: Jakobs Traum von der Himmelsleiter: 1. Mose 28./1622

„Da nun Jakob von seinem Schlaf erwachte, sprach er: Gewißlich ist der Herr an diesem Ort, und ich wußte es nicht; und fürchtete sich und sprach: Wie heilig ist diese Stätte! Hier ist nichts anders denn Gottes Haus, und hier ist die Pforte des Himmels. Und Jakob stund des Morgens früh auf, und nahm den Stein, den er zu seinen Häupten gelegt hatte, und richtete ihn auf zu einem Mal, und goß Öl oben drauf, und hieß die Stätte Beth-El; vorher aber hieß die Stadt Lus. Und Jakob tat sein Gelübde und sprach: So Gott wird mit mir sein, und mich behüten auf dem Wege, den ich reise, und mir Brot zu essen geben, und Kleider anzuziehen, und mich mit Frieden wieder heim zu meinem Vater bringen, so soll der Herr mein Gott sein; und dieser Stein, den ich aufgerichtet habe zu einem Mal, soll ein Gotteshaus werden; und alles, das du mir gibst, des will ich dir den Zehnten geben.“

Ausschnitt aus einem Ex Voto 1793: Der Schiffskommandant mit seinem in Seenot geretteten Schiff; aus der Wallfahrtskirche Kramsach in Tirol. Österreichisches Museum für Volkskunde Wien

Es seien noch einige Bemerkungen zur Bild-Frömmigkeit der Ostkirche eingeflochten, die hier relevant erscheinen. Im syrisch-griechisch-byzantinischen Raum glaubte man sich im Besitz der authentischen Bildnisse Jesu und der Mutter Maria. Der Evangelist Lukas sollte sie gemalt haben, wobei ihm Engel die Hand geführt hätten. Andere, die sogenannten „handlos“ gemalten Bilder wurden als vom Himmel gekommen verstanden. Dies erklärt auch, warum im Ost-Christentum die Bildtraditionen erstarren; man wollte die heiligen Urbilder von

Anfang an nur weitergeben und jede individuelle Interpretation ausschließen. Die Art des Malprozesses und der gebetsförmigen Einstimmung des Malers in einen Vorgang des dienenden Kopierens waren einzig dem Ziel verschrieben, die heiligen Originale unverändert zu bewahren. Als im 15. und 16. Jahrhundert Ikonen als Geschenke oder durch Kunstraub in mitteleuropäischen Besitz gelangten, knüpfte sich an diese allerlei Legendenbildung. Zum Beispiel wurde eine Moskauer Ikone des 16. Jahrhunderts, die sich noch heute in der Schatzkammer der Wittelsbacher (Münchner Residenz) befindet, im Inventar von 1626 der „Münchner Kammer Kapelle“ erwähnt als *„... ain Täfelein ... gar Antico und alla Graeca, kombt aus Moskau ...“* und ist im späteren Inventar von 1707 beschrieben als *„... ein Frauen Bildt von St. Lucas selbst gemahlen“*“.

Dem Christentum erwuchsen aus seinen Quellen zahlreiche Impulse: vom Judentum die Dogmatisierungs-Tendenz einer fest geschriebenen und festzuschreibenden Lehre, die Neigung zu heiligen Orten und Zeichen, zum Heiligen auch in Form von Geschichtsreliquien, zum Beispiel aus der Zeit des Exodus (Auszug aus Ägypten). Aus der Spätantike kamen die Bildverehrung, Kraftfaszinationen in Anberührungsübertragung und die kultische Vielgegestaltigkeit im Religiösen. Frühe Kirchengeschichte zeigt, daß diese so unterschiedlichen Aspekte und philosophisch-religiösen Grundhaltungen erst langsam im Dogmenstreit zur Ruhe fanden, daß sie aber andererseits die großen schismatischen Bewegungen begünstigten (Schisma = Kirchenspaltung).

Christliche Wallfahrt

Als Staatskult seit dem Toleranz-Edikt des Kaisers Konstantin im Jahre 311 bestätigt, stand die junge und als Institution unfertige Kirche zunächst noch ganz im Banne der Hoffnungen an die unmittelbare Erlösungsprophetie Christi. Messianische Erwartungen, durch jüdische und spätantike Wesenszüge gleichermaßen entflammt, waren auch durch die astrologischen Aspekte eines neuen Zeitalters geweckt worden: der Zeit unter dem Tierkreiszeichen der Fische. Daher abgeleitet wurde auch das griechische Wort Ichthys (ΙΧΘΥΣ = Fisch) als Christus-Kryptogramm

Rahmen und Ausschnitt aus einem Ex Voto 1792: Krankenszene mit Arzt; aus Oberbayern. Bayerisches Nationalmuseum München

(verschlüsseltes Wort = Jesus Christus, Gottes Sohn, Erretter). Diese Endzeiterwartungen einer großen Wende spielten im Urchristentum und darüber hinaus auch in der ganzen spätantiken Welt eine ungeheure Rolle, sie bildeten den neuen spirituellen Erwartungshorizont. Von zahlreichen apokryphen Geschichten und Schriften, die unter Berufung auf die verschiedenen Apostel legitimiert wurden, hat nur die „Apokalypse“, die Offenbarung des Johannes auf Pathmos als einzige Eingang in den Kanon des Neuen Testaments gefunden. Oft gegen den Willen der Bischöfe und Priester kanalisierten sich diese allgemeinen Erlösungserwartungen einer aus dem „Dunkel des Heidentums“ drängenden Welt in Richtung einer materialiter erlebten Gläubigkeit. Bildanrührung, das Aufsuchen von Reliquien und heiligen Orten und als heilig angesehenen Einsiedlern wurden nicht nur in einer hysterisierten Wundersehnsucht zu Heilmitteln des Leibes und der Seele stilisiert, sie wurden auch psychosomatisch als solche erfahren. Heilserwartungen erstanden in Hoffnung auf Ablaß der Sünden und der darauf unmittelbar sammelbaren Vorschüsse auf ewige Seligkeit im Betasten von heiligen Gegenständen und im Aufsuchen des Leidenspfades Christi. Die frühchristliche Wallfahrtsbewegung hin zu den heiligen Stätten war so populär, daß der Schock verständlich wird, der die gesamte Christenheit ergriff, als im 11. Jahrhundert die Araber das Heilige Land eroberten. Die gewaltigen Anstrengungen, die das Abendland unternahm zur Wiedereroberung des Heiligen Grabes, der Gnadenorte des Apostelwirkens und der Gräber der ersten Märtyrer waren den Gläubigen so einleuchtend wie die Ablaßversprechen der Päpste und Kreuzzugsprediger, die zum Heiligen Krieg aufriefen.

Erst nach dem endgültigen Verlust Palästinas wuchsen die Wallfahrten in Europa empor, wenn man einmal von Rom absieht. Die Päpste als Statthalter Petri waren schon früh bestrebt, aus dem Reliquienbesitz des Apostels auch eine weltliche Legitimation abzuleiten, die zudem in Rom als dem Ort der ersten Christenverfolgungen durch die Römischen Kaiser und dem der Katakombengräber noch verstärkt werden konnte. Die alte Rivalität zwischen Byzanz und Rom um die Vorherrschaft beförderte dann schismatische Bestrebungen auch im politischen Geleise früherer separatistischer Tendenzen.

Sebastian Mathias und Johannes Pfafenhueber welliche
gestorben in Rußland anno 1816 Vatter unser ave Maria

Totentafel 1816: Drei in Rußland gefallene bayerische Soldaten werden der Fürbitte des Heiligen Martin anheimgestellt; aus Wassing bei Frontenhausen/Obb. Sammlung Kriss, Bayerisches Nationalmuseum München

Santiago de Compostela, die bedeutendste „Ersatzwallfahrt" wurde als Kristallisationspunkt des europäischen Pilgerwesens von gestaltgebender Kraft. Seit 930 wurde dort das Grab des Apostels Jakobus des Älteren verehrt. Seit dem 11. Jahrhundert formte sich an diesem Pilgerort das ikonographische Bild des Apostels zum Patron der Pilgerschaft überhaupt. Habitus und Attribute zeigen den Heiligen wie einen Wallfahrer mit breitkrempigem Hut, mit einer Pilgermuschel geschmückt (ursprünglich Zeichen der Reise ins Heilige Land), mit Pelerine, Provianttasche, Feldflasche und Knotenstock. Entlang der großen Pilgerstraßen durch Burgund, Südfrankreich, Kantabrien und Galizien entstanden im 13. und 14. Jahrhundert eine große Zahl sekundärer Wallfahrtsorte mit unterschiedlichen Kirchenpatronen. Die ganze Reise war schließlich in fromme Stationen unterteilt. Am Ziel seiner langen Pilgerschaft wurde der Gläubige von dem ergreifend inszenierten Heiltum überwältigt. In Andachten und Messen, im Gebet und Empfangen des Sakraments am heiligen Ort erhoben, hinterlegte er sein Opfer im Schatz des Heiligen und betete um Gewährung seiner Bitten, derentwillen er die Wallfahrt gelobt hatte.

Die mittelalterliche Gesellschaft sah in der Erfüllung eines Gelübdes die heiligste Verpflichtung, allem anderen vorgeordnet. Eine Wallfahrt war aber oft für einfache Leute die einzige Möglichkeit, aus Standesbindungen an Grundherren und kirchliche Institutionen für gewisse Zeit freizukommen. So zogen seit dem späten Mittelalter ganze Heere von Gläubigen, von Arbeitsscheuen und Entwurzelten ebenso, zu den immer beliebter und mächtiger werdenden Glaubenszentren. Die Gnadenorte begannen nun in einen gewissen Wettbewerb untereinander einzutreten. Aus frommem Dankgefühl sowohl wie auch zur Dokumentation der Kraft des Gnadenbildes der heiligen Person wurden nun in Mirakelbildern und Mirakelbüchern (Wunderbilder und Wunderaufzeichnungen) die Gnadenerweise, Heilungen, Errettungen und Gebetserhörungen der Votanten bildlich festgehalten und meist außen an der Kirche zur Schau gestellt. Solche für die Wallfahrtsgeschichte wichtigen Belegbilder wurden ständig vermehrt, auch in Form von Einblattdrucken und als Trostbüchlein gesammelt, an die Pilger verkauft. *„Eine echte Wallfahrt hat nicht das Ziel, Heiliges zu sehen, sondern ist eine Reise zu einem Ort aus dem Vertrauen, daß hier mehr Gnade und Hilfe ist als anderswo. Dieses Vertrauen ist das Blut eines Wallfahrtsortes. Stirbt es, dann sinkt der heilige Ort ab zu einem Ausflugsziel mit möglicherweise frommen Nebenabsichten. Der Ursprung dieses Vertrauens kann verschiedener Art sein. Einmal jedenfalls muß ein historisches Ereignis an diesem Ort aufgeblitzt haben, das dieses Vertrauen erweckte. Dann muß der Grund dieses Vertrauens in engerem und weiterem Umkreis bekannt geworden sein. Wallfahrtspropaganda gehört also wesentlich zum Wallfahrtsort (das soll nicht heißen, Fremdenverkehrswerbung). Damit gewinnen die Mittel zur Weckung dieses Vertrauens an Ehrenhaftigkeit und Wertschätzung."*
(Aus: Robert Bauer „Die Altöttinger Votivtaferl", Passauer Jahrbuch für Geschichte, Kunst u. Volkskunde, 1971/Bd 13).

Ausschnitt aus einem Ex Voto um 1830: Die Gnadenmutter von Niederrickenbach im Kanton Nidwalden/Schweiz. Sammlung Tobler, Stäfa/Schweiz

Die Kirche wahrte bis zum Ende des Hohen Mittelalters ein Christusbild, in dem Jesus als der Überwinder des Todes, als Christkönig bzw. Pantokrator (Allherrscher) verehrt wurde. Erst mit den schweren Krisen des 13. Jahrhunderts, mit Klimaverschlechterung, mit Pest, Hungersnöten und dem Nachlassen einender abendländischer Zielsetzungen (wie der Befreiung des Heiligen Landes) wurde der Christus-Typ in der Volksfrömmigkeit, besonders auch unter dem Einfluß der Bettelorden, zum Schmerzensmann. In einer Blut- und Wundenfaszination begriffen, gewann dies Leidensbild des Erlösers immer größeren Einfluß in den Symbolen der Devotion (als mystisches Ereignis auch in der Stigmatisation des Hl. Franz von Assisi abzulesen). Gleichermaßen verstärkte sich die Präsenz der Marienbilder, nun in der Form der Fürbitte leistenden Mutter; auch die Bedeutung

Ausschnitt aus einem Ex Voto 1835: Engels-Paar; aus St. Kastulus in Pfaffenhofen über Aichach/Schwaben. Sammlung Kriss, Bayerisches Nationalmuseum München

Ex Voto 1706: Österreichische Besatzungssoldaten malträtieren eine Bauernfamilie; wahrscheinlich aus der Wallfahrtskirche St. Leonhard, Inchenhofen/Schwaben. Germanisches Nationalmuseum Nürnberg Interessant an dieser Tafel ist, daß in einer Art Schadenzauber nachträglich den dargestellten Soldaten die Augen ausgekratzt wurden.

der Heiligen wuchs noch im Patronatsdenken der Zeit. Letztlich führte diese Entwicklung den ikonographischen Reichtum des späten Mittelalters herauf, führte gleichfalls zur Ausprägung der vielen Gnadenorte und Wallfahrtsstätten. Mit dem 15. Jahrhundert beginnen die großen Marienwallfahrten sich zu Pflanzstätten einer die Menschen damals überwältigenden Marienverehrung im Herzen der Völker zu gestalten. Vier dieser Gnadenstätten führten die Bewegung an: LORETO in Oberitalien (im Besitz der „Santa Casa", des von Engeln nach Loreto gebrachten Heiligen Hauses der Jungfrau Maria); in Süddeutschland ALTÖTTING; in der Schweiz EINSIEDELN; in Österreich MARIA ZELL; sie erhoben sich durch ihre wundertätigen Marienbilder zu überregionaler, ja internationaler Geltung.

Ex Voto und Mirakelbild

Besonders gut, fast lückenlos, sind wir über das Bedeutungswachstum von Altötting unterrichtet. Dort haben sich seit dem Ende des 15. Jahrhunderts mehrere Mirakelbücher mit den dokumentarisch festgehaltenen Einführungswundern der Schwarzen Madonna überliefert.

„Leonhard Mayer ward durch einen Aufruhr, beschehen zu Rotenberg im Intal (Rattenberg/Tirol) in Gefängnis so hart über Billigkeit angezogen mit Frage in der Marter, daß er eines Totschlags oder Mordes vor lange beschehen bekannte und also verurteilt zum Tode und geradtbrecht und ihm sein Hals und Genick, Brust, Arm und Beine kräftiglich zerstoßen und darnach auf das Rad mit Strikken inmitten seines Leibes, Händen und Füßen härtiglich gebunden. Also daß er nit Atem haben mocht anzurufen Mariam in seinen Nöten und also an dem Rade aufgerichtt ward. Und als dem Gerücht Genügen beschehen und abgewichen war, wiewohl er mit seinem Munde nit mocht, rufet er doch in dem Herzen zu Mariam der Betrübten und Gepfrengten Trösterin und Helferin, als er denn

vormals in der Marter mit dem Munde getan hat. Nehmt wahr, er empfand, daß alle seine Glieder wiederum ganz waren und rufet laut in seinem Herzen um Auflösung der Stricke. Von stundan entlösten sich die Stricke, daß er ledig aufsaß, von dem Rade sich ließ, einen Stecken nahm und zu Angesicht vieler der Menschen darvon ein Meil Wegs ging. Als er aber von dem Gericht wiederum behemmt oder angenommen und gefragt ward seines Gesunds, Gänzung der Glieder und Erledigung, sagt er daß er des Totschlags oder Mordes aus großer Marter bekannt unschuldig und darauf durch Anrufung Mariae und sich sie zu alten Öding heimzusuchen gelobend, also ganz gesund und erledigt, auch kein Weh in den Rädern geschehen wäre. Darauf er auch von dem edlen Landsfürsten, da ihm das wunderliche Geschicht schriftlich verkündt ward, ledig geschafft, gen alten Öding mit den Stricken, da er mit gebunden war gewesen, und einem wächsen Rade am Freitag nach Sankt Peters Stuhlfeier kommen ist. Da man zählte von Christi Geburt tausendvierhundertundfünfundneunzig Jahre, Gott lobend und die werte Jungfrau Mariam.
O Jungfrau Maria, verleih uns Gnade, daß da aufgelöst werden die Strick und Bande unserer Sünden und die Glieder unseres Gewissens, durch unsere Missetat zerbrochen, wieder gegänzet und gerecht und unschuldig an unserm letzten Ende erfunden werden. Amen".
(Wunder Nr. 77 aus „Das Büchlein der Zuflucht zu Maria" Altöttinger Mirakelberichte von Jacobus Issickemer, 1497).

Unter den alten Marienorten ist Altötting in seiner Anlage am reinsten erhalten geblieben; der Innenraum - ein karolingisches Oktogon - ist noch fast authentisch. Die Heilige Kapelle bewahrt in ihren bescheidenen Ausmaßen am getreuesten den mittelalterlichen Eindruck. In der Bilderfülle der unzähligen Silbervotive, den prunkvollen Herzurnen der regierenden Mitglieder des Hauses Wittelsbach (bayerischer Herzöge und Könige und des Kaisers Karl VIII. Albrecht (1697–1745), die ihre Herzen nach dem Ableben hier beisetzen ließen), ist dieser Raum grandios und intim zugleich, ganz auf das Gnadenbild hin ausgerichtet. Die großen Tafeln im Kapellenumgang mit den Mirakelbildern aus der Zeit um 1520 bis 40 mit den Lobpreisungen der Hilfe Mariens sind eine eindringliche, bewußt

Ausschnitte aus einem Ex Voto 1850: Raubüberfall; aus der Wallfahrtskirche Maria Dorfen in Dorfen/Obb.

Ex Voto (Hinterglasmalerei) um 1880: Der Heilige Leonhard hilft bei der Rettung einer Geiß, die sich am Berg verstiegen hat; aus dem Werdenfelser Land. Werdenfelser Museum Garmisch-Partenkirchen

zur Schau gestellte Wallfahrtsbestätigung. Die Gläubigen, die so mannigfache Gebetserhörung über die Zeiten hin wahrnehmen, werden dadurch in ihrem Vertrauen bestärkt. Im Vorraum und im überdachten Umgang sind die Wände mit zahlreichen Votivtafeln behängt. Mgr. Professor Robert Bauer, Wallfahrtsadministrator, berichtet in einem Beitrag „Die Altöttinger Votivtaferl“ (1971):

„... In der Zeit des Dreißigjährigen Krieges hingen jedenfalls schon Hunderte von Taferln in und an der Heiligen Kapelle. Die zuverläßigsten Angaben für die Anzahl der hereingekommenen Votivtafeln erhalten wir komischerweise aus der Rechnung über die handgeschmiedeten Hackln (Wandhaken), *je eines für ein Bild, und den Taglöhnen für das Aufmachen der Bilder. Eine Übersicht für die Zeit 1656–1693 gibt im Durchschnitt für ein Jahr 300 Hackln, bei der Gesamtzahl von 12.450 Haken = Bilder für etwa 40 Jahre (heute hängen in unserer Kapelle aus dieser Zeitspanne nur mehr zehn Bilder). Für einzelne Jahre sind genauere Angaben für die Taferl selbst datiert: 386, 438, 458 etc. Ab 1658 bereits werden die Mirakeltafeln auch im Kreuzgang der Stiftskirche aufgemacht; er wurde allmählich völlig damit austapeziert, auch die Siebenschmerzen-Kapelle. Ab 1693 scheint eine neue Praxis auf: die alten Tafeln werden abgenommen und an ihre Stelle die neuen hingehängt. Die Löhne für solches Auswechseln von Tafeln werden bis 1763 eigens verrechnet. Für spätere Zeiten sind folgende Angaben bezeugt: 1881 zahllose Votivtafeln; 1891 und 1892 zusammen 2.970 Tafeln, also jährlich 1.500; 1896: 970 Tafeln; 1897: 1.215 Tafeln. Notizen über geopferte Votivtafeln finden sich immer wieder auch in den Sammlungen der Mirakelberichte; freilich werden Ex Votos nur gelegentlich und für besondere Erhörungen vermerkt. Ein Mirakelbuch von 1613–1625 berichtet 455 Wunder, erwähnt aber nur 64 Taferl. . . . Wenn noch alle Tafeln erhalten wären, ergäbe sich eine Summe von 50.000 Stück.“*

Verlöbnisgründe ergaben sich in der Frühzeit besonders aus allen Bereichen menschlichen Versagens: des Verstoßes gegen Gesetz und Moral, um Lösung von Blutschuld insbesondere, um Sünde, wie sich dies etwa in der Thannhäuser-Sage darstellt

(Wallfahrt nach Rom), Bitten um Hilfe in Streitfällen, um Lösung aus der Gefangenschaft, um Erfüllung von Liebe, um Kindersegen und anderen Wünschen, vor allem aber die unzähligen Bitten um Heilung und Verschonung von Krankheit. Alsbald bürgerte sich die Sitte ein, Opfer, die man darbrachte, zunächst wohl noch oft in Naturalien, dann in geformtem Wachs zu spenden und diese Wachsvotive im Altarraum aufzuhängen. Die Wallfahrtskirchen wurden zu Sammelräumen solcher Bitt- und Dankzeichen: lebensgroß und lebensnahe gebildete Figuren der Votanten, oft im Gewicht des eigenen Körpers bis hin zu kleinen bescheidenen Gaben, die bresthafte Glieder, Organe des Körpers, Tiere oder andere Symbole der erhaltenen Hilfe darstellten; bei geheilten Beinleiden wurden auch die Krücken in der Kirche zurückgelassen. In Ablösung dieser Wachs- und anderen Spenden, die auch den Ärmeren möglich waren und von diesen noch späterhin beibehalten wurden, kam es zum Brauch der Silber- und auch Gold-Votive, die wie die Wachsgaben von kleinen Organ- und Extremitätengebilden bis zum lebensgroßen Abbild des sich Verlobenden reichten. Erinnert sei an das bezaubernde Weihebildnis des 10jährigen bayerischen Kurprinzen Max Joseph, das sein Vater Kurfürst Karl Albrecht 1737 nach Altötting stiftete. Diese als „Silberprinz“ weltberühmte Rokoko-Skulptur des bayerischen Hofbildhauers De Grof (1676–1742) kniet noch

Ausschnitt aus einem Ex Voto um 1830/40: Kaspar Miller wird vom Zahnschmerz befreit; aus der Heilig Kreuz Kapelle Hohenburg. Lenggries/ Oberbayern

heute an der rechten Seite vor dem Marien-Altar.

Eisen als Signatur der Ketten und Verließe hat zur Sitte der Eisenvotive geführt; die von Schmieden geformten Figuren waren mit Ketten beladen dargestellt. Darüber hinaus haben aber Dorfschmiede im alpenländischen Raum für „Vieh-Verlöbnisse", das sind die Bitten um Befreiung von Viehseuchen oder andere bedrängende Probleme der Viehhaltung und der Gefährdung durch Reit- und Zugtiere, kleine Eisenvotive geschmiedet oder aus Blech geschnitten, die besonders in den Wallfahrtsorten des Heiligen Leonhard, dem Patron der Gefangenen und der Nutztiere, seit dem 16. und 17. Jahrhundert gestiftet wurden.

Auch später achtete man noch die Heiligkeit solcher Zeichen. Von Zeit zu Zeit, wenn die Kirchen diese Votive nicht mehr fassen konnten, wurden sie in großen Gruben um die Kirche herum versenkt, wo sie teilweise heute wieder aufgefunden werden.

Die bewegendsten Zeugnisse des Wallfahrtsbrauchs sind die Votivbilder, welche seit der Mitte des 15. Jahrhunderts, von dem älteren Stifterbildnis her inspiriert, als eigenständige Form der Verlöbniserfüllung in Italien am frühesten greifbar und bei uns seit dem Ende des 15. Jahrhunderts bekannt sind. Es scheint jedoch, daß sich die Stiftung von Ex Voto Tafeln nicht überall in gleichem

Legendenbild oder Ex Voto 1779: Zum Schutz gegen Räuber eilen die Toten aus den Gräbern zu Hilfe; aus der Gegend Mühldorf/Inn. Sammlung Kriss, Bayerisches Nationalmuseum München Diese merkwürdige Darstellung findet sich schon im Stundenbuch des Duc de Berry, das die Gebrüder Limburg um 1416 in Burgund malten; auch in Straubing in der Allerseelen Kapelle gibt es eine gleiche Darstellung aus dem Jahr 1721

Mirakelbild des Stefan Mülner von 1515: Sein Kind wird aus dem Mühlbach gerettet. Im Kapellenumgang der Gnadenkapelle von Altötting

Ausmaß durchgesetzt hat. Neben Italien, dem deutschsprachigen Raum, Frankreich und Spanien sind andere katholische Provinzen trotz ausgeprägten Wallfahrtswesens nicht in größerem Umfang in diesen Brauch verwurzelt. Es ist allerdings schwierig, dieses aus heutigen Bilderhaltungen zweifelsfrei festzulegen, denn auch die Zeit des Rationalismus und kirchlichen Reformeifers haben solcher Bild-Devotion ebenso viel Verluste zugefügt wie Schaden und Zerstörung von außen, sei es Krieg, Feuer etc. Man schämte sich im späten 19. Jahrhundert vielerorts dieser anrührenden Zeichen einer kindhaften Volksfrömmigkeit und des Glaubens an Wunder und Wunderheilungen. Wer die überquellende Fülle an vielen Wallfahrtsorten in Bayern, Österreich und Italien kurz nach dem Zweiten Weltkrieg noch erlebt hat, sieht sich immer mehr kahlen Kapellen- und Kirchenwänden gegenüber. Nun drohen noch „Antiquitätenwelle" und Volkskunstschwärmerei mit ihrer vor keinem Diebstahl zurückschrekkenden Manie, alles fortzutragen, was nicht wirkungsvoll gesichert war und ist.

Votivbilder lassen sich sozusagen in einem programmatischen Sinn deuten. Der Typus ist schon in den frühesten Beispielen ausgebildet, formelhaft selbstverständlich, bei unendlicher Mannigfaltigkeit der Bildmittel und der Auffassungen. Vor allem ist die angerufene Heilsperson dargestellt, die meist in einer Gloriole oder im Wolkenloch am Ort des Geschehens erscheint und oft einen Gnadenstrahl zur Erde sendet. Sodann ist häufig der Verlobte abgebildet, derjenige also, der die Hilfe empfangen hat oder für den sie erbeten worden war. Natürlich kann dies auch ein Tier, ein Gegenstand bzw. Besitz, wie Anwesen oder Schiff sein. Ist der von der Gefahr Bedrohte mit dem Votanten (Verlobenden) nicht identisch, so treten meist in Gebetshaltung knieend auch Familienangehörige, Arbeitsgenossen und Kameraden in Erscheinung. Nicht immer ist die Art der Bedrohung oder des Unfalls dargestellt, sie kann auch durch einen Text angegeben sein, der nun als letztes Element der festgelegten Dankesform hinzutritt, dann noch die Jahreszahl, welche das Ereignis auch zeitlich fixieren soll. Anstelle des Textes können mitunter verschiedene Buchstaben-Kürzel oder die Worte Ex Voto stehen.

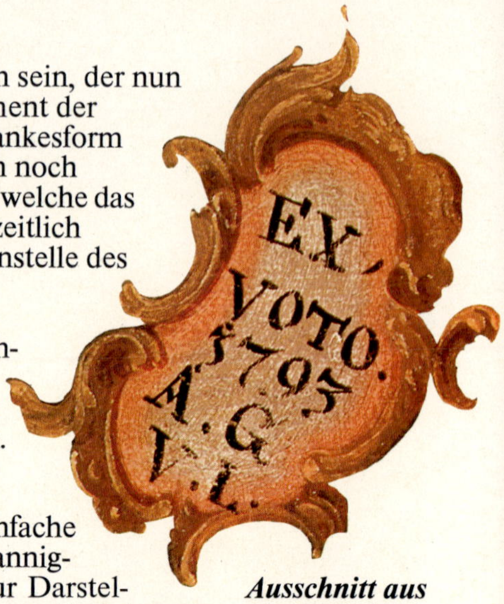

Ausschnitt aus einem Ex Voto 1793; Österreichisches Museum für Volkskunde Wien

Die nicht einfache Aufgabe, so mannigfaltige Dinge zur Darstellung zu bringen, hat bei den Votivtafeln zu den verschiedenartigsten Lösungen geführt. Der Versuch, das Wunder zu malen,

Mirakelbild des Michel Schefmann um 1510: Glücklicher Ausgang eines Raufhandels. Im Kapellenumgang der Gnadenkapelle Altötting

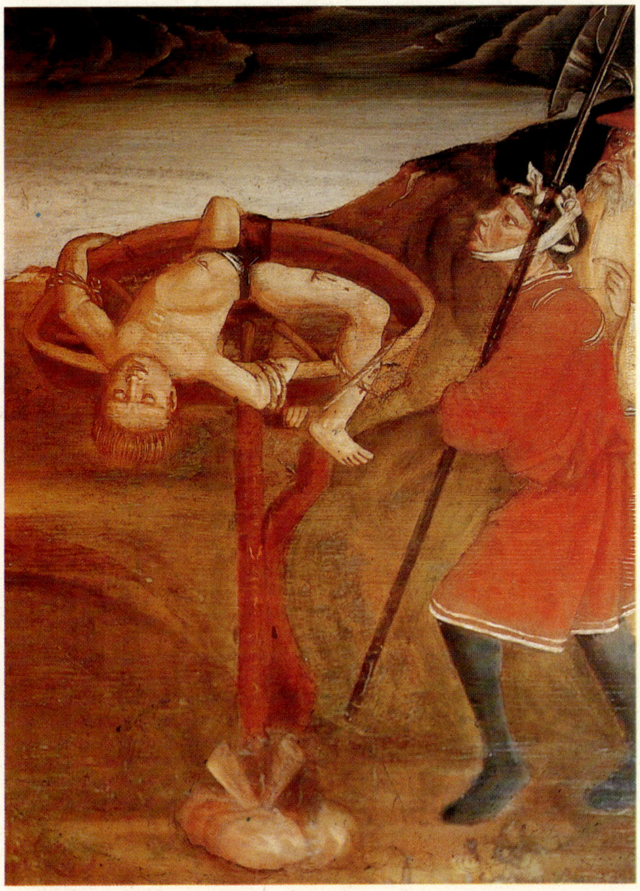

Mirakelbild des Hanns Felckh von 1500: Der mit dem Rad Gerichtete kam mit dem Leben davon; Im Kapellenumgang der Gnadenkapelle Altötting

Mirakelbild des Wolfgang Pircher von 1491: Jagd-Unfall durch einen Armbrustbolzen bei der Vogeljagd; im Kapellenumgang der Gnadenkapelle Altötting

Ausschnitt aus einem Ex Voto 1815: Raubüberfall; aus der Wallfahrtskirche Maria Dorfen in Dorfen/Oberbayern. Der angerufene Heiland deutet nach Geißelung und Verspottung auf seine heimliche Schulterwunde; eine Tradition, die sich aus der Vision des Heiligen Bernhard herleitet

gab den Bildern oft ungewöhnliche Dramatik, diese wechselt aber auch mit ganz statuarisch verfestigten Auffassungen. Farbenfroh dekorative Malereien lösen strenge, fast monochrome Bilder ab. Von winzigen Dankestäfelchen reicht die Skala bis zu riesigen Tafelbildern, denn neben Einzelpersonen verlobten sich bei Seuchengefahr, Feuersbrünsten und Kriegsnotständen ganze Gemeinden zu ihrem Schutzpatron. Sie versprachen jährliche Gebetswallfahrten mit Messen, die Spenden zu wiederholen und alle hundert Jahre eine Erneuerung der Tafel durchzuführen – ein Brauch, der oft von den Enkeln der Erhörten gewissenhaft eingehalten wurde und noch wird.

Für die Kulturforscher und den Liebhaber von Volkskunst sind die Bildtäfelchen ein steter Quell der Anregung. Zudem sind die Votivtafeln zuverlässige Urkunden zur Brauchtums-, Tracht-, Namens-, Lebensforschung und gleichermaßen ein Spiegel der großen bildnerischen Kraft naiver Gestalter. Alles Unwesentliche ist gemieden, der Phantasie des Beschauers ist das Stenogramm eines Notstandes bereitet. Die Farbigkeit einer barocken Sicht verrät oft den an der zeitgenössischen Kirchenkunst geschulten Geschmack der Maler, die Anlaß und Gottesbild zu formen suchten. Die Urheber der Danktafeln waren Schreibkundige am Ort der Wallfahrt, meist der Mesner, der Lehrer, auch Schreiner und Stubenmaler, die in der Tradition des Wallfahrtsortes lebten, so daß sich an gewissen Merkmalen des wundertätigen Bildes und anderer örtlicher Besonderheiten noch nachträglich Zuordnungen ermöglichen lassen, wenn diese nicht durch den Text gegeben sind. Wallfahrten in der Nähe der Städte haben oft auch professionelle Maler zum Fertigen der Tafeln herangezogen und einige sind namentlich bekannt, aber das ist doch die Ausnahme.

Die größere Zahl der Votivbilder ist von so anrührender Einfalt im bildlichen Darstellen und unbeholfen im Text, so daß man annehmen möchte, sie seien vom Betroffenen selbst oder einem Familienmitglied angefertigt worden. Sie gleichen Kinderzeichnungen in ihrer spontanen Unbekümmertheit, in ihrer vertrauensvollen, oft unfreiwillig komisch ergreifenden Hinwendung. Trotz des bitteren Leidens und scheinbar auswegsloser existentieller Bedrängnis zerstreut sich plötzlich das Dunkel, siegt endlich die Kraft des Glaubens.

Literatur-Auswahl

Robert Bauer, „Die Altöttinger Votivtaferl“, Passauer Jahrbuch f. Geschichte, Kunst u. Volkskde., Bd XIII/1971

Klaus Beitl, „Votivbilder“, Salzburg 1972

Wolfgang Brückner, „Volkstümliche Denkstrukturen und hochschichtliches Weltbild im Votivwesen“, Basel 1963 (Schweiz. Arch. Vkde.)

Claus Hansmann und Ludwig Döderlein, „Altötting“, München 1960

Liselotte Hansmann, „Heilorte der Antike“, Frankfurt/M., 1968 (Reihe d. Chemiewerke Homburg)

Karl Kerényi, „Der göttliche Arzt“, Darmstadt 1964 (Wissensch. Buchges.)

Lenz Kriss-Rettenbeck, „Das Votivbild“, München 1958

Lenz Kriss-Rettenbeck, „Bilder und Zeichen religiösen Volksglaubens“, München 1963

Lenz Kriss-Rettenbeck, „Ex Voto, Zeichen, Bild und Abbild im christlichen Votivbrauchtum“, Zürich 1972

Juliane Roh und Claus Hansmann, „Ich hab wunderbare Hilf erlangt“, München 1957

Leopold Schmidt, „Votivbilder in Österreich“, Wien 1973 (Mus. f. Volkskde., Kat.)

Walter Tobler, „Votivbilder in der Schweiz“, Zürich 1968 (Schweiz. V'Hochsch.)

Brettspiele
Zwischen Glück und Taktik

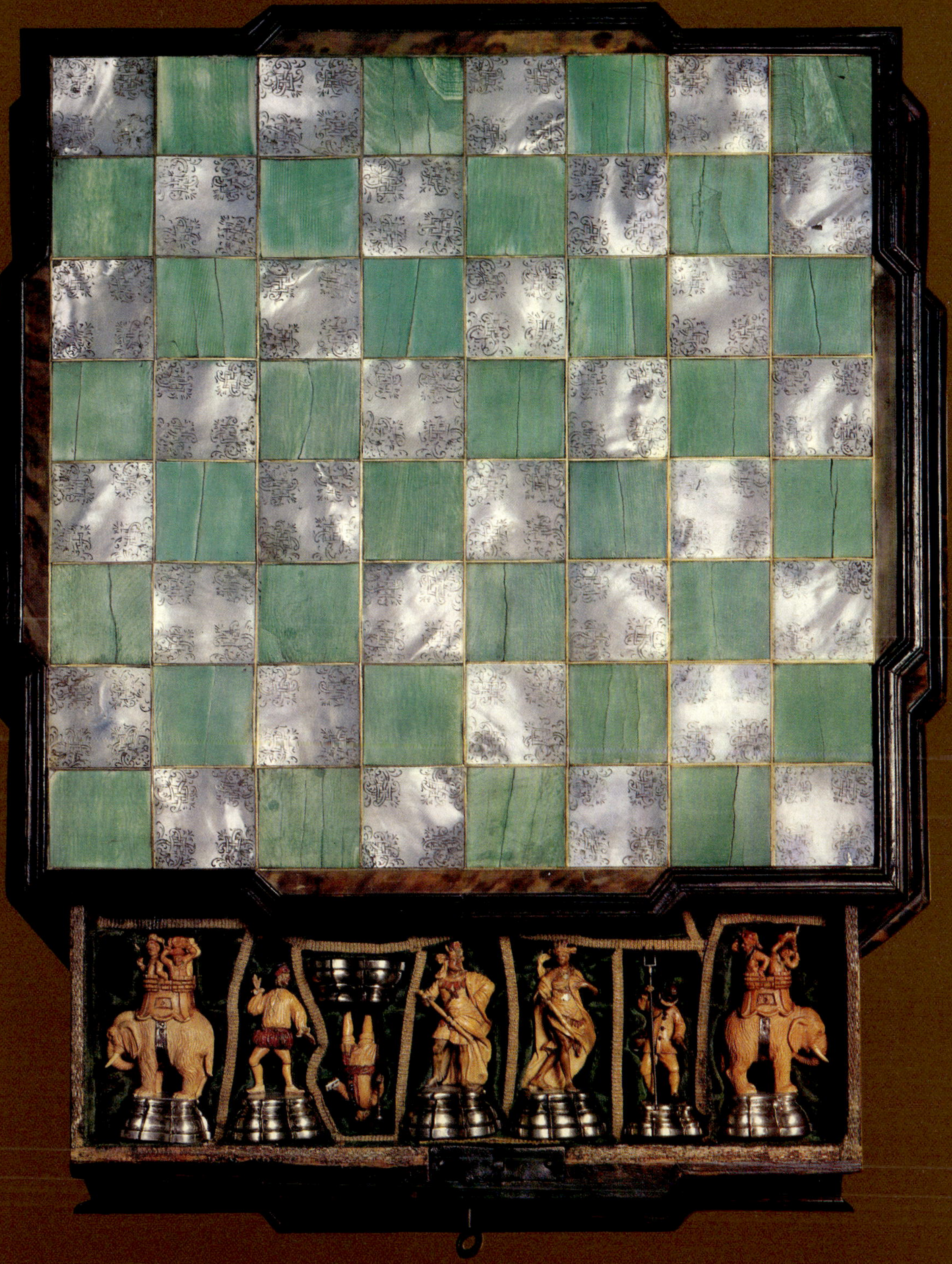

Abb. Vorderseite: Schachspiel mit geöffneter Figuren-Schublade. Schildpatt, gefärbtes Elfenbein, Perlmutter. Figuren: Buchsbaum-, Nuß-, Spindel-Holz auf silberbeschlagenen Sockeln. Augsburg um 1737/39; Bayerisches Nationalmuseum München.

Geöffnetes Spielbrett zum „Kleinel-Spiel" (Kloaneln). Österreich um 1820. Unten: Herzkönig aus dem gleichen Spielbrett; Österreichisches Museum für Volkskunde Wien

„Jene Menschen ... saßen angstvoll inmitten politischer, wirtschaftlicher und moralischer Gärungen und Erdbeben, haben eine Anzahl von schauerlichen Kriegen und Bürgerkriegen geführt, und ihre kleinen Bildungsspiele waren nicht bloß holde sinnlose Kinderei, sondern entsprachen einem tiefen Bedürfnis, die Augen zu schließen und sich vor ungelösten Problemen und angstvollen Untergangsahnungen in eine möglichst harmlose Scheinwelt zu flüchten."

So schrieb Hermann Hesse im Summarium seiner Lebenserfahrungen, dem „Glasperlenspiel". Das Bedürfnis des Menschen, sich zumindest zeitweise von der Welt auszusperren und sich selbstfindend auszuruhen, ist nicht geringer geworden.
Im Gegenteil, auch in der Freizeit sieht er sich einer Flut von Ablenkungen vor allem durch die Medien gegenüber, die zu bewältigen beinahe unmöglich scheint. Besonders in Rundfunk und Fernsehen mit ihren schnell wechselnden Programmen und Eindrücken wird die Aufnahmefähigkeit überfordert; das verleitet zur Passivität und läßt den Menschen leicht oberflächlich und vergeßlich werden.

Nach einem hektischen Arbeitstag, der nur noch sehr wenigen Menschen in einigen Berufen die Möglichkeit gibt, sich eingehend und konzentriert mit ihrer Tätigkeit zu befassen, setzt man sich auf der Suche nach Entspannung einem Vergnügungsprogramm aus, das in Vielfalt und Unterschiedlichkeit des Anspruchs und der Gestalt den überfüllten Berufsalltag lediglich fortsetzt. Die Kräfte werden keineswegs belebt, sondern weiter stark beansprucht, und nur selten bietet sich dem Menschen erfüllende und entspannende Beschäftigung.

Während sich selbst zuhause die Horizonte für den Menschen beständig ausweiten und die sozialen Prozesse immer undurchschaubarer werden, sehnt er sich nach Ordnungen, die leichter zu überblicken sind als die der allgemeinen Welt.

Diese Sehnsucht kann sich vor allem im Spiel erfüllen, einerlei, ob wir nun das sportliche Spiel meinen, das meist größeren Raum benötigt, oder Spiele, die auf kleinster Fläche durchzuführen sind: Brettspiele. Die Ruhe, die das Spiel vermitteln kann, beschreibt eine Ode, die einem Spielebuch aus Wien von 1756 vorangestellt ist:

„Der Bürger winkt dem Abendstern,
Und legt die Sorgen auf die Seite;
Folgt in der Lust dem Hof und Herrn,
Eilt zur Gesellschaft und zur Freude.
Wenn er den Kummer lindern will,
Holt er, ermüdet von Geschäften,
Bey dem am Hof beliebten Spiel
sich wieder neue Kräfte."

Die Brettspiele erfüllen am vollkommensten die Merkmale des Spiels allgemein, die Johan Huizinga in dem Buch „Homo ludens" zusammengestellt hat: Spiel muß freies Handeln sein – das Spiel ist nicht das „gewöhnliche" oder „eigentliche" Leben – ein Spiel muß räumlich und zeitlich begrenzt sein – ein Spiel muß beliebig wiederholbar sein.

Hermann Hesse erkannte für unsere Zeit die besinnlichen und besinnenden Möglichkeiten des Spiels. Doch dieses Bedürfnis nach Ruhe im Spiel scheint nicht nur ein Zeichen der Gegenwart zu sein. Uns sind Spielvorlagen überkommen, die mehrere tausend Jahre alt sind, von denen wir oftmals die Spielregeln nicht mehr kennen. Vielfach wissen wir nur durch Zeichnungen von Spielplänen, wie z. B. in ägyptischen Tempeln und in Grabkammern der Pyramiden. Die frühesten Spielbretter kennen wir aus Ländern wie Ägypten, Mesopotamien, Assyrien, Zypern, Kreta, in denen es Brauch war, den Besitz des Verstorbenen ins Grab mitzugeben.

Die ersten Geschichtsaufzeichnungen stammen aus Ägypten und Babylonien; zu den ältesten Zeugnissen dieser Kulturen gehören auch Spielbretter. Das früheste Spielbrett, für das sogar Spielfiguren erhalten sind, kommt aus einem Grabfund aus der prädynastischen Periode Ägyptens (4000–3500 v. Chr.). Dieses Brett aus dem Fund von El Mahasua weist bereits die typischen Merkmale eines Spielbrettes auf: Es teilt sich in einzelne Felder und die Figuren werden auf diese Felder gesetzt oder darüber hinweg bewegt. Allerdings ist es ungewiß, ob dieses Brett dem sakralen Orakel oder schon zu profaneren Spielzwecken diente.

In der 5. Dynastie (2500–2400 v. Chr.) wurden erstmals Wandmalereien gefertigt. Diese Darstellungen zeigen manchmal Menschen, die an einem Brett spielen. Verschiedene Spieldiagramme entdeckte man auf den Dachplatten des Tempels von Kurna aus der Zeit um 1400 v. Chr. Vermutlich haben Bauleute sich zum Zeitvertreib die Diagramme als Spielpläne in die Steine geritzt. Als 1926 die königlichen Gräber der ersten Dynastie von Ur, der ehemaligen Hauptstadt des babylonischen Reiches, geöffnet wurden, kamen auch vier Bretter ans Tageslicht, deren Felder sich durch verschiedene Bemalung und durch Intarsienarbeiten aus Perlmutt und Lapislazuli voneinander abhoben.

In neueren Spielebüchern wird dieses Brett oft als Beispiel ältester Vorlagen gezeigt; auch ist das Spiel von Ur als Druck auf dem Markt erhältlich, wobei man versuchte, die Spielregeln zu rekonstruieren.

Zeiger-Roulette mit Wismut- und Temperamalerei. Oberdeutsch 1583. Unten: Eicheldame aus dem gleichen Spielbrett; Bayerisches Nationalmuseum München

Von diesen frühen Zentren entwickelter Kultur gelangten die Spielvorlagen nach Griechenland und von dort bei der Kolonisation Siziliens und Süditaliens in die Sphäre des römischen Reiches. Verschiedene Quellen bezeugen die Existenz von Brettspielen im antiken Griechenland. Wir kennen wiederum geritzte Spielvorlagen, hauptsächlich aber Vasenbilder, so z. B. das Bild des Künstlers Exekias (6. Jahrhundert v. Chr.), das zwei trojanische Helden darstellt, die, ungeachtet der Schlacht, selbstvergessen über ein Spielbrett gebeugt sich gegenüber sitzen. Vielleicht handelte es sich dabei um eine frühe Form des petteia, das der Chronist Pollux (2. Jh. n. Chr.) recht ausführlich beschreibt. Jeder der beiden Spieler besitzt eine Anzahl Spielsteine, die auf das Brett gesetzt werden müssen und mit denen die Steine der anderen Farbe erobert werden sollen, indem man sie schlägt oder einschließt.

Zahlreiche literarische Hinweise finden sich auch für das römische Reich. Cicero (106–43 v. Chr.) sieht im Spiel eine durchaus legitime Entspannung selbst für den achtbaren und ehrenwerten Römer, solange er im Spiel seinen Idealen treu bleibt und Zucht und Disziplin wahrt. Daß diese Forderung nicht immer erfüllt wurde, wissen wir von Ovid (43 v.–17 n. Chr.), der bei der Aufzählung verschiedener Spiele das Glücksspiel als lasterhaft verwirft. So war im alten Rom der Ausdruck „aleator“ = Würfelspieler ein Schimpfwort.

Glückshaus-Spielplan und Ausschnitte aus dem gleichen Spielbrett, Wismut- und Temperamalerei aus Holz. Oberdeutsch, 1583; Bayerisches Nationalmuseum München

Die hauptsächlich erwähnten Spiele in Rom waren das Spiel der zwölf Linien (ludus duodecim scriptorum) und das latrunculi-Spiel. Das zwölf Linien-Spiel scheint ein taktisches Glücksspiel gewesen zu sein, da es an einer Stelle über die Spielweise heißt:
„... was immer dem Wunsch zuwider ausgefallen ist, korrigiere der Mensch mit Geschicklichkeit."
Durch besonnenes Taktieren konnten also Nachteile ausgeglichen werden, die beim Würfeln entstanden waren.

Das latrunculi-Spiel war ein rein taktisches Spiel, bei dem es ausschließlich auf das Können der Spieler ankam. Das Spiel ist komplexer als das Dame-Spiel und doch einfacher als das Schach-Spiel; im latrunculi-Spiel wie im petteia sahen die Forscher bereits im 17. Jahrhundert die ideellen Vorläufer des Dame-Spiels.

Mit den römischen Legionen kamen diese Spiele dann in den mitteleuropäischen Raum. Die Germanen übernahmen im 1. oder 2. Jahrhundert n. Chr. das lateinische „tabula" = Tafel, doch ist unklar, ob damit ein Spielbrett allgemein oder schon ein bestimmtes Spiel bezeichnet wurde. Es gibt keine Hinweise, daß die germanischen Stämme selber Brettspiele kannten; erst ab dem 11. Jahrhundert waren Begriffe wie tafl, taefl oder zabel in der Bedeutung „Spielbrett" im allgemeinen Gebrauch.

Eine wichtige Vermittlerfunktion zwischen Asien und Europa kam den Arabern zu, was sich an der Verbreitung des Schach-Spiels zeigen läßt. Erste Hinweise enthält die altindische Sanskrit-Literatur, doch dürfte es sich hierbei um Vorläufer der uns heute bekannten Form des Schachspiels handeln. Über Persien wanderte das Spiel zu den Arabern, wo wir aus der Regierungszeit des Kalifen Omar I. (gest. 643), einem Schwiegersohn des Propheten Mohammed, die ersten sicheren Aufzeichnungen besitzen. Zwanzig Jahre später berichtet eine andere Quelle aus den Kalifentraditionen über geschnitzte Figuren, die aus Persien eingeführt wurden und Pferde und Elephanten darstellten. Der Kalif beanstandete, man denke an die Bildfeindlichkeit bestimmter Glaubensrichtungen im Islam, zwar die Figuren, nicht aber das Spiel selbst.

Das Schach-Spiel nahm nun mit den arabischen Eroberern den Weg durch Nordafrika nach Spanien, von wo es sich über ganz Europa verbreitete. Aus unseren Gebieten datiert die erste Erwähnung aus der Amtszeit Papst Alexanders II. (1061–1073). Der Kardinal-Bischof von Ostia beschwerte sich beim Heiligen Stuhl, der Bischof von Florenz habe „scaccus" gespielt; der Beschuldigte verwies, allerdings vergeblich, darauf, daß lediglich Würfelspiele verboten seien; er mußte trotzdem Buße ableisten. Aus der Verteidigung des Florentiner Bischofs ist zu erkennen, daß es sich bei diesem Spiel tatsächlich um das rein taktische Schach-Spiel gehandelt haben muß.
Im Verlauf des Mittelalters erlebten das Schach-Spiel und auch andere Brettspiele eine Blüte wie nie zuvor. Die Minneliteratur erzählt von vielen Schachbegebenheiten, bald gehörte Schach zu den sieben ritterlichen Künsten.

Magische Spielbretter waren Bestandteil von Sagen, z. B. bei König Artus; Fresken und Stiche zeigen den Menschen, wie er gegen den Tod spielen muß und freilich verliert. Wie bei anderen Spielen ging es auch beim Schach teilweise um beträchtliche Einsätze, manchmal um Leib und Leben. Nachdem in der Mitte des 13. Jahrhunderts das kirchliche Verbot aufgehoben wurde, hielt das Schach-Spiel in Klöstern Einzug.

Aus dieser Zeit stammen die ersten erhaltenen Spielbücher Europas. Das früheste Manuskript ließ König Alfons X. von Kastilien im Jahr 1283 anfertigen, worin sehr ausführlich in Wort und Bild jene Spiele beschrieben wurden, die damals in Spanien gebräuchlich waren. Unter Vernachlässigung perspektivischer Gesetze zeigen die Illustrationen die Spielpläne hochgeklappt zwischen den Spielern, so daß die Bretter und deren Felderung ohne Verzerrung deutlich zu sehen sind.

Neben einzelnen Spielbrettern besaß man bereits im Mittelalter Spielkästen, in denen meist drei Pläne zusammengefaßt waren: ein Schachplan, ein Mühlefeld und eine Trick-Track-Vorlage. Diese Brettspiele waren klappbar angelegt, der Trick-Track-Plan konnte benutzt werden, wenn der Kasten geöffnet wurde. Bald bürgerte sich der Begriff Brettspiel für jene Spielkästen ein; das früheste bekannte

Gänsespiel, Frühe Form des Laufspiels, von dem sich die meisten neueren Spielpläne herleiten. Ebenholz mit gravierten Silbereinlagen. Rechts: verzweifelter Teufel aus dem gleichen Spiel. Augsburg 1610/15. Kunstgewerbe-Museum, Berlin

Brettspiel stammt aus dem endenden 13. Jahrhundert und wurde 1852 in Aschaffenburg entdeckt, wo es bis zu diesem Zeitpunkt als Reliquienbehälter diente. Doch belegen Darstellungen auf Miniaturen, daß Spielkästen schon früher in Gebrauch gewesen sind. In der Münchner Handschrift der Carmina Burana (um 1225) sehen wir zwei Trick-Track-Spieler, die vor einem offenen Spielkasten sitzen.

Zu Beginn der Neuzeit erschienen Spielbeschreibungen nun häufiger. Lediglich der Titel eines Werkes aus dem 16. Jahrhundert ist uns erhalten: „De ludis latrunculorum", das Thomas Hyde (1636–1703), Professor für Arabisch in Oxford, in seinem 1694 publizierten Buch „De ludis orientalibus" zitiert. Thomas Hyde verfaßte damit ein Werk über außereuropäische Spiele, das auch heute noch für die Forschung von großer Bedeutung ist. Das Interesse an Spielen, auch an denen fremder Völker, wuchs stetig, und so häuften sich die Veröffentlichungen über Spiele ab Mitte des 17. Jahrhunderts. Diese Handbücher hatten

Schachspiel. Schildpatt mit gravierten Perlmutter-Feldern abwechselnd, vergoldetes und geschmelztes Silber, Diamantsplitter. Süddeutsch oder Wien, um 1710. Das Spiel stammt aus dem Nachlaß der Kaiserin Amalie (1701–56); Schatzkammer der Münchner Residenz

wichtige Vorläufer; nach dem Vorbild des „Maison de jeux académiques“ (Paris 1657) und des „Complete Gamester“ von Charles Cotton (London 1674) entstanden in den europäischen Ländern ähnliche Sammlungen.

Manchmal kann man in älteren Reiseberichten noch Hinweise auf Spiele finden, doch werden hier meist nur die Namen überliefert, nicht aber die genaue Beschreibung des Spielplans und der Spielweise.

Meist haben sich in den Museen und Sammlungen Spielbretter erhalten, die Zeugnis ablegen von der großen Kunstfertigkeit der Handwerker früherer Epochen. Das Material konnte nicht teuer genug sein, um nicht verarbeitet zu werden. Auf den intarsierten Brettern wurden nebeneinander die kostbarsten Holzarten wie Ebenholz, Palisander, verschiedene Obstbaumsorten verwendet; die Muster wurden auch aus Edelmetallen, Schildpatt, Horn und Perlmutter eingelegt. Besonders Augsburg war berühmt für seine Silberintarsia, die manchmal noch durch Diamanteinlagen im Wert erhöht wurden. Auch Porzellanmanufakturen stellten Spielbretter her, von denen einige trotz der Zerbrechlichkeit die

Zeiten unbeschadet überstanden haben. Die handwerklich vollendetste Form waren Spieltische, in die die Spielbretter versenkbar eingelassen waren; sie waren noch im 19. Jahrhundert üblich, ebenso gehörte die Fertigung eines Tisches oder Brettes zu den Aufgaben für die Meisterprüfung eines Tischlers. Neben diesen luxuriös ausgestatteten Brettspielen, die sich nur eine kleine Oberschicht leisten konnte, gibt es einfachere Bretter, die jedoch nicht minder reizvoll sind. Die Grundlage bildet billiges Holz, die Spielpläne und der Dekor sind in Tempera- oder Ölfarben aufgemalt. Manchmal erinnert die Auszier in Farbe und Form an die Fassungen volkstümlicher Möbel. Wie auch bei den Möbeln versuchte man, mit Maltechniken die teuren Intarsienarbeiten zu imitieren; so erreichte man z. B. durch Wismutmalerei den Glanzeffekt der Silbereinlagen.

Hohen Seltenheitswert haben völlig schmucklose Bretter, auf denen lediglich der Spielplan aufgemalt wurde; sie waren schnell hergestellte Gebrauchsgegenstände, denen nur für die Zeit des Spielens Beachtung geschenkt wurde. Gerade die Spielesammlung des Bayerischen Nationalmuseums kann das angedeutete Spektrum gut vorführen. Wurden die komplizierteren Brettspiele bis zu Beginn des Rokoko eher an den Fürstenhöfen gespielt, etablierten sich

die Spiele nun auch in Wirtsstuben und in den aufblühenden Kaffeehäusern und fanden im 19. Jahrhundert den Weg auf den Tisch der bürgerlichen Familie. Waren in früheren Zeiten die Spielbretter einzelne Werke zum Teil bekannter Künstler, so ermöglichten neue Drucktechniken die massenhafte Herstellung von Spielvorlagen. Je breiter dadurch die Schichten wurden, die sich am Brettspiel erfreuten, desto mehr Spiele wurden verlangt, worauf sich die Verlage einzustellen wußten. Die gedruckten Spielpläne wechselten ihr Aussehen je nach der Mode der Zeit, die Verlage paßten sich der jeweiligen Marktlage an und produzierten ständig „Altes oder Ähnliches in neuem Gewand". Im Gegensatz zu anderen Bereichen der populären Druckgraphik ging der Bedarf an Spielbogen ab ca. 1860/70 zurück, und erst 1887 druckte der Maier-Verlag in Ravensburg wieder alte Spielvorlagen nach, die guten Anklang fanden.

Heute gibt es eine Vielzahl von scheinbar verschiedenen Spielen, doch meist versteckt sich, selbst bei einigen elektronischen Spielen, hinter einem neuen, zeitgemäßen Namen, wenn nicht ein altes Spiel, so doch ein altes Prinzip.

Frühere Spielebücher unterschieden gewöhnlich zwischen Glücksspielen und Geschicklichkeitsspielen; man findet aber bereits in älteren Apparaten die heute gebräuchliche Klassifizierung in „Taktische Spiele", „Taktische Glücksspiele" und „Reine Glücksspiele". Vertreter jeder dieser Abteilungen gab es zu allen Zeiten, die Definitionen der einzelnen Kategorien gelten also für die Vergangenheit wie für die Gegenwart, für Asien ebenso wie für Europa und andere Gebiete.

Drei Bedingungen müssen erfüllt sein, damit wir von

Großes oberdeutsches Glückshaus, datiert 1580, mit den Wappen zweier Adelsgeschlechter (vielleicht als Hochzeitsgeschenk in Auftrag gegeben). Wismut- und Temperamalerei auf Buche. Abb. links, aus dem gleichen Spielbrett: Als Paar agieren Königin und Ober. Bayerisches Nationalmuseum, München

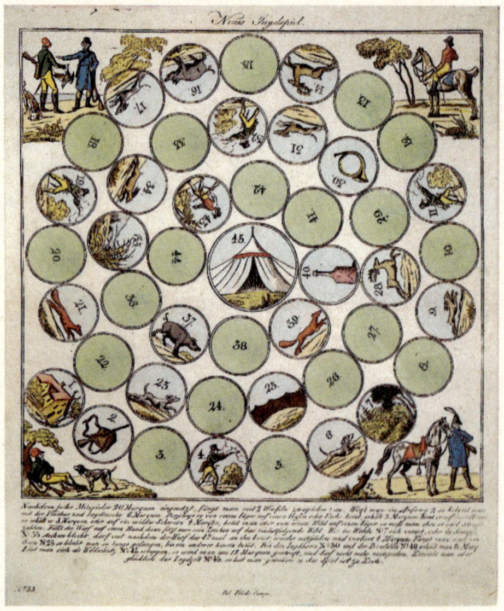

„Neues Jagdspiel". Laufspiel mit spiralig angeordneten Feldern von 1 bis 45. Kolorierte Radierung um 1830 aus dem Verlag Friedrich Campe, Nürnberg; Bayerisches Nationalmuseum München

einem „Taktischen Spiel" sprechen können: Jeder Spieler muß die gleichen Startchancen haben; der Spielablauf darf in keiner Phase vom Zufall bestimmt werden (also z. B. durch die gewürfelte Augenzahl, abgesehen von dem Losverfahren, das ermittelt, wer den ersten Zug tun darf); der Spielverlauf und der Spielausgang darf nicht von der körperlichen Geschicklichkeit der Spieler abhängen.

Nach dieser Beschreibung sind die wenigsten der heute betriebenen Spiele Taktikspiele, doch hat sich diese Art am längsten unverändert erhalten. In diese Klasse der Denkspiele zählt erstens das Schach, weiter, auf dem gleichen Plan, das Damespiel mit den verschiedenen Variationen, dann Halma, das Festungs- und Belagerungsspiel, das im Prinzip dem Fuchs-und-Gans-Spiel ähnelt.

Das sehr alte Mühlespiel wird schon bei Ovid in dem Werk „Liebeskunst" erwähnt, auf Ceylon entdeckte man Spuren davon aus den ersten zwei Jahrzehnten n. Chr., ein Mühleplan wurde aus einem bronzezeitlichen Grab in Irland geborgen.

Relativ jung dürfte das Dame-Spiel sein, obwohl es einige Vorläufer gehabt hat. Die mittelalterlichen Handschriften kannten Dame noch nicht; erste Aufzeichnungen stammen aus Spanien von 1547, ein französisches Zeugnis ist auf 1668 datiert. Gewöhnlich auf dem 64 Felder zählenden Schachplan gespielt, wurde es seit Beginn des 17. Jahrhunderts auch auf einem 100felderigen Brett gespielt.

Auf einem ebenso großen Brett wird das erst um die Jahrhundertwende in Hamburg entwickelte Salta gespielt, das auch den taktischen Spielen zuzurechnen ist. Während des 19. Jahrhunderts kam das japanische Nationalspiel Go nach Europa, das sich hauptsächlich in einfacheren Formen als dem originalen, Jahrtausende alten Go-Spiel verbreitet hat.

Bei all diesen Gesellschaftsspielen wie auch bei einigen anderen, bei denen der Mensch eines Partners nicht bedarf, kommt es allein auf die Verstandeskraft, das Konzentrationsvermögen und die Weitsicht der Spieler an. Bisweilen möchte man den Geist von der Verantwortung etwas entlasten und greift zu einem „Taktischen Glücksspiel", bei dem die Entscheidungen auch durch das Los eines Würfels oder einer Spielkarte beeinflußt werden. In dieser Kategorie kennen wir sowohl sehr komplizierte Spielregeln wie auch einfachste Spielpläne, bei denen der Zufall den Spielverlauf eindeutig beherrscht.

In diese Gruppe fällt eines der ältesten Spiele des Menschen, das Pachisi-Spiel, dessen Entstehung man in Indien vermutet. Heute wird es jedenfalls dort als Nationalspiel gepflegt und kam während der Kolonialzeit auch in die angelsächsischen Länder, wo es den Namen „India" erhielt. Vom indischen Großmogul Akbar (1542–1605) wird überliefert, er habe Pachisi auf einem riesigen Feld gespielt, auf dem die Quadrate in farbigem Marmor eingelegt waren.

„Die Spaßvögel und die Glücksvögel". Spielplan von Johann Wunder. Kolorierte Radierung um 1830 aus dem Verlag Friedrich Campe, Nürnberg. Rechts Klapperstorch aus dem gleichen Spiel; Bayerisches Nationalmuseum München

16 Sklavinnen, die in vier unterschiedlichen Farben gekleidet waren, bildeten die Spielfiguren; der Kaiser selbst thronte auf einer kleinen Anhöhe in der Mitte des Spielplatzes. Übrigens kannte man Brettspiele mit lebenden Figuren auch in Europa; mancherorts werden sie heute als Touristenattraktion aufgeführt. Das Pachisi gilt als einer der direkten Vorläufer des Schach-Spiels; aus dem 5. Jahrhundert haben sich Bretter erhalten, auf denen in der Wertigkeit unterschiedliche Figuren gegeneinander kämpften. Die Spielfiguren zeigten in ihrer Form die vier Abteilungen der altindischen Armee: Elephant, Pferd, Kampfwagen und Boot sowie Infantristen, denen die Bauern des Schachs entsprechen könnten. In der Sanskritliteratur wird das Spiel „Tschaturanga", das Vierteilige, genannt. Die vier Farben waren Rot, Grün, Gelb und Schwarz, die Spieler alliierten sich zu zwei Gruppen mit je zwei Personen. Stäbchenförmige Würfel entschieden den Umfang der einzelnen Züge. Die Idee des Pachisi-Spiels finden wir in unseren Breiten vor allem im Mensch-ärgere-dich-nicht, bei dem es neben dem Würfeln auch auf den günstigsten Einsatz der vier oder fünf Figuren ankommt.

Ebenfalls sehr alt ist das Trick-Track-Spiel, das heute noch zu den weltweit verbreiteten

Spielen gehört und im Mittelmeerraum besonders häufig anzutreffen ist.

Abgesehen von geringfügigen Unterschieden bei den Spielregeln verbirgt sich hinter Backgammon (England), t'shu-p'u (China), Sunoroko (Japan), tables reales (Spanien), Acey Deucey (USA) und nicht zuletzt hinter dem deutschen Puff-Spiel immer wieder der Trick-Track-Plan. Trick-Track, dies ist die französische Bezeichnung, dürfte seinen Ursprung ebenfalls in Indien haben und wird auch mit dem Pachisi in Verbindung gebracht. Die Vermittlung nach Europa übernahmen wiederum die Araber, bei denen es in der 2. Hälfte des ersten Jahrtausends unter dem Namen „Nard" oder „Nerdshir" bevorzugt gespielt wurde. Der Trick-Track-Plan benötigt die doppelte Feldgröße des Schach- oder Mühle-Spiels und wurde daher meist auf den Innenseiten der aufgeklappten Spielkassetten gespielt.

Enger mit dem Glücksspiel ist das Poch- oder Bockel-Spiel verbunden. Vermutlich um 1500 entstanden, zählt es zu den jüngeren Spielen; auch für das Poch-Spiel gilt die Erkenntnis, daß „fast jedes Spiel das Ergebnis der versuchten Kombination vorhandener Möglichkeiten ist": einmal hat es im Glückshaus einen wesentlichen Vorläufer. Zum anderen wird hierbei gereizt, was aus anderen (Karten-) Spielen übernommen wurde. Drittens hat das Kartenspiel selbst eine wichtige Rolle. Das Pochbrett kann rechteckig, quadratisch, mehreckig oder rund sein und besitzt mehrere Mulden, die mit Spielkartenfarben gekennzeichnet sind, und in die der Einsatz gelegt wird. Bei diesem Spiel wird, vergleichbar dem Skat oder Pokern, gepocht, was im älteren Sprachgebrauch „angeben, prahlen" bedeutete.

Die meisten neu auf dem Markt erscheinenden Spiele der Gegenwart sind dieser Kategorie zuzurechnen, so auch das von dem Amerikaner Charles B. Darrow vor etwa 40 Jahren erfundene „Monopoly", das eines der bekanntesten modernen Brettspiele ist und in der gesamten westlichen Welt verbreitet wurde. Beim Monopoly soll es „zugehen wie im Leben und in der Wirklichkeit, wo es ebenfalls auf die richtige Mischung von Verstand und Glück ankommt", wie es in einem Anzeigentext zu einem anderen Wirtschaftsspiel heißt. Allerdings widerspricht der Vergleich mit dem Leben in dieser direkten Form den anfangs erwähnten Thesen Johan Huizingas.

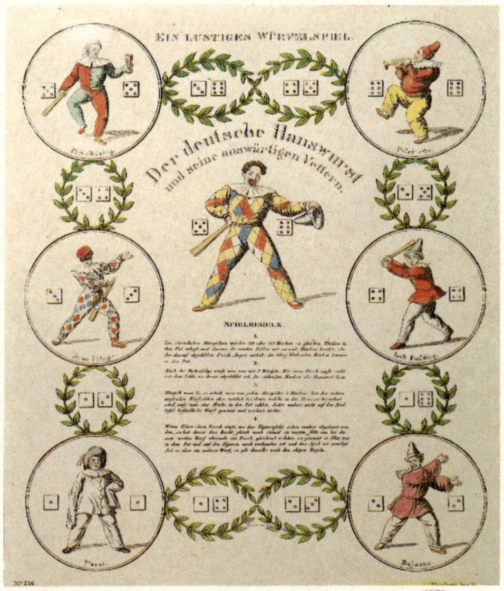

„Ein lustiges Würfelspiel". Der deutsche Hanswurst und seine auswärtigen Vettern: Pickelhäring, Jean Potage, Pierrot, Pulcinello, Jack Pudding, Bajazzo. Spielplan von Johann Wunder. Kolorierte Radierung um 1830 aus dem Verlag Friedrich Campe, Nürnberg; Bayerisches Nationalmuseum München

Wer sich nun dem durch das Spiel begrenzten und damit ertragbaren und erholsamen Nervenkitzel des Ungewissen aussetzen will, möge sich dem „reinen Glücksspiel" zuwenden. Würfel oder andere, funktionsverwandte Gegenstände sind die einzigen Requisiten des

„Robinsonade" mit 30 spiralig angeordneten Spielfeldern mit den Abenteuern des Titelhelden. Koloriertes Litho um 1850 aus dem Verlag Jos. Scholz; Bayerisches Nationalmuseum München

vermutlich frühesten Glücksspiels. Als Würfel dienten Steinchen oder bestimmte Früchte oder auch kleine Knochen, wie z. B. der römische „talus", ein Knochen aus dem Sprunggelenk des Schafs oder der Ziege, der auf vier Seiten fallen konnte. Meist wird mit drei Würfeln gespielt, bei den Römern waren es vier, die aus einem Becher auf eine ebene Fläche fielen; damals wie heute entscheiden der Wert der Augen und die Kombination dann über Gewinn oder Verlust. Im 18. Jahrhundert kannte man das Kakelorum-Spiel, bei dem am Rand eines mit 90 Vertiefungen versehenen Brettes eine menschenähnliche Figur aus Holz befestigt war, in die man oben eine Kugel einwarf, die in einem Spiralgefälle im Innern herunterrollte und in eine der Vertiefungen fiel, deren Nummer die Punktzahl des Wurfes anzeigte. Dieses Spiel läßt an ein römisches Würfelspiel denken, bei dem anstelle eines Bechers ein „turriculum", ein Türmchen die Würfel aufnahm; oben eingegeben, kullerten die Würfel unten auf das Brett, wonach es dann „alea jacta", der Würfel ist gefallen, es ist entschieden hieß. Die bei uns heute ausschließlich benutzte Form des sechsseitigen Würfels, dessen Gegenseiten zusammengezählt jeweils sieben ergeben, stellt die letzte Entwicklungsstufe dar. Er hieß im lateinischen tessera, hergeleitet vom griechischen Zahlwort für vier, da jede seiner Seiten vier Kanten hat; zum Unterschied dazu würfelte man z. B. in Ägypten mit dreieckigen Gebilden.

Das Bayerische Nationalmuseum besitzt das älteste bekannte Würfelspielbrett (16. Jh.?, Inv. Nr. R94), mit dem nach den Regeln des Glückshauses bzw. der lustigen Sieben gespielt wurde. Die Spielpläne können, wie bei den anderen Spielen, intarsiert, gemalt oder auf Papier gedruckt sein; letztere Technik herrscht in jüngerer Zeit vor. Die vielen, zum Teil komplizierten Variationen weisen alle ein Prinzip auf: Hat der Spieler gewürfelt, vergleicht er Kombination und Augenzahl des Wurfes mit den Abbildungen auf den einzelnen Feldern des Brettes. Ist das zum Wurf gehörende Feld leer, muß der Spieler eine Marke auf das Feld legen; war das Feld bereits besetzt, darf er die Marke als Gewinn einziehen. Die Aufgabe des Würfels kann auch von einem Kartenspiel übernommen werden, ebenso von einem auf einem Brett drehbar befestigten Zeiger, der, sobald er stillsteht, das Los anzeigt. Hier wird die Nähe zum Roulette deutlich, bedenkt man, daß beim Glückshaus manchmal ein Bankhalter das Los warf und Gewinn und Verlust verteilte.

Das in den Spielbanken von heute anzutreffende Roulette hat sich Anfang des 19. Jahrhunderts in Paris entwickelt und beruht auf dem Prinzip der rotierenden Zahlenscheibe, die es schon im

Verschiedene Felder eines Schachspiels aus Meissener Porzellan von Johann Joachim Kändler. Bemalung mit Muffelfarben, 1740/50; Bayerisches Nationalmuseum München

ersten Drittel des 18. Jahrhunderts gab.

Vor allem gegen diese Glücksspiele richteten sich die Verbote der weltlichen und kirchlichen Obrigkeit, was sich für jede Zeit belegen läßt. Periodisch durchgeführte Säuberungsaktionen vielleicht ließen Spielbretter aus der Vergangenheit so selten werden. Noch heute bestehen neben den staatlich konzessionierten Casinos illegale Spielhöllen, die immer wieder Stoff für Literatur und Film bieten. Der Ruch des Lasters haftete dem Spiel immer an, nicht zuletzt vielleicht deshalb, weil das Spiel um Geld, Besitz oder Leben sehr weit von der eigentlichen Idee des Spielens entfernt ist.

Niemand denkt an das Glücksspiel, spricht er von den unzähligen Formen des „Laufspiels"; und doch gehört es zu dieser Art Spielen. Bei den Laufspielen muß eine Anzahl von Feldern bis zu einem Ziel durchlaufen

werden; wieviele Felder vorgerückt werden darf, entscheidet der Würfel. Allerdings stößt man in gewissen Abständen auf besonders gekennzeichnete Felder, die das Vorwärtskommen der Figur beschleunigen oder hemmen können. Das Prinzip des Laufspiels hat ein hohes Alter, doch haben sich kaum Belege aus früheren Epochen erhalten, was möglicherweise darauf schließen läßt, daß diese Spiele ihrer Einfachheit wegen geringer geschätzt wurden. Die heute bekannten Lauf- und Reisespiele gehen auf das „Gänsespiel" zurück, dessen Entstehung einmal nach Florenz, aber auch nach Deutschland lokalisiert wird. Vor dem 16. Jahrhundert scheint es jedenfalls unbekannt. Auch bei diesem Spiel waren die adeligen Höfe als Vermittler tätig; die eigentliche Verbreitung geschah dann erst, als die Drucktechniken die Herstellung in großen Mengen erlaubten. Beim Gansspiel gestattete ein mit einer Gans gezeichnetes Feld nochmaliges Würfeln

Poch-Plan mit den Trumpfkarten und Gewinnkonstellationen des Spiels. Kolorierter Stich um 1730 aus dem Verlag Albrecht Schmidt, Augsburg; Bayerisches Nationalmuseum München

und somit schnelleres Vorrücken; war die Gans rückwärts gewandt, mußte man die gefallene Augenzahl zurückgehen. Andere Felder zwangen zum Aussetzen, das Feld mit dem Tod bedeutete, daß man ausschied oder neu beginnen mußte.

Goethe deutet das Gänsespiel im „West-östlichen Divan" folgendermaßen:

„Das Leben ist ein Gänsespiel:
Je mehr man vorwärts gehet,
Je früher kommt man an das Ziel,
Wo niemand gerne stehet.

Man sagt, die Gänse wären dumm;
O glaubt mir nicht den Leuten:
Denn eine sieht einmal sich 'rum,
Mich rückwärts zu bedeuten.

Ganz anders ist's in dieser Welt,
Wo alles vorwärts drücket;
Wenn einer stolpert oder fällt,
Keine Seele rückwärts blicket."

Die gedruckten Spielbögen änderten sich sehr schnell mit dem Zeitgeschmack, die Ideen zur Gestaltung der Tafeln waren beinahe unbegrenzt und sind es bis heute geblieben. Jüngste Forschungen haben die Bedeutung literarischer Werke als Vorlagen für Spielbögen aufgezeigt. Ältere wie zeitgenössische Literatur wurde, allerdings „bei radikaler Vereinfachung der Handlungsstruktur" für die Produktion von Laufspielen umgearbeitet: So konnte man die Abenteuer des Robinson Crusoe im Spiel nacherleben, es gab ein Lumpazivagabundus-Spiel, auch der „Freischütz" lieferte das Vorbild zu einem Spiel, um nur einige Beispiele aus der großen Zahl zu nennen.

Jäger-Medaillons aus der Dekoration eines Fayence-Pochspiels mit Muffelfarben bemalt. Aus der Manufaktur Künerberg um 1755; Bayerisches Nationalmuseum München

In den Laufspielen sieht man meist geringschätzig nur Kinderspiele; schon im 19. Jahrhundert dienten sie pädagogischen Zwecken. Spielend sollten die Kinder einen Themenbereich erlernen wie auch bei einem Spiel der Gegenwart, das „Weltreise" heißt; hier müssen Länder und deren Hauptstädte gefunden und angelaufen werden. Die reinen Laufspiele scheinen heute aber allmählich zurückzugehen.

Eigene kleine Kunstwerke sind die zu den Brettspielen gehörenden Brettsteine und Spielfiguren. Die frühesten abendländischen Brettsteine

Lustiges Würfelspiel „Der 7bener". Kolorierte Radierung um 1740 aus dem Verlag Albrecht Schmidt, Augsburg; Bayerisches Nationalmuseum München

Das
so genannte Spiel,
der 7bener Trinckt und
ziehet zugleich alles.
6
8
5
7
9
4
10
3
11
2
12
Dieses lustige Spiel wird mit 2. Würffeln ge-
spielet, und durchgehends von jeder Person in alle
Zahlen 1. heller oder so viel beliebig gesetzet wann
dieses geschehen würfft ein jeder in der
ordnung herum, und ziehet die meinste Zahl
zum ersten nachgehends aber ein jeder das-
jenige was er geworffen, und woferne in
seiner geworffenen Zahl nichts vorhanden muß
er in dieselbe 1. heller sezen, welches so lange conti-
nuiret, biß daß einer 7. würfft welcher alles zieht u.
zugleich Trincket, auch nachdeme von neuen gese-
zet worden mit dem ersten wurf zu werffen
wie. der anfänget.
No. 60.
Albrecht Schmidt excud. A

kommen aus Frankreich (11. Jahrhundert) und sind aus Bein, Holz, Walroßzahn, aus Elfenbein, später aus Bernstein, Halbedelsteinen oder Metallen gearbeitet. Die frühen Schachfiguren haben geometrische Formen, was ihre Herkunft aus der arabischen Welt bezeugt. Doch bald werden sie aus kostbarem Material angefertigt und figürlich geschnitten oder geschnitzt; weitere Hauptlieferanten der Brettsteine waren die Drechsler. Zu Beginn des 16. Jahrhunderts wurden in Nürnberg Brettsteine aus Hirnholz gleich den Medaillen geprägt, eine Technik, die vor allem im 17. und 18. Jahrhundert angewandt wurde. Wie bei den Medaillen zeigten die Stempel als Motive die Köpfe der Herrscher, Allegorien und weitere Bereiche der Emblematik. Eine andere Art der Vervielfältigung war der Guß der Brettsteine in Stuckmasse.

Spiele aller Art, also auch die alten und neuen Brettspiele, dienen der Entspannung, der Freude am gemeinsamen, zweckfreien, aber nicht sinnlosen Tun; deshalb sollte ein Rat aus dem schon zitierten Wiener Spielebuch von 1756 beherzigt werden:

„... daß man ohne allen Affect spiele, und wenn man weiß, daß man durchs Spielen in Affect gesetzt, oder zu einer anderen unerlaubten oder unordentlichen Handlung verleitet wird, so spiele man gar nicht."

Schachspiel. Birnbaum-Holz mit Elfenbein-Einlagen, graviert und gefärbt; die Spielfelder zeigen Blütenmotive, Tiere, Büsten, Maskarons und Szenen aus der „Verkehrten Welt", links und rechts Details aus dem gleichen Spiel. Süddeutsch um 1560/80; Bayerisches Nationalmuseum München

LITERATUR:

Bayer. Akademie der Schönen Künste (Hrsg.). „Der Mensch und das Spiel in der verplanten Welt“, München 1976

Erwin Glonegger. „Schöne alte Spiele“, Ravensburg 1963

F. V. Grunfeld. „Games. Spiele der Welt“, Frankfurt/Main 1977

Claus D. Grupp. „Brettspiele - Denkspiele“, München 1976

Georg Himmelheber. „Spiele. Gesellschaftsspiele aus einem Jahrtausend“, München 1972 (= Kataloge des Bayer. Nationalmuseums, Bd. XIV)

Johan Huizinga. „Homo ludens“, Amsterdam 1976

Aladin Lampe. „Die Dame und der König“, Kulturgeschichte des Schachspiels, München 1962

H. J. R. Murray. „A History Of Board-Games Other Than Chess“, Oxford 1962

Thomas Roth. „Literarische Vorlagen populärer Druckgraphik aus deutschen Verlagen des 19. Jahrhunderts“. Ein Beitrag zur Geschichte volkstümlicher Lesestoffe, Diss. masch. München 1978

Claude Tchou (Hrsg.). „Dictionnaire des jeux“, Paris 1964

Jutta Väterlein. „Roma ludens“. Kinder und Erwachsene beim Spiel im antiken Rom, Amsterdam 1976 (= Henremata. Studien zur Literatur, Sprache und Kultur der Antike, Bd. 5. Hrsg. Günter Wille)

Hinter Glas gemalt

Abb. Vorderseite: Alphorn blasender Hirte. Hinterglasmalerei aus dem Augsburger Umkreis, 18/19. Jh.; Werdenfelser Museum Garmisch-Partenkirchen

Der Evangelist Lukas, Heimatmuseum Oberammergau

Das Hinterglasbild ist wohl das blühendste Zeugnis einer volkstümlichen Kunstübung, sicherlich die populärste Ausprägung des Bilderreichtums in den Kulturlandschaften des sogenannten Volksbarock.

Als Erbauungsbild für den Herrgottswinkel in der Stube kaufte man für wenig Geld die Täfelchen auf den Märkten oder an Pilgerorten, vielfach auch von wandernden Kraxenträgern (Hausierern), die von Hof zu Hof ziehend ihre farbenfrohe kleine Pracht feilboten. Die Heilige Familie, die Vierzehn Nothelfer, die Namens- und Berufs-Patrone, die Gnadenbilder der Wallfahrtsorte, in den protestantischen Regionen Luthers Porträt oder der Reformator im Kreis der ihn umgebenden Mitstreiter, daneben auch rein kalligraphisch gestaltete Bibelzitate und Psalmen, all das und ähnliches mehr waren als frommer Wandschmuck erwünscht. Diese Motive besaßen außer einer Schmuckfunktion in der Stube im Verständnis ihrer bäuerlichen und kleinbürgerlichen Besitzer gewissermaßen eine segenspendende Kraft für Haus und Hof, auch in der Abwehr von Übel gegen Besitzstand und Familie, was alles man dem Abbild des Heiligen zuschrieb. Es bestand aber ebenso Neigung für Weltliches, besonders zum 19. Jahrhundert hin. So zeigen die vielen Jahreszeiten-Folgen, Jagdszenen, Soldaten und Volkshelden wie der „Bayerische Hiasl", der junge General Bonaparte oder Andreas Hofer sich als Bestseller der Zeit. Auf dem Weg zum Nationalstaat nach den napoleonischen Kriegswirren waren dann die Bildnisse der Landesherren bevorzugt.

Ist nun das Hinterglasbild schon lange sozusagen ein Lieblingskind derer, die sich an „Volkskunst" begeistern, so hat sich dank einer reichhaltigen Beschäftigung von Seiten der volkskundlichen Forschung mit unserem Thema auch ein Wissensstand über dieses Gebiet eingestellt, mit dem so etwas wie eine Sonderstellung erreicht ist. In der erhellenden Bestandaufnahme wissen wir heute über die meisten Manufaktur-Orte, über Namen und Geschichte ihrer Familienbetriebe, den Umfang ihrer Produktion und der Exporte auch um vieles besser Bescheid als etwa in anderen Sachbereichen gleichfalls volkstümlichen Bildens. Wenn man dafür nach Gründen suchen wollte, wie so etwas möglich wurde, so darf man zunächst einmal auf die erstaunliche Marktfähigkeit dieser Kunst und die engen geschäftlichen Bindungen der Hinterglasmaler an die Produzenten ihres Werkstoffes, an die Glashütten verweisen. Diese von Anfang an hochspezialisierten Betriebe besaßen schon vor Beginn eines eigentlich industriellen Zeitalters ein präzises Rechnungswesen, ein straff organisiertes Vertriebssystem, in dem sich noch überraschend

Schmerzensreiche Mutter Gottes; Text: „Auch dies mein Herz soll sein der Lohn für die, so lieben meinen Sohn". Oberammergau 19. Jh.; Heimatmuseum Oberammergau

klar Verbrauch, die Namen der Glasbesteller und die Periodizität ihrer Aufträge wieder auffinden und rekonstruieren ließen. Dies führt uns nun gleich zu der heute in der Kunstwissenschaft gebrauchten Teilung der Hinterglasmalerei in die an „Stilkunst“ angeschlossene Malerei, in eine sogenannte hüttengewerbliche und in eine malerhandwerkliche Richtung. Damit sind zwar keine völlig exakten Aussagen über stilistische oder technische Zuordnung entstanden – wie wir gleich sehen werden –, aber immerhin eine soziologische Festlegung, die allerdings nicht eindeutig abdeckt, was doch gewollt scheint. Denn einerseits lassen sich die hüttengewerblichen Hinterglasbilder, da sie mehr der Frühzeit dieser Kunst entstammen, weniger präzis lokalisieren als etwa die Produkte der Hausmanufakturen mit ihren besser ablesbaren individuellen Zügen. Auf der anderen Seite ist auch die malerhandwerkliche Unterscheidung nicht so eindeutig. Da lassen sich nur an wenigen Orten, Augsburg, Kaufbeuren, Murnau, Zürich und Luzern etwa, Künstlerpersönlichkeiten nachweisen, die im Rokoko diese (wie man annimmt damals blühende) Kunst ausübten, ebenfalls Einzelbilder von Malern, die auch (und darauf liegt die Betonung) hin und wieder Glastafeln bemalt haben. Dagegen kommen von den ländlichen Manufakturdörfern (zum Beispiel Oberammergau) immer wieder Hinterglasbilder, die sich in Ambition des Sujets und Sorgfalt der Herstellung durchaus mit städtischen, also von zunftmäßigen Malern geschaffenen Bildern vergleichen lassen. Es liefen doch anscheinend immer nebeneinander die serienmäßigen Einfachprodukte zu billigem Preislimit und

Sommer- und Frühlings-Personifizierung aus einer Jahreszeiten-Serie. Bodensee (?) um 1810/20; Heimatmuseum Miesbach

Bäuerin mit Geflügel auf dem Weg zum Markt. Ausschnitt aus einem Hinterglasbild aus Lenzkirch/Schwarzwald, 18/19. Jh.; Badisches Landesmuseum Karlsruhe

meisterliche Arbeiten vom eigentlichen Glasmaler-Unternehmer geschaffen für Kirchen und bürgerliche, zahlungskräftigere Kundschaft. Mit Ausnahme dieser nicht völlig deckenden Ordnungskategorien ist aber das Gebiet des Hinterglasbildes schon in einem erfreulichen Ausmaß bearbeitet. Seit Heinrich Buchner im Jahre 1936 seine Forschungen über „Hinterglasmalerei in der Böhmerwald-Landschaft und in Südbayern, Beiträge zur Geschichte einer alten Hauskunst" vorlegte, sind viele

Zwei Jagdbilder als Pendant gestaltet, nach englischen Stichen, „Hasenjagd" und „Rebhuhnjagd". Augsburg, Anfang 19. Jh.; Heimatmuseum Oberammergau

weiterführende Arbeiten publiziert worden, deren Zahl noch zunimmt. Zu nennen sind hier vor allem die Autoren Leopold Schmidt, Gislind Ritz, Friedrich Knaipp, und die sehr übersichtliche Kurzfassung dieses Metiers und seiner Geschichte von Wolfgang Brückner, um nur die wichtigsten aufzuführen. Auch in jüngster Zeit ist die Zahl der Bücher weiter angestiegen, die nun (auch teilweise mit exzellentem Bildteil) den Einzelorten, ganzen Produktionslandschaften und auch den bisher fast unbekannten graphischen Vorlagen der Hinterglasbilder Monographien widmen (Jenny Schneider, Raymund Schuster). Vom guten Stand der deutsch-österreichischen Forschungen ausgehend, hat sich besonders in der CSR, aber auch in Polen und Rumänien, in Italien und Frankreich seit Jahren schon eine Spezialliteratur entwickelt, vielerorts mitgetragen von den so beliebten und auch international ausgetauschten Ausstellungen volkstümlicher Hinterglasbilder mit umfangreich wissenschaftlich dokumentierten Katalogen. Unser eigenes Feld (das muß man noch anmerken) ist nicht gleichmäßig bearbeitet, sondern weist noch einige blasse Flecke auf der Karte auf, soweit sich dies in der Fachliteratur abzeichnet; da spielt die Teilung Deutschlands und der Verlust glasproduzierender Ostgebiete mit hinein. Es ist aber zu hoffen, daß sich dieser Zustand ändert und das vergleichsweise Vernachlässigte gründlicher angegangen werden kann.

Die Glasfertigung muß schon einen hohen Stand erreicht haben, um durch die Produktion von fast weißem Flachglas den Boden für eine Hinterglasmalerei zu bereiten. Sind erst einmal so geartete Voraussetzungen erfüllt, beginnt gleich diese Maltechnik zu florieren und sich Freunde und Anwendungsmöglichkeiten zu gewinnen. Das Rohglas wurde mit Hilfe der Glaspfeife zu Hohlzylindern geblasen, die dann der Länge nach aufgeschnitten, in einem Spezial-Ofen, dem sogenannten Streck-Ofen, zu Scheiben geglättet wurden. Die alten Gemenge verraten sich oft durch Schlierenbildung, durch Bläschen und durch Blindstellen, die jedoch allein nicht als sicherer Beweis für ein wirklich altes Bild gelten können, da heute wieder sogenanntes Antikglas mit ähnlichen Erscheinungen hergestellt wird. Die Vorzüge, auf Glas zu malen, liegen auf der Hand: Glas als transparenter, glatter Malgrund ist hierbei zugleich die deckende Schutzschicht für zarte, empfindliche und lichte Malstrukturen. Bei guten Pigmenten ist der Farbauftrag dauerhaft und optimal geschützt, da er sich, von äußeren Einflüssen abgeschirmt, nicht mehr verändert, solange die Farbschicht der Bildrückseite trocken verwahrt bleibt. Von Bruch und Splitterung abgesehen, die auf den spröden Untergrund und die noch empfindlicheren alten Glassorten zurückzuführen sind, kommen schlechte Erhaltungszustände fast immer von den zu feuchten Wänden. Man bedenke dazu, daß das alpenländische Bauernhaus aus der großen Hofbau-Periode seit der Mitte des 18. Jahrhunderts fast bis in die Gegenwart als nicht unterkellerter Baukörper gegen die langsam aufsteigende Bodenfeuchtigkeit nur ungenügend geschützt ist. Diese Mauer-Erkrankungen bedrohen und zerstörten auch den einst bedeutenden Bestand sogenannter Lüftlmalereien, den Freskenschmuck der Fassaden von Bauernhäusern vom Rokoko zum Empire in Oberbayern, Tirol und Vorarlberg. Es liegt auf der Hand, daß die Leuchtkraft der Farben hinter Glas unvergleichlich jeder anderen Behandlung von Malereien mit Firnis-Schichten überlegen ist. Es gibt immer noch keine Firnis- und Lack-Grundstoffe, die nicht doch im Laufe der Zeit nachdunkeln und mit diesem sogenannten Galerie-Ton die Malerei verfälschen. Um das zu erhellen, sei folgendes Beispiel angeführt: Der auf Öl- und Harzbasis angelegte Schutz der Gemälde ist die Ursache beträchtlicher Farbverschiebungen. Seit die Venezianer Schule im 16. Jahrhundert den Gebrauch der Öl-, Wachs- und Harz-Grundstoffe zur sogenannten Ölmalerei eingeführt hatte, unterliegen mit dieser Technik alle Gemälde einer langsamen Veränderung. Die dem Goldbraun komplementär im Farbkreis gegenüberliegenden Töne Blauviolett bis Gelbgrün werden dem Auge sichtbar am meisten betroffen und die alten Gemälde verlieren an farbiger Spannung vom Kühlen zum Warmen, die sie durchaus einmal besessen haben (siehe die Überraschung, welche die Restaurierung von Rembrandts Nachtwache ausgelöst hat).

Der Aufbau einer Hinterglasmalerei geht nun in der umge-

Herbst, Winter, Sommer. Bilder aus einer Jahreszeiten-Serie nach Stichen von Marco Pitteri nach Gian Battista Piazetta. Augsburg um 1740; Städtische Kunstsammlungen Augsburg

kehrten Reihenfolge vor sich wie beim normalen Farbbild. Das Oberste (das, was direkt unter dem Glas steht) muß zuerst vorgenommen werden. Mit dem Übertragen der Kontur (Umrißzeichnung), die nach einem seitenverkehrt gearbeiteten Vorlagenblatt gemalt wird, entsteht zunächst das formale Gerüst des Bildes. Auch das Einsetzen der Kartuschen steht in diesem Sinne am Anfang der Arbeit (Kartusche siehe später). Zu den Eingangsarbeiten der „klassischen" Hinterglasbilder gehörten auch die Schriftzeilen. Bei den frommen Szenen und den Heiligendarstellungen wurde ja meistens der Vorgang benannt oder der Name des jeweiligen Heiligen eingesetzt.

Zurück zur Konturenzeichnung: Schon hierbei kann sehr differenziert vorgegangen werden. Die Konturen der Körperteile und die der Gesichter der Dargestellten können ja bereits farbig in einem zarten Inkarnat-Ton gegeben werden. Wenn ein weicheres Ausdrucksgefüge angestrebt wird, kann dergleichen auch bei Gewändern oder der Landschaftsbezeichnung vorgenommen werden in den entsprechenden Grün- oder Stoff-Tönen. Dieser Arbeit folgt dann das Einsetzen der Spitzlichter und Aufhellungspartien, die Zeichenelemente in Stoffen (Muster), Augen, Mund und Details der Figuren. Die nächsten Schritte der Malerei bestehen dann aus den dunkelsten Schattentönen und transparenten Lasuren, wenn etwa eine reichere Palette angestrebt sein sollte. Fertige Teilformen können dann mit der jeweiligen Grundfarbe zu Komplexen zusammengeschlossen werden. Zum Schluß werden die Hintergründe gedeckt und die Flächen außerhalb der Bildkartuschen, wie es der Brauch war, hell oder dunkel grundiert. Endlich erhielt das Bild dann noch einen

mit deckender Ölfarbe vorgenommenen Schutzanstrich.

Unter Kartusche versteht man beim Hinterglasbild die Umrahmung des eigentlichen Bildvorwurfs. Bekanntlich hatte sich, schon in der spätgotischen Malerei oft geübt und in der Renaissance noch verstärkt, vom Altarbild her übernommen, die Tendenz eingebürgert, das Abzubildende durch gemalte architektonische Elemente wie durch eine Umbauung in der Perspektivwirkung zu verstärken. Diese Konvention ist dann auch in der Druckgraphik lange kultiviert worden und besonders in der Zeit vom Manierismus zum Barock wurde dann diesem Rahmenwerk eine immer größere Beachtung zugemessen. Mit den Kupferstich- und den Holzschnittvorlagen, wie sie bei den Hinterglasbildserien Pate standen, wurden nun auch diese Formen in den Vereinfachungsprozeß miteinbezogen, welcher von der Serienherstellung der Hinterglasbilder her geboten war. Gerade diese vielfach abgewandelten Formen erlauben uns heute oft die lokale und auch manchmal zeitliche Zuordnung vorzunehmen. Durch Moden bedingt, änderten sich Art und Auszier dieser Bildumbauungen. Oberammergauer Serien-Bilder erkennt man zum Beispiel meist (Ausnahmen gibt es immer bei ambitionierten Malereien) an dem einfachen runden oder ovalen gemalten Rahmen, der auf einem weißen, manchmal leicht bläulichen Grund steht. Je nach der Eigenfarbe des Glases verändert sich die ganze Skala bis hin zum grünblau Gedämpften. Der Raum über der Rundkartusche mit der eigentlichen Szene ist, vom Augsburger Graphik-Vorbild abgeleitet, mit Blumenranken gefüllt; darüber steht häufig eine dicht gedrängte Rosenranke; unter der Schrift ein lockeres

Blüte, Ausschnitt aus einem Hinterglasbild, Sandl, um 1830; Sammlung Tobler, Stäfa/Schweiz

Nelkengebinde. An der Eleganz und dem malerischen Elan dieser Dekore erkennt man die Hinterglasbilder der Kunstlandschaft Oberammergau, Murnau, Staffelsee. Das Motiv ist allerdings wegen seiner Liebenswürdigkeit auch anderwärts nachgeahmt worden. Natürlich gibt es daneben noch weitere Kennzeichen. Häufig sind es auch die Profile der Rahmenleisten und deren farbige Behandlung, und sogar der schreinermäßige Verbund, die als ziemlich sichere Herkunftshinweise nützen können. Szenen und Art der Malerei sind im harten Konkurrenzkampf der Orte und Familienbetriebe untereinander immer wieder nachempfunden worden, wenn sich durch die Nachfrage erwies, daß sie bei den Käuferschichten besonderen Gefallen fanden. Dann wurde ganz einfach kopiert, denn es gab weder einen Gebrauchsmusterschutz noch irgendeine Form des Urheberrechts im heutigen Sinne.

Schon eine flüssige Malweise, besonders auch die Farbstoffbereitung und die für die Haltbarkeit so wichtige Frage der Bindemittel sollten klarstellen, daß Hinterglasmalerei nur in Ausnahmefällen nicht professionellen Charakters war. Man erkennt dies auch daran, daß die volkstümlichen Serien von Erbauungsbildern in ihrer Wirkung genau kalkuliert waren. Sie wurden an den Grenzen der Vereinfachung angesetzt, bei denen zügiges Ineinanderarbeiten gewisse Preislimitierungen möglich machte und dabei doch dem Kunden soviel an Farbigkeit und heiterem Genre geboten wurde, wie er vom Wandschmuck erwartete. Dies bringt uns zu einem Problem, das noch umstritten ist und das wohl nie ganz am einzelnen Bild geklärt werden kann: Form und Ausmaß einer fließenden Arbeitsweise mehrerer Maler an einer Tafel. Gerade diese – zudem überlieferte – Vorstellung ist in jüngerer Zeit wieder in Zweifel gezogen worden. Es ist aber doch ganz augenfällig, wie oft qualitativ unterschiedliche Malweisen in einem Bild sich gegenüber stehen. So zum Beispiel eckige ungelenke Schrift bei raffinierten weich ineinanderfließenden Gesichts-Ausführungen oder elegant gemalte Blumen bei unbeholfenen anderen Details und derartige Dinge mehr, die eigentlich unzweifelhaft darauf verweisen, daß verschiedene Hände, daß neben Malern und deren Gehilfen auch Frauen, junge Mädchen und sogar Kinder zusammen in einem Arbeitsverbund an einer Produktion beschäftigt waren.

Im Anschluß an diese technischen Erläuterungen sollen noch die Hinterglas-Sonderformen Erwähnung finden, als wichtigste die Hinterglas-Radierung. Der Arbeitsvorgang ist folgender: Die Glasplatte wird zunächst mit einer Grundfarbe eingestrichen, die dann mit Nadel und Schaber bearbeitet, ein negatives Bild zeigt, wenn die Grundfarbe dunkel ist und hell mit Goldfarbe oder Folie hinterlegt wird. Ein positives Bild entsteht, wenn im umgekehrten Sinne verfahren wird. Mit dieser fast graphisch zu nennenden Technik sind hauptsächlich Schrifttafeln mit frommen Sprüchen (protestantischer Hausschmuck) vielfach in Kaufbeuren und Nordschweiz in der zweiten Hälfte des 18. Jahrhunderts geschaffen worden. Es wurden aber auch Kupferstiche mit der gleichen Technik kopiert. Aus Böhmen sind eine ganze Reihe solcher Hinterglasbilder mit Jagdmotiven bekannt. In derselben Technik wurden und werden noch immer Schilder und

Die Heilige Martha, als Schutzheilige der Köchinnen dargestellt. Hinterglasbild aus Röthenbach/Schwarzwald. Ende 18. Jh.; Badisches Landesmuseum Karlsruhe

Auferstehung Christi. Hinterglasbild aus Oberammergau, erste Hälfte 19. Jh.; Heimatmuseum Oberammergau

Schrifttafeln für Ladengeschäfte hergestellt. Von der Kratz-Technik ausgehend, sollen hier auch die Spiegelbilder angeführt werden. Auch hier gab es zwei Möglichkeiten: entweder in einer fertig verspiegelten Fläche den Raum für die Malerei freizulegen oder eine freistehende fertige Malerei mit Quecksilber zu hinterziehen und so zu verspiegeln oder Goldflächen zu hinterlegen. Ähnliche Vorgänge erforderten die seit der Romantik so beliebten Duplikate von Scherenschnitten als Porträtminiaturen auf Gold- oder farbigen Gründen.

Ein Verfahren am Rande der Hinterglas-Technik sind die sogenannten Hinterglas-Stiche aus England. Hierbei wurde ein Kupferstich auf ein besonders transparentes Dünndruckpapier abgezogen, dieser koloriert und schließlich auf eine Glasplatte aufgezogen. Wenn solche Bilder Sprünge haben, sieht man ganz deutlich die japanpapierartige Seidenstruktur der aufgeklebten Schicht. Man hat dort noch die Übertragung von bedruckten Gelatine-Folien auf Glas versucht, ohne größere Serien damit erstellen zu können. Die englischen Erzeugnisse nehmen also eine Mittelstellung zwischen Druck und Hinterglasbild ein. Sie entstanden besonders in der Zeit des Empire (1806–1820), vielleicht aus dem Grunde, weil durch die Kontinental-Blockade gegen das napoleonische Europa der Nachschub aus den klassischen Wandschmuck-Lieferländern Italien, Frankreich, Deutschland ausblieb.

Abb. Vorderseite: Zierschränkchen (mit Intarsien außen) mit Hinterglasmalereien auf den Schubfächern verziert. Wahrscheinlich Oberammergau, Anfang 19. Jh.; Werdenfelser Museum Garmisch-Partenkirchen

Die gewerblichen Hinterglasbilder, die wir hier zu umreißen suchten, waren also eine Massenkunst, wie wir aus den Produktionszahlen ablesen können (wir wissen von annähernd vierzigtausend Stück im Jahr von einem Familienverband, bei Tagesspitzen bis zu zweihundert Bildern, so zum Beispiel in Raimundsreut/Bayr. Wald und Außergefild/Böhmerwald). Abwicklung und Modalitäten eines Großauftrags kann man aus dem Schreiben des Pfarrers Bäumer aus dem Jahr 1816 entnehmen, das er an einen der bekanntesten Hinterglasmaler in Seehausen/Staffelsee, Matthias Noder (1773–1864 oder 69) gerichtet hat:

„Lieber Herr Noder! ... Ich darf ... meine ehemaligen lieben Pfarrkinder doch nicht ganz vergessen, und besonders, da sich gegenwärtig eine so schöne Gelegenheit anbietet, daß ich Ihnen auch einen Verdienst kann zukommen lassen ... Ich habe nämlich in meiner Pfarrei eine sehr schöne und weit berühmte Wallfahrtskirche“ (Dreifaltigkeit bei Dingolfing), „welche vor hundert Jahren erbaut wurde. In dieser Kirche befindet sich als Gnadenbild die hlste. Dreifaltigkeit in der Form und Art wie die gegenwärtige Votivtafel aussieht. – Heuer schrieb ich nun nach Rom um vom hl. Vater für diese Kirche einen Jubel-Ablaß zu erhalten, und wirklich war ich so glücklich! – Dieses hohe Fest wird daher zu Ende des Juni gehalten werden, und dauert 8 Tage in einem fort. Ich darf sicher hoffen, daß diese Zeit hindurch wenigstens 25–30 000 Menschen dieses Haus Gottes besuchen werden. Aus dieser Ursache kam ich auf den Gedanken bei Ihnen 4 000 Glasbilder nach der nämlichen Art zu bestellen, als wie mitfolgende Tafel ist. Besondere Anmerkung: Alle Glastafeln dürfen gerade in der Form gemacht werden, als wie Sie

die Tafel vor Augen sehn. Nur habe ich drei- bis viererlei Gattungen nötig, nämlich kleinere und etwas größere, damit jedermann etwas einkaufen kann. Auch müssen alle schon im Rahmen eingemacht sein. Die Krone über dem Haupt Mariä und die Sterne, wie auch der Hut des Gott Vaters und der Schein um das Haupt Jesu, wie auch

„Der Frühling“ (Ausschnitt), „Der Sommer“, „Der Winter“. Hinterglasmalereien, Medaillons auf weißem Grund.

der hl. Geist müssen aber von Goldstrahlen gemacht werden und der Hintergrund ganz weiß werden, damit das Bild heller in die Augen fällt. Die zwei Bäume an der Seite, welche hier mit Bleistift hingezeichnet sind, müssen grün werden. Übrigens darf die Kleidung ganz beibehalten werden.

Arbeiten Sie also Tag und Nacht in Ihrer Fabrike, daß Sie mein Verlangen bis längstens Mitte des Junius befriedigen können, weil ich dieses Jubelfest noch gerne vor der Ernte halten möchte. Wegen der richtigen Bezahlung dürfen Sie in keinen Sorgen stehen und es kann sein, daß Sie hieher noch einen großen Verschleiß bekommen, weil hier in der Gegend kein Glasmaler ist. – Die Unterschrift, welche ich auf die Tafel hingepappt habe, müssen Sie mit Frakturbuchstaben machen ... Hofdorf am 2. April 1816“

Von einer Jahreszeiten-Serie. Angeblich englisch (mit deutschen Unterschriften), um 1810/20; Heimatmuseum Oberammergau

Unterschrift des Pfarrers Heinrich Bäumer, Hofdorf bei Mengkofen/Niederbayern, früher Pfarrer in Seehausen. (Nach Heinrich Buchner, s. Literaturanhang)

Neuerdings differenziert man in der Volkskunde zwischen Massen- und Mengenware (W. Brückner), wobei Mengen das mehrfache Wiederholen eines Vorwurfs und Massen die Serienherstellung mit den dazu einmal notwendigen Fertigungsmethoden, Typisierung und Rationalisierung meint. Und doch – es gehört zum Reiz dieses Genres, daß trotz etwa gemeinsamer Ausgangszeichnung jedes Stück ein Unikat wurde, welches sich durch individuelle Stärken wie auch durch Schwächen vom nächsten Bild der Serie unterscheiden konnte.

Von der zweiten Hälfte des 18. Jahrhunderts bis hin zur Mitte des 19. blühte dieses Gewerbe; in einigen Orten, die sich auf den Export nach den Balkan-Ländern spezialisiert hatten, wie das österreichische Sandl und das böhmische Buchers und einige slowakische Glasdörfer, sogar noch bis zum Ende des Jahrhunderts. Das Hinterglasbild hat durch die Suggestionskraft seiner Bildsprache so unverkennbar einen wesentlichen Einfluß auf die ästhetische Bildung der bäuerlichen Schichten genommen, der sich in so vielen scheinbar nebensächlichen Details der Schmuckfreude und der eigenen Kreativität ablesen läßt. Jedoch schon seit der Einbürgerung sogenannter lithographischer Kunstanstalten und ehrgeiziger Verlage auf der Basis hoher Druckauflagen machte die Bilderschwemme dieser graphischen Fabriken mit neuen Formen des Wandschmucks den ländlichen Manufakturen und den hüttengewerblichen Zentren das Leben zunehmend schwerer. Erst gar die Vielfarben-Lithographie seit dem Historismus, mehr noch die nationale Großmannssucht der Gründerzeit machte sich die Gunst kleinbürgerlicher und ländlicher Käufer zunutze und entschied in einem ausgesprochenen Verdrängungs-Wettbewerb die Lage zugunsten der städtischen industriellen Gesinnung. Die Produktion der rührenden, heute so geliebten, vielfach gesammelten, häufig auch schon gefälschten Hinterglasbildchen erlahmte und wurde nur noch von einzelnen Malern ausgeübt. Dies Enden volkstümlicher Traditionen durch eine naturalistische Perfektion ist klar abzulesen.

Demgegenüber entziehen sich jedoch die Anfänge der Glaskunst schwer entwirrbar allen präzisierenden Datierungs- und Lokalisierungs-

Bestrebungen.
Anfänge der Hinterglas-Technik liegen schon in der Spätantike. In winzigen Schmuckformen kommen Miniaturen aus Byzanz, bei denen man schon hinter Glas malte für Medaillons oder auf Glaskörper für Ringe. Von dort her in die abendländische Stilkunst übernommen, waren solche Malereien als Zier von Reliquienbehältern und Hausaltären selten und kostbar. In der Gotik schon häufiger geübt, ist dann zur Renaissance hin (1545) ein großer Altar in Hinterglas-Technik erhalten geblieben: er befindet sich heute im Erzbischöflichen Museum in Utrecht, seine Gesamtgröße, aus verschiedenen Tafeln zusammengesetzt, beträgt 1,28 x 2,91 m. Das Altarwerk zeigt das Martyrium der Heiligen Theodosia; es stammt aus den östlichen Niederlanden. Kleine Einzeltäfelchen sind dagegen schon vielfältiger aus Venedig, Süddeutschland und dem Rheinland auf uns gekommen. Und im Manierismus mit seinen auf das Artifizielle und Merkwürdige hindrängenden Ambitionen wird die Hinterglas-Technik endgültig ein Zweig der Kunstproduktion. Mit dem 18. Jahrhundert steht dann die erste große Blüte in einer neuen Hinwendung zum künstlerischen Hinterglasbild an. So wie auch die ältere Pastell-Technik plötzlich einem Rokoko-Bedürfnis entspricht und sozusagen über Nacht eine neue skizzenhafte Bildform mit eigenen Valeurs und weit gesuchte Spezialisten dieser Technik schafft, seitdem die venezianische Porträtistin Rosalba Carriera (1675–1757) um 1720 in Paris auftauchte, so geschieht auch etwas Ähnliches mit dem Hinterglasbild und der Spiegelbemalung zu einer fast explosionsartigen Verbreitung.

Die Geschichte der barocken Glasformen führt uns wieder nach Venedig. Glasproduktion und Glasveredelungstechnik wurden in früheren Jahrhunderten streng geheim gehalten. Das Abwerben von Fachleuten und Aushorchen der Fertigungsgeheimnisse wurde sogar manchmal mit der Todesstrafe bedroht. Nicht ohne Grund hatten die schlauen Venezianer ihre Werkstätten, die ihnen einen bedeutenden Teil ihres Reichtums erwirtschafteten, auf die kleine und leicht zu überwachende Insel Murano verlegt. Die Stadt zu verlassen, war den Glasmachern verboten. Sie lebten als hochdotierte Gefangene; aber natürlich entwichen doch immer wieder mutige Gesellen im Bewußtsein, daß ihr Wissen unbezahlbar wäre und sie überall anderswo als freie Unternehmer geschätzt, jegliche Unterstützung finden würden. Im 17. Jahrhundert erlosch mit der Türkenherrschaft über weite Teile des Mittelmeeres auch die jahrhunderte alte Sonderstellung der „Serenissima“ Venedig, und damit wohl auch die Zündung und die Expansionskraft der Stadt und ihres Handwerks. Istrien und Dalmatien waren schon kahl geschlagen und die ehemaligen Urwälder von Laubhölzern, besonders Steineichen abgeholzt, den Fundamenten der Stadt, der Pottasche- und Holzkohlengewinnung für das Glas, endlich auch dem holzintensiven Schiffsbau geopfert. Andere mitteleuropäische Waldgebiete produzierten nun rationeller und letztlich billiger durch ihre Standortnähe zu den großen Verbraucherzentren, zum europäischen Adel und dessen unaufhaltsamen Luxus-boom, wie wir heute sagen würden. Auf dieser Grundlage und dank seiner neuen Kristallglas-Gemenge gewann Böhmen und böhmischer Glasschliff im Barock seine Vormachtstellung. Ein neuer Dekorationsstil hatte den venezianischen Faden- und Millefiori-Gläsern und der an sie gebundenen Technik in der Gunst der Zeit den Rang abgelaufen. Mit dem Diamanten geschnittene Ritzdekore und der Glas- beziehungsweise Kristallschliff – als einfachere

„Afrika“, „Europa“, „Asien“ (Ausschnitt). Bilder von einer Erdteil-Serie, Augsburg um 1800; Heimatmuseum Oberammergau

Varianten hierzu Glasmattierung und Ätz-Zeichnung mit Flußsäure – ermöglichten nun illustrative Behandlung der Glasflächen in der Art einer Licht-Graphik. Diese Technik war aber auf Wasserkräfte angewiesen, wie sie am leichtesten technisch zu bewältigen an Bächen mit ausreichender Wasserführung und gutem Gefälle, also im Bereich der Mittelgebirge zu erschließen waren. Man baute Schleifhütten direkt über das Wasser und gewann dadurch bei hohen Drehzahlen der Schleifinstrumente auch die notwendige Wasserkühlung für die schweren Kristallgläser. Die Schleifmaschinen für die Feinschliffe wurden durch Fußantrieb betätigt. Voraussetzung der Glashütte war also eine sozusagen endlose Waldlandschaft. Die Produktionsbetriebe mußten cirka alle fünfzig Jahre dann weiter verlegt werden, um den Holzvorräten wieder nahe zu sein. Neben der Rohglasherstellung und den Luxusgeschirren waren mittlerweile eine Vielzahl von Glasspezialitäten zu einem umfassenden Veredelungsprogramm erweitert worden. Von der einfachen Glasritzung bis zur Kristallgravur, von den verschiedenen Formen der Dekorationsschliffe zu ganzen Bildszenen in Serien. Daran angeschlossen waren auch die Glas-Emaillierung, besonders von Trinkgefäßen, Bechern und Humpen, aber auch Flaschen und Krügen. Dieser sogenannten „warmen“ Malerei mit Aufschmelzfarben (Glasemail) trat nun die „kalte“, die Hinterglasmalerei gegenüber. Ebenso wurden viele Arten der Glasverspiegelung, auch in Verbindung mit Hinterglas-Technik und die

„Herzoglicher Reiter, Ludwigsburg“ (so lautet der Titel auf der Rückseite des Bildes). Ende 18. Jh., Augsburg; Heimatmuseum Oberammergau

Schäferin (Der Sommer). Hinterglasbild aus einer Jahreszeiten-Folge. Augsburg Mitte 18. Jh.; Österreichisches Museum für Volkskunde Wien

Kombinationen Glasschliff oder geätzte Kartuschen mit Malerei und dazu noch Teilvergoldungen angewandt. Es wurden also von den Hütten-Unternehmern ganze Paletten von Gebrauchs- und Schmuckformen mit dem Grundmaterial Glas angeboten. An einer Hütte arbeiteten außer den Schmelzern und Glasbläsern auch Entwerfer und Künstler und dazu viele ausgesprochen kunsthandwerklich orientierte Arbeitskräfte neben den Malerhandwerkern. Als Zu-Arbeiter wirkten Rahmenmacher, Vergolder und Drechsler, manchmal auch Kunstschreiner, denn eine zeitlang waren auch kleine Luxusmöbel, Kassetten und Nähkästchen mit bemalten Glaseinlagen Mode (vor der großen Woge der China-Lackimporte).

Die relativ kurze Zeit, in der sich die Hinterglasmalerei der Gunst fürstlicher und adeliger

Auftraggeber erfreute – es sei erinnert an die Glas-Kabinette der Würzburger Residenz (1745) oder ähnliche höfische Prunkräume, hatte auch im Stadtbürgertum das Interesse an den lichten, aus dem Geist des Rokoko geschaffenen Bildern als Wandschmuck geweckt. In Südbayern, von Augsburg ausgehend, und in der Nordschweiz hat diese freundliche Kunst einen festen Rückhalt über einen längeren Zeitraum hin besessen.

In den Küstenzonen waren Reeder, Kapitäne und Werfteigentümer dazu übergegangen, das „Schiffs-Porträt“ (wohl aus Anregung durch den aus Nordböhmen vor 1802 nach Ostende zugewanderten Maler Wenzel Wieden) als Erinnerungsbild und als eine Form der Repräsentation hinter Glas malen zu lassen. Die kühlen, pedantisch genauen und doch in ihrer Art poetischen Darstellungen der Segler und frühen Dampfschiffe stellen eine Sonderform in der Abwandlung der barocken Seestücke dar, einer von Holland ausgehenden Kunstübung der sogenannten Marine-Malerei. Die Zentren solcher Bildnerei lagen in Ostende und Antwerpen, Hafenorte, die führend im Übersee-Export von bayerisch-böhmischen Hinterglasbildern waren. Auch im niederdeutschen Raum etablierte sich diese Schiffsmalerei.

Königin Therese von Bayern. Eines von zwei Hinterglasbildern mit dem Königlichen Paar (Ludwig I.) aus Oberammergauer Werkstatt um 1840; Heimatmuseum Berchtesgaden

Doch zurück zu den Differenzierungsprozessen des mitteleuropäischen Glasgewerbes im Zusammenspiel mit der Malerei: zunächst gab es also nur eine enge, an die Glashütten gebundene und oft in Lohnarbeit ausgeübte Produktion der erwähnten hüttengewerblichen Prägung. Merkmale dieser Zeit um 1750 sind schon ein breites Angebot an einfachen Erbauungsbildern; weltliche Themen sind aus dieser Stufe kaum bekannt und nur von Einzelmalern nachzuweisen. Die Bilder halten sich eng an religiöse Holzschnitt-Vorlagen, an Stiche von Gnadenbildern und lokalen Wallfahrts-Traditionen und übernehmen deren etwas steifen Habitus. In ihrer flächigen Auffassung gibt es keine besonderen Modulationen der Gewänder. Die kegelartig vereinfachten Figuren sind durch Punkte, Kringel, Schnörkel und Spiralen belebt, wodurch eine reiche Malerei weit mehr vorgetäuscht als wirklich gegeben ist. Einer gleichen, etwas schematisch graphischen Behandlung unterliegen dann auch wieder sehr späte Produktionen bis 1900 aus Südböhmen und der Slowakei. Dort überlebte die Hinterglas-Technik dank einer ständigen Nachfrage von Seiten der eigenen Landbevölkerung und in den Absatzgebieten im Balkan, Krain, Kroatien, Slowenien; dort hielt man den Hinterglas-Wandschmuck weiter in Ehren.
Die gleichen bäuerlichen Kreise in Mitteleuropa ließen sich vom Angebot des perfekt Gedruckten anlocken. Man muß aber allgemein der Zeit von 1860 bis 1900 auch für die Volkskunst zugute halten (bei allen Vorbehalten, die wir dieser „Buntdruck-Epidemie“ gegenüber

König Ludwig von Bayern (Ausschnitt links) und Königin Therese auf einem Wechselbild mit Zugvorrichtung. Hinterglasmalerei auf zwei Gläsern. Oberammergau 1835/40; Heimatmuseum Oberammergau

Tiroler und Tirolerin. Hinterglasbilder aus dem Schwarzwald oder Elsaß, um 1820; Münchner Stadtmuseum

hatten und haben), daß der Einbruch der Photographie und bedeutender photomechanischer Reproduktions-Fortschritte im ganzen Bewußtsein der Zeit die Freude an realistischer Wiedergabe wachsen ließ. Diese Spuren einer optischen Neu-Orientierung sind eben auch in der ästhetischen Bewußtwerdung der einfachen Leute wirksam – in der proportional verlaufenden Abwendung von alten Bild- und Zierformen sind sie ebenfalls klar abzulesen.

Die Tatsache, daß sich Hinterglasmalerei aus schlesischen und nordböhmischen Zentren langsam nach Süden ausbreitete, läßt sich aus genealogischen Forschungen und Namensvergleichen alesen. Frühere Vermutungen sind heute bewiesen, daß deutschsprachige Zuwanderer in den Hungerjahren, die den zwei schlesischen Kriegen folgten (1740–42 und 1744–45), vielleicht noch nach dem Siebenjährigen Krieg (1756–63), die ostbayerischen und oberösterreichischen Manufakturorte begründet und schließlich zu einem ertragreichen Hausgewerbestand geführt haben. Es würde zu weit führen, in dem hier gegebenen Rahmen all die Orte aufzuführen, die von den schlesisch-böhmischen Glas-

zentren ausgehend über die Oberpfalz und dem Bayerischen beziehungsweise Böhmer-Wald entlang folgend bis Oberösterreich und Mähren Hinterglasproduktionen begonnen, teils mit Erfolg über längere Zeit durchgehalten, teils nach kürzerem Florieren wieder eingestellt haben. Jedenfalls entwickelten sich durch die Arbeitsgemeinschaft im Familienverband kleine und dadurch schnell anpassungsfähige Betriebe. Schlechte Erfahrungen mit den sogenannten Verlegern (Großisten) waren oft der Grund für diese Kleinbetriebe, sich auch im Vertrieb auf eigene Beine zu stellen durch Anwerben von Austrägern und Hausierern, auch durch die Einrichtung von Niederlagen in der Ferne, aus denen sich der Händler mit neuer Ware versorgen konnte. Manchmal wuchs dann die Kapitaldecke so weit, daß man einen eigenen Fernhandel aufziehen konnte. Bereits im 18. Jahrhundert wurden Hinterglasbilder nach Nord- und Südamerika, nach Polen, Rußland bis Sibirien gehandelt. Lange Zeit war Cadiz (Spanien) ein Stützpunkt deutscher Verleger für das Amerika-Geschäft und erst mit den Kriegen und Handels-Blockaden im 19. Jahrhundert erlosch dieser Bildhandel schließlich. Für Spanien fand aber dann eine Nachfolge durch hüttengewerbliche Produktion aus Coine in Südspanien statt, die offensichtlich auf Typen der mitteleuropäischen Hinterglas-Tradition fußen. Solche Exporte haben durch naive Suggestionskraft ihre Botschaft anderen ethnischen Gruppen vermittelt, diese künstlerisch angeregt und dort eigene latente Bildkräfte geweckt. Sowohl in der Volkskunst Süd- wie Nordamerikas sind die Spuren dergestaltiger Einflüsse unverwechselbar eingegraben; sie haben in den USA Wanderkünstler, die von Farm zu Farm zogen, stimuliert. So ist der wohl bedeutendste der älteren naiven Maler dort, Edward Hicks (1788–1849) offenbar von Augsburger Hinterglasmalereien inspiriert worden. Seine liebenswerten Visionen vom „ewigen Reich des Friedens“ atmen sichtlich den zarten Pastelldunst dieser Schule. Sein Geburts-Staat Pennsylvania war ja im besonderen auch die neue Heimat vieler deutscher Auswanderer.

In Rußland haben sich vor allem in der Ukraine Gruppen von naiven Malern zu Anfang unseres Jahrhunderts mit Hinterglas-Technik befaßt. Solche Malereien mit profanen Motiven bildeten einen durchaus gebräuchlichen Wandschmuck, auch im sowjetischen Dorf. Leider ist bisher keine Veröffentlichung über diese Richtung bei uns bekannt geworden, deren Bestand durch die Zerstörungen im Zweiten Weltkrieg so gut wie vernichtet sein dürfte. Die leuchtende Farbigkeit und dekorative Prägnanz dieser meistens Frauen und Tiere darstellenden Bilder standen in einer auffälligen Parallele zum künstlerischen Sensorium, das sich im Werk von Henri Matisse der dreißiger und vierziger Jahre offenbarte.

Gerade in solchen Laienmalereien zeigt sich, wie, ausgehend von fremden ikonographischen Elementen, volksgebundene Spezialitäten erwachsen, wie in diesem Fall die starke slawische Ornament-Begabung sich mit der volkstümlichen Farbenfreude mitteleuropäischer Art vereinigen konnte. Auch umgekehrt haben Bestellungen östlicher Kunden mit ihren Bildwünschen ikonengemäßer Auffassungen sicher auch auf unsere Bildgefüge eingewirkt. So entstanden aus der strikten Marktorientierung im Schaffen Rückkopplungseffekte zur eigenen Bereicherung.

Man versteht „Volkskunst“ so gerne noch als das bescheidene Refugium naiver Bildkräfte, die abseits des Getriebes der „Großen Welt“ ihre herzenserwärmende Blütenpracht entwickelt hat. Dies ist so falsch, wie solche Sichten aus ver-

Schäfer und Schäferin. Detail aus einem Frühlingsbild einer Jahreszeiten-Folge. Augsburg letztes Drittel 18. Jh.; Kunstsammlungen Augsburg

schobenen historischen Perspektiven es häufig sind. Die wirtschaftliche Expansion, die nach einer gewissen Pause nach dem allgemeinen Niederbruch durch den Dreißigjährigen Krieg einsetzte, war bedeutend; noch verstärkt durch Impulse aus der Gegenreformation einerseits, andererseits durch die Prunkliebe des Absolutismus und die Repräsentationslust eines wirtschaftlich immer unternehmender gesinnten Bürgertums hat dieser Bau- und Investitionsschub mehr als alle Perioden zuvor Süddeutschland umgeformt. Von einer „ersten Gründerzeit" zu Wohlstand geführt, wuchsen aus Werkstätten Manufakturbetriebe, erhob sich durch einen überwältigenden Auftragsbestand (von Kirche und Adel hauptsächlich) das Handwerkertum wie schon im 16. Jahrhundert zu unternehmerischer Kraft. Es ist gewiß, daß diese Impulse auch bei der Landbevölkerung verspürt wurden und Bauern versuchten – von der Obrigkeit angeregt und unterstützt – im Zuerwerb ihre finanzielle Lage zu verbessern. Der Fiskus gab solche Hilfen, natürlich besonders im Hinblick auf seine dann steigenden Steuereinkünfte. Manchen Bauern ist so durchaus ein Aufstieg gelungen, zumal, als dann im Erschrecken über die Französische Revolution und ihre Folgen auch im Sog der neuen Menschenrechts-Deklaration sich die rechtliche und staatsbürgerliche Einordnung der Bauern langsam zu verbessern begann. Dies bäuerliche Selbstwertgefühl erfährt dann in der deutschen Romantik für alle anderen „Klassen" sozusagen verbindlich einen allgemeingültigen Ausdruck.

Ein Beispiel aus dem Schwarzwald soll zeigen, wie der Aufstieg einer Handwerkerfamilie durch Unternehmungslust und Zusammenarbeit vor sich ging: Im südlichen Hochschwarzwald hatte sich seit dem 17. Jahrhundert (erster Nachweis 1667) die Serienfertigung von Uhren angebahnt. Die in dörflicher Verbund-Arbeit hergestellten Einfach-Uhren mit Holzmechanik fanden ihrer wohlfeilen Preise wegen, durch Wanderhändler vertragen, weite Kundschaft bei Bauern und Kleinbürgern. Bereits zu Anfang des 18. Jahrhunderts wurde dann die Kuckucks-Uhr mit dem bekannten Blasebalg-Mechanismus erfunden. Uhren mit Schlagwerken sind in der Frühzeit oft mit Glasglocken ausgerüstet gewesen und zeigen hierbei schon Zusammenarbeit mit dem Glasgewerke. Dem Geschmack der Zeit folgend waren die Zifferblätter, die den städtischen Nobel-Uhren an Glanz gleichkommen sollten, mit farbenfrohen Malereien versehen, die von einem eigenen Handwerkszweig, den „Schildermalern" besorgt wurden. Wie Hinterglasbilder auch, erfüllten diese dekorativen Lackmalereien das bäuerliche Verlangen nach Farbe und bildlicher Poesie. Durch die Berührung der Händler mit der böhmischen Hinterglasmalerei fanden nun diese älteren Traditionen malerhandwerklicher Tätigkeit auch einen Nährboden für die Hinterglas-Technik, zunächst besonders in Verwendung als haltbares Zifferblatt. Einer dieser Uhrenmaler, Lorenz Winterhalder, vor 1786

„Andreas Hofer, Sandwirth, Anführer der Tiroler", als Volksheld des Befreiungskampfes in Tirol dargestellt. Ausschnitt aus einem Hinterglasbild, Schwarzwald 1. Drittel 19. Jh.; Augustiner Museum Freiburg

aus Rudenberg/ Böhmen nach Rötenbach zugewandert (offenbar durch einen schon kunsthandwerklich im Schwarzwald tätigen Zweig der Familie veranlaßt), ließ seine Söhne das Glasmaler-Handwerk erlernen. Diese arbeiteten dann mit dem Vater zusammen in der Schildermalerei. Durch den Wanderhandel angeregt, der ja schon immer mit dem Hinterglasbild verbunden war, zeichneten sich die Söhne durch besondere, nach der Ferne gerichtete Aktivitäten aus. Sohn Andreas Winterhalder, 1786 in Rötenbach geboren, zog 1808 nach Petersburg und fand bald als Glaskünstler Anerkennung am Zarenhof. Sebastian Winterhalder (1781 geboren) übersiedelte 1822 nach Colmar und knüpfte von seiner Werkstatt dort Geschäftsbeziehungen mit den benachbarten französischen Provinzen. Eine Folge dieser Unternehmungen soll die im Elsaß und Lothringen entstandene Hinterglasmalerei sein. Sebastians Söhne Konrad (1819 geboren) und Joseph (1821 in Rötenbach geboren) wanderten nach den USA aus und handelten dort mit Export-Bildern ihres Bruders Benedikt, der (1813 geboren) ab 1842 wieder in Rötenbach arbeitete. Dieser dürfte wohl an den Hinterglas-Porträts des ersten Präsidenten der USA, Georg Washington (Amtszeit 1789–97), beteiligt gewesen sein, die vom Schwarzwald in großer Zahl nach den Staaten exportiert wurden. Benedikt Winterhalder konnte trotz allgemeinen Niedergangs der ländlichen Manufakturen durch aufwendige Malerei und

Husar und Pandur. Hinterglasbild-Paar, wahrscheinlich von Alois Gege

(1795–1864), Seehausen am Staffelsee; Heimatmuseum Oberammergau

einer nebenher laufenden starkfarbigen Serienproduktion noch bis um 1890 im Geschäft bleiben. Durch mehrere Generationen waren Mitglieder dieser Familie im gleichen Metier erfolgreich; dreizehn Winterhalder sind als Kunsthandwerker beziehungsweise Händler heute nachzuweisen.

Bei dem Hinterglasbild werden auch bescheidene Farbqualitäten in der Durchsicht des Glases gleichsam optisch veredelt. Es entfallen die bei den klassischen Malvorgängen der Öl-, Misch-, Aquarell- und Guache-Technik entstehenden hohen Anforderungen an den Maler, was sein Farbhandwerk (peinture) angeht. Deshalb hat das Arbeiten hinter Glas auch viele Laienmaler angezogen und erfreut sich gerade in unseren Tagen eines steigenden Zuspruchs unter diesen. Besonders die „Schule von Hlebine" verschrieb sich dieser Malweise, allen voran der profunde und erstaunliche Ivan Generalic (geboren 1914), der seit 1947 auch Hinterglasbilder schafft. Diese jugoslawischen Künstler sind durch den Weltruf, der über sie hereingebrochen ist, natürlich in ihrer Naivität bedroht. Damit sie heute kein Risiko ihrer Kunst mehr eingehen müssen, malen sie ihre zum Teil riesigen Hinterglas-Werke auf modernes Sicherheitsglas.

Zum Abschluß noch einen Blick auf das bayerische Hinter-

Heiliger Florian. Hinterglasbild aus der letzten Phase der Oberammergauer Produktion, in der schon die Konkurrenz der Druckgraphik spürbar wird und die frühere ungebrochene Farbigkeit gedämpft erscheint. Um 1840; Heimatmuseum Oberammergau

glasbild in seiner Funktion als Anregung und Sammelobjekt der „Moderne". Die Maler der Künstlergruppe „Der Blaue Reiter", vor allem Franz Marc (1880–1916), Wassily Kandinsky (1866–1944) und Gabriele Münter (1877–1962) haben sich auf der Suche nach neuen Ausdrucksformen und weiterführenden Möglichkeiten in der Bildenden Kunst von den archetypischen Elementen des kleinen, so klar in sich ruhenden bäuerlichen Hinterglasbildes begeistern lassen. Es war nun nicht so, wie aus volkstümelnder Sicht Fr. Knaipp (noch 1973) schrieb, die Moderne wohl nicht ohne Absicht mißverstehend:

„Wohl mag es richtig sein, daß eine wurzellos gewordene Künstlergeneration an die Mutterbrust der Volkskunst zurückgefunden hat, um ihre Leere mit neuen Entlehnungen aufzufüllen. Man war ja in den Jahrzehnten des Eklektizismus nicht zu bescheiden gewesen, in schneller Folge bei Romantik, Gotik und Renaissance flüchtige Anleihen zu machen, ehe die nächste Generation denselben Kreislauf begann … Die aus der bäuerlichen Hinterglasmalerei gemachte Anleihe ließ sich länger ausbeuten: Franz Marc hat sie wenigstens eingestanden; …"

Auf der Suche nach dem „Ursprünglichen" gelangten diese Künstler an etwas, was nun seinerseits eine lange und teilweise hybride Ahnenreihe hat, wie wir darzulegen versuchten, was aber im Ausdruck durch die Liebe zum Lapidaren und aus den früher hier beschriebenen Sachzwängen der Massenfertigung mehr naive Bildtugenden in sich vereinte, als andere „Volkskunst" dies gewöhnlich tut. Die modernen Maler waren sicher in dem,

Kruzifixus in verschwenderischer Blütendekoration. Sandl Mitte 19. Jh.; Sammlung Dr. Münsterer München

was sie nicht mehr wollten, nämlich: den hysterisierten Formalismus des ausgehenden Jugendstils und den blassen Münchner Akademismus (der damals noch kaum den Impressionismus wahrgenommen hatte). Atelierkunst verstellte mit Berufsmodellen, pseudoklassischen Faltenwürfen, Gipsmuskeln und all den gestelzten Requisiten in schattenfreiem Nordlicht dargeboten, den Impetus dieser Jungen. Sie sahen die Botschaft der Hinterglasbilder, von der wir schon sprachen, ebenfalls und ließen sich gewiß anregen, aber zu etwas bisher nicht dagewesenem Neuem. Worin zeigt sich Kultur wahrhaft, wenn nicht in der Kraft zur Synthese, wenn eine Generation den Mut zum Rückgriff auf Tradition besitzt und daraus Eigenes formt!

Die Heiligen Wendelin und Florian als Assistenzfiguren, darüber Dreieinigkeit (sogenannte Gnadenstuhl-Darstellung). Sandl, um 1830; Sammlung Tobler, Stäfa/Schweiz

Literatur-Auswahl:

Wolfgang Brückner: Hinterglasmalerei, Ethnologia Bavarica, München und Würzburg 1976, Sonderdruck aus Keyser's Kunst- und Antiquitätenbuch III

Heinrich Buchner: Hinterglasmalerei in der Böhmerwaldlandschaft und in Südbayern, Beiträge zur Geschichte einer alten Hauskunst, München 1936

Claus Hansmann und Gislind Ritz: Kunterbunter Bauernhimmel, München 1961

Friedrich Knaipp: Hinterglasbilder, Linz/Donau 1963 und 1973

Gislind M. Ritz: Hinterglasmalerei, Geschichte, Erscheinung, Technik, München 1972 und 1975

Leopold Schmidt: Hinterglas, Zeugnisse einer alten Hauskunst, Salzburg 1972 und 1975

Jenny Schneider: Hinterglasbilder und ihre Vorlagen in Schweizer Volkskunde 44/1954

Raimund Schuster: Risse zu Hinterglas-Bildern, Rosenheim 1978

Robert Wildhaber: Spiegelbilder und Nonnenspiegel, in Schweizer Volkskunde 44/1954

Impressum

Konzept und Herstellung:	Werbeabteilung der MD Papierfabriken
Gestaltung:	Serviceplan, Marketing- und Werbeagentur, München
Layout und Umbruchbetreuung:	Die WerbeGrafik, München
Satzherstellung:	Typo-Bach, München
Schrift:	Times-Antiqua
Herstellung der Farbsätze:	Süddeutsche Klischee-Union, München
Druck:	Weber-Offset, München
Farben:	Huber-Farben
Buchbinder:	Grimm & Bleicher, München
Papier:	MD-Brillant CD, 135 g/qm ein zweiseitig gestrichenes, fein holzhaltiges Bilderdruckpapier der MD Papierfabriken Heinrich Nicolaus GmbH

Printed in W.-Germany 1979

Bildnachweis

Creux René, Schweiz – Seite 128, 130/131, 132/133, 134, 135, 137, 138 o., 140, 142/143
Hansmann Claus, München – Seite 29, 32, 33, 34/35, 36, 36/37, 38/39, 40, 41, 42/43, 43, 44, 45, 52, 55, 60, 61, 62, 78/79, 79, 83, 85 o., 86, 87, 94, 95, 97, 99, 100, 101, 102/103, 104, 105, 106, 107, 108, 109, 110/111, 112, 113, 114/115, 116, 117, 118, 119, 120/121, 122, 123, 129 u., 129, 139 o., 139, 141, 150 u., 150, 159, 161, 162, 163, 164, 165, 166, 167, 168/169, 170, 171, 172, 174/175, 176, 177, 178/179, 180, 181, 182, 183, 188/189, 190, 191, 194/195, 196, 197, 200, 201, 202/203, 205, 207, 208, 209, 210, 214, 215, 216/217, 223, 224, 225, 226, 227, 229, 232/233, 233
Hielscher Peter, München – Seite 127
Kerth Ulrich, München – Seite 93, 145, 149
Lüden Walter, Wyk auf Föhr – Seite 55, 57, 58, 59, 63, 64, 66, 67, 68, 69, 70/71, 72/73, 74, 76/77, 81
Mächler Frank, Wörnsmühl – Seite 210, 211, 218, 219, 220, 221, 230, 231, 232 l.,
Preiss & Co., München – Seite 37
Pressbild AG, Bern – Seite 125
Rakusan Josef, München – Seite 185, 193, 198/199
Roth Helmut, München – Seite 86 u., 88, 89, 90, 91, 92
Schmidt-Glassner Helga, Stuttgart – Seite 31, 36, 37, 44, 46, 47, 48, 50, 51, 53
Storto Walter, Leonberg – Seite 129
Alle Abbildungen des Kapitels Spielkarten stammen aus dem Deutschen Spielkarten-Museum e.V., Leinfelden-Echterdingen und wurden von Schnepf Hermann, Stuttgart-Degerloch fotografiert.

Dank

Die MD Papierfabriken bedanken sich herzlich bei allen Autoren, Fotografen und Museen, sowie bei den technischen Werkstätten, die zum Gelingen dieses Werkes beitrugen.